"十四五"职业教育国家规划教材

大学生心理健康教程

（第 4 版）

主　编　于志英　朱绍勇
副主编　李小玮　金相宜　朱文琪
　　　　慕亚琴　黄　静　柏　嫱
　　　　袁　飞　杨　科

扫码申请更多资源

南京大学出版社

图书在版编目(CIP)数据

大学生心理健康教程 / 于志英，朱绍勇主编. 4版. —南京：南京大学出版社，2024. 8. —ISBN 978-7-305-28286-7

Ⅰ. G444

中国国家版本馆CIP数据核字第20245G0G86号

出版发行　南京大学出版社
社　　址　南京市汉口路22号　　　邮　　编　210093

书　　名　**大学生心理健康教程**
　　　　　DAXUESHENG XINLI JIANKANG JIAOCHENG
主　　编　于志英　朱绍勇
责任编辑　武　坦　　　　　　编辑热线　025-83592315

照　　排　南京开卷文化传媒有限公司
印　　刷　南京人民印刷厂有限责任公司
开　　本　787 mm×1092 mm　1/16　印张 14.5　字数 335 千
版　　次　2024年8月第4版　2024年8月第1次印刷
ISBN 978-7-305-28286-7
定　　价　46.00元

网　　址：http://www.njupco.com
官方微博：http://weibo.com/njupco
微信服务号：njuyuexue
销售咨询热线：(025)83594756

前 言

2016 年，习近平总书记在全国卫生与健康大会上提出，要加大心理健康问题基础性研究，做好心理健康知识和心理疾病科普工作，规范发展心理治疗和心理咨询等心理健康服务；2017 年，习近平总书记在党的十九大报告中强调要“加强社会心理服务体系建设，培育自尊自信、理性平和、积极向上的社会心态”。2022 年，习近平总书记在党的二十大报告中指出，“人民健康是民族昌盛和国家强盛的重要标志。要重视心理健康和精神卫生”。

落实课程思政精神，以习近平新时代中国特色社会主义思想为指导，以构建全员、全过程、全方位育人的思政工作新格局为目标导向，真正把思想政治教育工作贯穿“大学生心理健康”教育教学的全过程，努力实现思想政治教育与“大学生心理健康”课程知识体系教育的有机融合，知识传授与价值引领的有机统一，充分发挥“大学生心理健康”课程与思想政治理论课程同向同行的协同效应，实现价值塑造、能力培养、知识传授三位一体的教学目标。

本书以教育部《高等学校学生心理健康教育指导纲要》(教党〔2018〕41 号)文件为编写指南，坚持育心与育德相统一，更好地适应和满足学生心理健康教育服务需求，培育学生自尊自信、理性平和、积极向上的健康心态，促进学生心理健康素质与思想道德素质、科学文化素质协调发展。本书根据高等职业院校学生的身心发展特点，改变以往主要以理论讲授为主的教学模式，创新引入“教学做”一体化的教学新模式，以简洁明了、通俗易懂、图文并茂、理论与实践相结合的方式，帮助大学生拨开心灵迷雾，走出心理困扰，培养积极心态，塑造健康人格。

本书为“十三五”职业教育国家规划教材、“十四五”职业教育国家规划教材，在编写过程中，力求体现如下特点：

(1) “教学做”一体化，突出学生主体性。本书的结构主要由“教与学”“做”和“资源拓展”三个部分组成，理论与实践相结合，学生在“做”的实践活动中，体验紧张、焦虑、喜悦等各种情绪和心理历程，充分体现主体性，在总结与分享中健康成长。

（2）图文并茂，突出生动趣味性。本书的每一章都有“名人名言”“故事导读”“典型案例”，同时配有精彩图片，每个项目都有“资源拓展”，提升了本书的趣味性和可读性。

（3）通俗易懂，突出精准务实性。本书主要针对高等职业院校学生的心理健康特点和学习生活实际，重点关注大学生在学习生活过程中经常遇到的情绪情感、人际交往、自我意识、挫折与压力应对等方面的问题，将理论以通俗易懂的方式呈现，避免内容高深晦涩。

（4）课程思政，突出育心育德联动可行性。本书坚持育心与育德相统一，将课程思政精神贯穿各项目内容编写、修订和教学设计中，以潜移默化的方式，实现育心育德同频联动。

在教材编写、修订过程中，我们参考了许多优秀教材和学术观点，在此表示感谢！由于时间和水平有限，书中的错误和不足之处，敬请读者和专家批评指正。

编　者

2024 年 6 月

目录 Contents

项目一 打开心灵之窗——认识心理健康

名人名言

人之幸福，全在于心之幸福。

——歌德

故事导读

女儿的同学都管她叫“23 号”。她的班里总共有 50 个人，每每考试，女儿都排第 23 名。久而久之，便有了这个雅号，她也就成了名副其实的中等生。

我们觉得这外号刺耳，女儿却欣然接受。老公发愁地说：“一碰到公司活动或者老同学聚会，别人都对自家的‘小超人’赞不绝口，我却只能扮深沉。人家的孩子，不仅成绩出类拔萃，而且特长多多。唯有我们家的‘23 号’，没有一样值得炫耀的地方。”

期中考试后，我接到女儿班主任的电话。首先得知，女儿的成绩，仍是中等。不过他说，有一件奇怪的事想告诉我，他从教 30 年了，第一次遇见这种事。

语文试卷上有一道附加题：你最欣赏班里的哪位同学，请说出理由。除女儿之外，全班同学竟然都写上了女儿的名字。理由很多：热心助人，守信用，不爱生气，好相处等，写得最多的是乐观幽默。班主任还说，很多同学建议，由她来担任班长。他感叹道：“你这个女儿，虽说成绩一般，可为人实在很优秀啊。”

我开玩笑地对女儿说：“你快要成为英雄了。”正在织围巾的女儿，歪着头想了想，认真地告诉我说，老师曾讲过一句格言：当英雄路过的时候，总要有人坐在路边鼓掌。她轻轻地说：“妈妈，我不想成为英雄，我想成为坐在路边鼓掌的人。”

内容简介

通过本项目的理论学习，你将了解健康和心理健康的概念，知晓心理健康的标准，了解大学生常见心理困扰，了解大学生心理健康的维护渠道。

教与学

一、认识心理健康

哲学家叔本华认为，一个健康的乞丐比患病的国王更幸福。那到底什么是健康呢？《黄帝内经》认为健康应该是“心安而不惧，形劳而不倦”。1989 年，世界卫生组织（WHO）关于“健康”的定义是：健康不仅是没有疾病，而且还包括躯体健康、心理健康、社会适应和道德健康四个方面。可见，从古至今，从国内到国外，对健康的阐述均包括心理健康部分。那么，到底什么是心理健康呢？

（一）心理健康的概念

1946 年，世界卫生组织在第三届国际心理卫生大会上将心理健康定义为“所谓心理健康是指在身体、智能以及情感上与他人的心理健康不相矛盾的范围内，将个人心境发展成最佳的状态”，并具体指出心理健康的标志是：身体、智力、情绪十分调和；适应环境，人际关系中彼此能谦让；有幸福感；在工作和职业中，能充分发挥自己的能力，过有效率的生活。

心理健康的研究对象是人的心理活动的形成、发展、变化的规律，以及如何科学地维护和增进心理健康。心理学最早的研究对象主要是有心理疾病的人，近现代心理学主要将研究对象集中到正常人如何幸福生活方面。尤其是近年来的积极心理学主要帮助人们更好地应用心理学知识，在不增加人力、财力和物力的前提下，进一步发挥潜能，提高生活质量，体验幸福。

（二）心理健康的特点

1. 心理健康的状态具有相对性

人的心理健康具有相对性，要综合考虑人们所处的时代、环境、年龄、文化背景等方面的因素，不能仅仅根据某种行为或者一种偶然的行为来判断他人或自己的心理是否健康。比如，有人指着天上的月亮说要月亮，别人可能会觉得他不正常，可是如果他是一个三岁的孩子呢？

2. 心理健康的状态具有连续性

心理“健康”与“不健康”之间没有明确的分界线或点，从良好的心理健康状态到严重的心理疾病，是一个渐进的连续状态，有人用心理灰色带来描述：正常心理与异常心理，常态心理与变态心理之间没有绝对的界限，只是程度的差异。

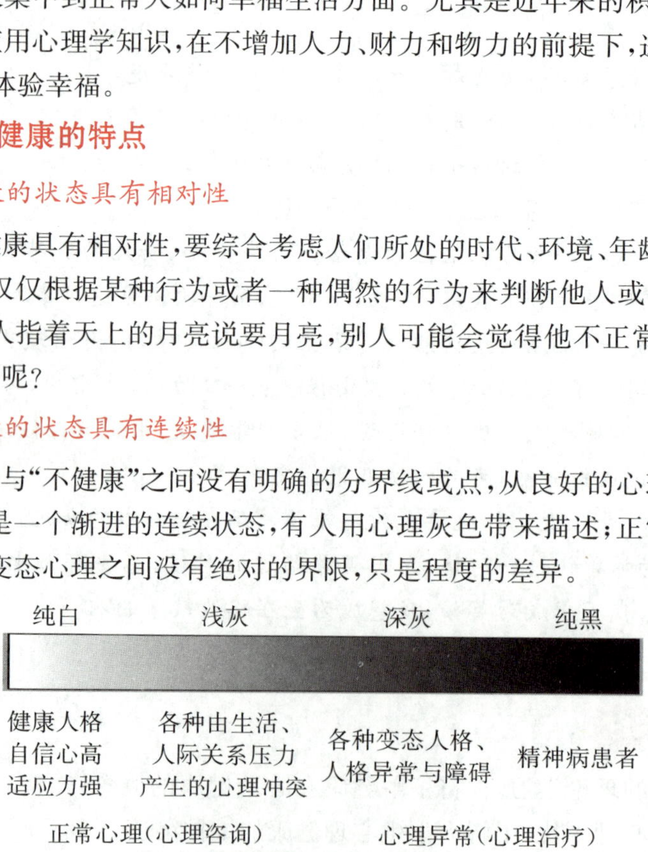

心理健康灰色带示意图

3. 心理健康的状态具有可逆性

可逆性就是经过调整，人可以从不健康的心理状态回到健康的心理状态。当然，心理健康的人若不注意心理保健，经常出现不良的心理状态，并且不能自拔，那么心理健康水平就会下降，甚至出现心理变态，患上心理疾病。

4. 心理健康的状态具有动态性

心理健康的状态不是固定不变的，会随着环境、教育及个人认知等因素的影响，呈动态发展过程。比如，某同学一直认为自己什么都不如别人，很自卑，通过一次“优点轰炸”活动，这位同学才知道原来在大家眼里自己还有这么多优点，从此变得越来越自信。

（三）心理健康的标准

不同时代、不同文化、不同心理学者，对心理健康的评价标准有其相对性，美国心理学家马斯洛和密特尔曼提出的心理健康的十条标准被公认为是“最经典的标准”。

心理健康的十个标准

（马斯洛）

(1) 有足够的自我安全感；
(2) 能充分地了解自己，并能对自己的行为做出适当的估价；
(3) 生活理想与目标切合实际；
(4) 不脱离周围的现实环境；
(5) 能保持人格的完整与和谐；
(6) 善于从经验中学习；
(7) 保持良好的人际关系；
(8) 能适度地发泄情绪和控制情绪；
(9) 在符合集体要求的前提下，能有限度地发挥自己的个性；
(10) 在不违背社会规范的前提下，能适当地满足个人的基本需要。

国内学者樊富珉提出大学生心理健康的七个标准

(1) 能保持对学习较浓厚的兴趣和求知欲望；
(2) 能保持正确的自我意识，接纳自我；
(3) 能协调与控制情绪，保持良好的心境；
(4) 能保持和谐的人际关系，乐于交往；
(5) 能保持完整统一的人格品质；
(6) 能保持良好的环境适应能力；
(7) 心理行为符合年龄特征。

大学生的年龄一般在18～24岁，正处于青年期，由于受教育程度及各种环境因素影响，大学生的心理除了具有该年龄阶段青年的普遍特征外，还有这个群体的特殊性。根据我国大学生的实际情况，将大学生心理健康标准概括为以下几点。

抑郁症

1. 智力正常

智力包括观察力、注意力、记忆力、想象力、思维力、创造力及实践活动能力等，是大学生学习、生活和工作的基本心理条件，也是适应周围环境变化所必需的心理保证。智力正常才能充分发挥潜能，积极参与学习生活。

2. 情绪健康

情绪健康的人大部分时间处于积极情绪状态下，并不是说没有消极情绪，而是积极情绪多于消极情绪，乐观开朗，积极向上，对生活充满希望；有消极情绪时能及时调整自己，尽快走出情绪困扰。

3. 意志健全

意志是人在完成一种有目的的活动时进行的选择、决定与执行的心理过程。意志健全的人在行动的自觉性、果断性、顽强性和自制力方面表现突出。在智力水平差不多的情况下，意志健全的人更能抵制诱惑，更加自律，更能取得成功。

4. 人格完整

人格是个体比较稳定的区别于他人心理特征的总和。人格完整就是指有健全统一的人格，人格结构各要素(包括能力、气质、性格、理想、信念、人生观等方面)完整统一；有正确的自我意识，以积极进取的人生观为人格核心，把自己的理想、目标与行动统一起来。

5. 自我意识正确

自我意识正确是大学生心理健康的重要条件，就是对自我有个正确评价，包括对自己的能力、性格、气质等方面有个合理认识，认识自我的优势，接受自己的不足，自尊、自强、自制、自爱适度，正视现实，积极进取。

6. 人际关系和谐

人际关系和谐是影响事业成功和生活幸福的重要因素。心理健康的人，乐于与人交往，既有广泛而丰富的人际关系，又有知心朋友，社会支持良好；另外，在交往中能保持独立而完整的人格，有自知之明，不卑不亢；能客观评价别人和自己，善取他人之长补己之短，能正确处理个体与个体、个体与群体之间的关系。

7. 社会适应良好

物竞天择，适者生存。心理健康的人，能在环境改变时正确面对现实，对环境做出客观正确判断，不怨天尤人，能积极采取措施，使自己与社会环境保持良好接触，尽快使自己的思想、行为和社会协调一致。

8. 具有符合年龄特征的心理行为

大学生是处于特定年龄阶段的群体，心理健康者就应该具有与同年龄多数人相符合的心理行为特征，如果严重偏离，就是不健康的表现。

心理健康标准

二、大学生常见心理困扰

大学生中真正有心理障碍或精神疾病的只占极少数，多数学生遇到的是一般的心理困扰。

小A，来自南方某城市，是家里的独子，考入北方一所大学学习。踌躇满志的他到了北方后，竟无法适应那里的饮食、语言、气候和学习，故萌生退学念头。其父母得知后，母亲请假，千里迢迢从家乡到学校陪读。然而一个学期过去了，小A仍无法融入新的环境中，不仅生活上觉得十分不适应，学习上也感觉困难重重，最后只得向学校申请休学。

走进大学，离开父母，是心理断乳的关键期。心理断乳，意味着个人离开父母家庭的监护，彻底切断个人与父母家庭在心理上联系的“脐带”，摆脱对成人的依赖，成为独立的个体，建立自己独立的心理世界。这一过程，种种矛盾冲突交织在一起，成为大学生应认真对待的重要阶段。

（一）适应心理问题

适应心理问题主要在大一新生中表现比较突出。新生来到大学后，面对新的生活环境、新的同学、新的学习方式，不能很快适应，尤其是独立生活能力较差的学生，易出现适应心理问题，表现为食欲不振、失眠、烦躁不安、焦虑、孤僻，严重的甚至想退学。也有部分同学觉得现实和理想的学校差距太大，形成强烈的不满情绪，较长时间不能自我调适，出现心理问题。

（二）自我定位困扰

刚走进大学的新生，以前在中学阶段主要以成绩论英雄，到了大学，除学习成绩以外，还需关注人际沟通协作能力、领导能力、自学能力等各方面素质和能力，综合评价标准更加地多元，此时他们可能会对自我的定位产生困扰，变得无所适从。如不适时引导，易诱发心理问题。

（三）学习问题困扰

大学的学习方式是“我要学”，和中学的“要我学”有很大差异。部分学生从高考压力下释放出来，没有了学习目标，学习动机不强；还有部分学生学习规划不好，学习压力太大，产生焦虑情绪。有学习问题困扰的学生，如不加以引导，容易出现学习心理问题。

（四）人际关系问题

大学就是一个微型社会，大学生的人际关系相比中学时要复杂些，师生关系、宿舍同学关系、班级同学关系、各种社团同学关系，如不能处理好，对心理健康将产生重要影响。同学来自不同地区、不同家庭，具有不同生活习惯和个性，加上有些学生缺乏人际交往技巧和能力，常会出现各种人际矛盾，处理不好会严重影响心理健康。

（五）恋爱与性心理问题

大学生随着身心成熟，渴望爱情和两性关系，但部分大学生由于缺乏爱的能力和正确的爱情观，草率发展爱情，造成各种恋爱心理问题。另外，我国大学生性知识的教育缺乏，不能正确认识自我性生理和性心理，从而产生羞耻感、性罪错感等，严重影响了一些大学生的正常学习生活。

（六）情绪管理问题

大学生情感丰富而强烈，具有不稳定性，易受外界影响，情绪波动较大，时而焦虑，时而抑郁，时而自卑，时而自信，如长时间被消极情绪困扰，不能排解，甚至会出现严重心理问题，影响正常学习生活。

（七）就业创业心理问题

在大众创业、万众创新的时代背景下，大学生就业择业及创业心理问题不可轻视。就业难，面对激烈的就业竞争，出现害怕竞争，感到惶恐、自卑、焦虑等心理问题。创业时，缺乏经验，易出现期望值过高、急功近利、怕失败等心理问题。

（八）特殊群体心理问题

高校大学生群体中，有部分特殊群体，如家庭经济困难学生群体、有身心疾病学生群体、单亲家庭学生群体等。这些特殊群体部分的学生心理问题，已受到社会各界的广泛关注。

【拓展学习】 心理问题的历史及各心理学派的基本观点

在人类历史上，对心理问题根源的探讨，经过了漫长的时间。对心理问题的解释，不同的历史阶段、不同的心理学流派有不同的解释，有的是超自然的，有的是生理角度的，有的是心理角度的。

19 世纪以前，精神病患者被认为是魔鬼附体。早期鬼神学认为某种邪恶的存在或灵魂可以附着在一个人身上，并且控制了这个人的思想和行为。在古代中国、埃及等文明古国的历史记载中都能找到鬼神的例子。人们经常采用驱魔的方式来治疗他们认为古怪的行为。

在公元前 5 世纪，“现代医学之父”希波克拉底把医学从宗教、魔法和迷信中分离出来。他认为大脑是意识、智力和情感的器官，混乱的思考和行为是脑病理学的指标。

各心理学派的基本观点如下。

（一）精神分析学派的基本观点

弗洛伊德（Freud S.）是精神分析理论的创始人和早期代表人物，其理论的主要观点是认为个人人格的合理构造是心理健康的基础，他把人的意识分为意识、前意识和潜意识。意识是人们能够知觉到的；前意识不在意识范围，但一旦回忆就可以想起来；而潜意识是人们没有办法意识到的。精神病是由于个体体内无意识冲突造成的。心理障碍是由于人格结构中无意识成分与意识之间的不平衡所致，这种不平衡往往是无意识成分受到了意识的压制，个人由于采取歪曲的方式表达这种被压抑的无意识冲动而产生障碍。譬如，一名大学生由于缺乏社交能力，会通过吃东西或抽烟等口唇期满足等方式来掩饰不愉快的情感。弗洛伊德通过自由联想，让来访者放松，将压抑于潜意识的欲望再现出来，使潜意识的“症结”意识化，帮助其认清自我防御的本质，明确自己与他人的关系，进而现实地强化自我，建立正确与健康的心理结构，摆脱心理障碍。

新精神分析学派除了强调个人潜意识影响之外，还关注社会文化的影响作用，这种思想使得精神分析更加符合实际，也更容易被人们所接受。

卡尔·古斯塔夫·荣格(Jung C.G.)是新精神分析学派的代表人物之一，建立了分析心理学。他认为，人类在更深的心理层次上(他称为“集体无意识”)是统一的。他发现导致现代人心理障碍的重要原因之一是两极化思维，如要么好，要么不好，两者水火不容。解决的办法是帮助来访者弄清对立者为何物，尔后帮其认识到这种对立本身是一种假象，真实状况是所有对立的两极在更深层次上是相互依赖和统一的。

(二) 行为主义心理学派的基本观点

行为主义心理学派更加看重从可以观察的外部行为动作，而不是内部深层意识或心理机制方面去研究人。主要理论基础有：巴甫洛夫(1894—1936)首创的经典条件反射学习理论；B.F.斯金纳(1904—1990)创立的操作性条件反射学习理论；20 世纪 60 年代末，班杜拉(Bandura A.)等人提出的社会学习理论。行为主义心理学家认为人类所有的行为都是通过学习得来，个人的心理障碍直接表现为一种行为适应不良，也是由于某种歪曲的学习结果所致，改造行为不良的唯一办法依然是学习，学习良好行为代替不良行为。

(三) 认知心理学派的基本观点

艾利斯(1913—2007)提出情绪 ABCDE 理论，人的情绪、情感并非直接由诱发的刺激性事物引起，而是经由对诱发事物认知而形成的。即 A 诱发事件—B 不合理信念—C 不良后果—D 驳斥—E 合理效应。例如，考试得 60 分(A)，产生不合理信念(B)，认为自己太笨，女生很难过(C)，驳斥不合理信念(D)，考 60 分可能并不是因为笨，而是自己准备不充分或试卷内容太偏，心理感觉好多了(E)。

(四) 人本主义心理学派的基本观点

罗杰斯和马斯洛是人本主义心理学派的主要代表人物。人本主义心理学家主张心理学的研究应以人为中心，不同意精神分析学只研究不正常人——神经症患者和精神病人，而忽视对健康人积极心理品质的研究；反对行为主义心理学的机械论观点。罗杰斯认为，人从小时受到父母无条件的积极关注和指导，就能健康成长，否则会自我不和谐。马斯洛认为，人有生理需要、安全需要、归属与爱的需要、尊重需要和自我实现的需要，前四种需要长期不得到满足就可能产生心理疾病。

(五) 交互作用心理学派的基本观点[①]

交互作用心理学派认为，人的自我结构由三个成分组成，分别是儿童自我、父母自

---

① 桑志芹：《大学生心理健康教程》，江苏人民出版社，2001 年，第 23 页。

我、成人自我。如果三者以合理的比例发展，则心理健康；否则会导致心理障碍。有三种典型的交往关系不同程度地体现了普遍存在的心理失常现象。

(1) 我不行，你行——自卑自怜型（儿童自我）；

(2) 我行，你不行——自信自满型（父母自我）；

(3) 我不行，你也不行——自卑自毁型（儿童自我）；

(4) 我行，你也行——自信自觉型（成人自我）。

只有建立“我行，你也行”的关系，才是最健康的心理状态。

三、大学生心理健康的维护

（一）国家层面

2016年，习近平总书记在全国卫生与健康大会上提出，要加大心理健康问题基础性研究，做好心理健康知识和心理疾病科普工作，规范发展心理治疗和心理咨询等心理健康服务；2016年12月，习近平总书记在全国高校思想政治工作会议中强调，要培育理性平和的健康心态，加强人文关怀和心理疏导；2017年，习近平总书记在党的十九大报告中强调，要“加强社会心理服务体系建设，培育自尊自信、理性平和、积极向上的社会心态”。习近平总书记在党的二十大报告中提出，“重视心理健康和精神卫生”，这对新时代做好心理健康和精神卫生工作提出了明确要求。

教育部《高等学校学生心理健康教育指导纲要》要求，高校要坚持育心与育德相统一，加强人文关怀和心理疏导，规范发展心理健康教育与咨询服务，更好地适应和满足学生心理健康教育服务需求，引导学生正确认识义和利、群和己、成和败、得和失，培育学生自尊自信、理性平和、积极向上的健康心态，促进学生心理健康素质与思想道德素质、科学文化素质协调发展。

（二）学校层面

心理健康教育是高校促进大学生身心全面发展，培养大学生成为高素质人才教育的重要组成部分。为提高大学生心理健康教育的实效性，高校应进一步加强心理健康教育。

1. 通过发挥课堂主渠道作用，普及心理健康知识

根据教育部办公厅2011年2月23日颁布的《普通高等学校学生心理健康教育工作基本建设标准（试行）》文件精神，各高校均以各种方式开展了“大学生心理健康”课程教学工作，发挥课堂教学的主渠道作用，普及心理健康知识。另外，各高校也应大力发展课程思政教学改革，将心理健康教育渗透到各专业学科教学中，激发大学生的学习兴趣，挖掘潜能，以利于帮助大学生成长成才。

2. 开展心理健康教育活动，提供提升心理素质的锻炼平台

学校要多开展各种层次的心理健康活动，做到大型活动届次化、小型活动常规化。让每一个学生都能找到适合自己的活动，参与到活动中，实践锻炼人际交往、情绪管理、组织协调等方面的能力，在活动中挑战自我，完善自我。

3. 建立心理健康教育专业团队，设立心理发展与咨询中心，帮助学生完善自我，走出困扰

心理咨询是防治心理疾病、优化心理素质、增强学生心理健康的有效途径。高校应重视大学生心理辅导与咨询服务工作，通过开展个别咨询、团体辅导、媒体咨询、心理行为训练等方式，有针对性地为学生提供高效的心理健康指导与咨询服务，帮助学生完善自我，走出困扰。

4. 发挥新媒体功能，营造心理健康氛围，提升心理健康意识

随着网络新媒体普及，学生喜欢时尚的语言、新颖的教育方式，学校可通过网络、微信、微课手机报等媒介，变强制灌输教育为潜移默化式的隐形教育，提升大学生心理健康意识，营造良好的心理健康氛围。

（三）家校共育形成合力

随着社会发展和科技进步，人们的物质需要得到充分满足后，对心理健康方面的追求日益突出。大学生作为未来社会建设的主力军和领军人物，社会各界和家庭对大学生心理健康的关注成为焦点。心理健康教育要实现学校和家庭共育形成合力，学校要指导家庭调整教育方式和内容。

1. 调整家长关注重点

中学时，家长主要关注孩子的学习成绩，很少关注孩子的心理需要和心理成长。到了大学，孩子的学习成绩只是综合素质的一部分，孩子可能面临人际沟通、情绪情感、自我意识、就业择业等各方面压力，学校可引导家长调整关注重点，从对大学生的学习成绩和身体健康的关注，转变为对大学生身心健康和个人综合素质提升的关注。

2. 调整家长教育方式

随着社会发展、科技进步，现在家长可以从书本和手机网络上学习到各种教育孩子的方式和技巧，但有的家长在教育孩子方式方面还会表现得简单粗暴，尤其是对有心理问题的学生。学校要和家长沟通，改变家长的教育方式，从简单粗暴式转变为大学生易接受的、科学的新方式来教育影响孩子。

（四）学生层面，心理健康第一责任人

中国科学院心理研究所副所长陈雪峰指出：个人的心理健康知识和心理健康水平没有显著相关性；心理健康技能和心理健康水平显著相关；较高的心理健康意识有助于知识和技能发挥作用。应树立“每个人都是自己心理健康第一责任人”的责任意识。

大学生身心日趋成熟，要发挥大学生自己的主观能动性，使其认识到自己是心理健康的第一责任人，完全有能力进行自我探索，对自身心理健康进行有效维护。

心理求助渠道

1. 主动掌握心理健康知识

随着科技进步和网络智能手机的便捷，线上线下、国内国外各种心理健康教育课程很容易获得，学生可以通过课堂学习和课后自主学习相结合的方式，主动学习心理健康知识，参加心理健康活动，提升心理健康水平。

2. 积极自我调适

学生要提高心理健康的觉察意识，当觉察到自己可能出现心理困扰时，积极主动查找学习相关心理健康知识和调节技能，并应用于实践，帮助自己积极面对压力、挫折，积极调整，悦纳自我，完善自我，塑造健全人格。

3. 积极寻求心理援助

处于成长过程中的每一个大学生，在学习、生活、人际交往、就业择业中都会或多或少地遇到一些问题。当自己出现心理困扰，通过各种方式无法自我排解时，要打消一些消极的顾虑，主动寻求同学、老师或医生的帮助，主动了解学校、社会或医院的各种心理求助渠道，并能积极求助，帮助自己早日走出心理困境。

做

【实训一】 “缘”来你也在这里

【实训目的】 活跃气氛，以游戏的形式促进成员认识你我他，并进一步交流。

【活动准备】 人数在 50 人左右，场地最好是可以移动桌椅的室内或室外。老师提前准备 3～5 首大家耳熟能详的歌曲（流行歌、儿歌），另外准备和参加人数相等的纸条，分成 3～5 组，在纸条上写上准备的几首歌的名字，然后混合备用。（也可以故意将两张纸条空白，抽到空白的同学体验无家可归的感受）

【实训程序】

1. 热身活动：以歌会友

让每位同学随便抽一张纸条，根据纸条上的歌名哼唱，随意走动，找到和你唱同一首歌的人，然后聚在一起，形成小组。小组人到齐后，大家可以一起唱一遍小组的歌，几

句也可以。

2."缘"来你也在这里

小组成员围成一圈,任意自愿(或提名)第一个说的学生开始自我介绍:我是来自××的喜欢×××的×××。依次轮流介绍,但是第二名学生要说:"我是来自××的喜欢××× 的×××,旁边是来自××的喜欢×××的×××。"第三名学生要说:"我是来自××的喜欢×××的×××,旁边是来自××的喜欢×××的×××,旁边是来自××的喜欢×××的×××。"……最后介绍的那名学生要将前面所有同学的信息复述一遍。

总结与分享:抽到空白的学生分享体验或感受;如果是自愿第一个介绍自己的同学,说说是如何做到第一个介绍自己的;最后一个同学是如何完成复述前面所有同学信息的,是否小组自发协助;小组是否有人组织等。

注意事项:老师要把握好活动规则,热身活动时让同学真正通过哼唱找到伙伴;在"'缘'来你也在这里"过程中不得用纸笔记录。

【实训二】 心理测试:症状自评量表(SCL-90)

SCL-90 症状自评量表,由美国 L.R.Derogatis 于 1975 年编制,是当前使用最为广泛的精神障碍和心理疾病门诊检查量表,共有 90 项,每一个项目均采取 5 级评分制(按 1~5 或 0~4 计分),可概括为 10 个因子,使被试者从多方面来了解自己的心理健康程度。

以下表格中列出了有些人可能会有的问题,请仔细阅读每一条,然后根据最近一个星期以内下述情况影响你的实际感觉,在五个答案里选择一个最适合你的答案并打"√"。	表示没有	表示很轻	表示中等	表示偏重	表示严重
1. 头痛	1	2	3	4	5
2. 神经过敏,心中不踏实	1	2	3	4	5
3. 头脑中有不必要的想法或字句盘旋	1	2	3	4	5
4. 头昏或昏倒	1	2	3	4	5
5. 对异性的兴趣减退	1	2	3	4	5
6. 对旁人责备求全	1	2	3	4	5
7. 感到别人能控制你的思想	1	2	3	4	5
8. 责怪别人制造麻烦	1	2	3	4	5
9. 忘记性大	1	2	3	4	5
10. 担心自己的衣饰不整齐,仪态不端正	1	2	3	4	5
11. 容易烦恼和激动	1	2	3	4	5
12. 胸痛	1	2	3	4	5

续　表

以下表格中列出了有些人可能会有的问题，请仔细阅读每一条，然后根据最近一个星期以内下述情况影响你的实际感觉，在五个答案里选择一个最适合你的答案并打“√”。	表示没有	表示很轻	表示中等	表示偏重	表示严重
13. 害怕空旷的场所或街道	1	2	3	4	5
14. 感到自己的精力在下降，活动减慢	1	2	3	4	5
15. 想结束自己的生命	1	2	3	4	5
16. 听到旁人听不到的声音	1	2	3	4	5
17. 发抖	1	2	3	4	5
18. 感到大多数人都不可信任	1	2	3	4	5
19. 胃口不好	1	2	3	4	5
20. 容易哭泣	1	2	3	4	5
21. 同异性相处时感到害羞不自在	1	2	3	4	5
22. 感到受骗，中了圈套或有人想抓自己	1	2	3	4	5
23. 无缘无故地突然感到害怕	1	2	3	4	5
24. 自己不能控制地大发脾气	1	2	3	4	5
25. 怕单独出门	1	2	3	4	5
26. 经常责怪自己	1	2	3	4	5
27. 腰痛	1	2	3	4	5
28. 感到难以完成任务	1	2	3	4	5
29. 感到孤独	1	2	3	4	5
30. 感到苦闷	1	2	3	4	5
31. 过分担忧	1	2	3	4	5
32. 对事物不感兴趣	1	2	3	4	5
33. 感到害怕	1	2	3	4	5
34. 感情容易受到伤害	1	2	3	4	5
35. 别人能知道自己的私下想法	1	2	3	4	5
36. 感到别人不理解自己、不同情自己	1	2	3	4	5
37. 感到人们对自己不友好、不喜欢自己	1	2	3	4	5
38. 做事必须做得很慢，以保证做得正确	1	2	3	4	5

续　表

以下表格中列出了有些人可能会有的问题，请仔细阅读每一条，然后根据最近一个星期以内下述情况影响你的实际感觉，在五个答案里选择一个最适合你的答案并打“√”。	表示没有	表示很轻	表示中等	表示偏重	表示严重
39. 心跳得很厉害	1	2	3	4	5
40. 恶心或胃部不舒服	1	2	3	4	5
41. 感到比不上他人	1	2	3	4	5
42. 肌肉酸痛	1	2	3	4	5
43. 感到有人在监视自己、谈论自己	1	2	3	4	5
44. 难以入睡	1	2	3	4	5
45. 做事必须反复检查	1	2	3	4	5
46. 难以做出决定	1	2	3	4	5
47. 怕乘电车、公共汽车、地铁或火车	1	2	3	4	5
48. 呼吸有困难	1	2	3	4	5
49. 一阵阵发冷或发热	1	2	3	4	5
50. 因为感到害怕而避开某些东西、场合或活动	1	2	3	4	5
51. 脑子变空了	1	2	3	4	5
52. 身体发麻或刺痛	1	2	3	4	5
53. 喉咙有梗塞感	1	2	3	4	5
54. 感到对前途没有希望	1	2	3	4	5
55. 不能集中注意力	1	2	3	4	5
56. 感到身体的某一部分软弱无力	1	2	3	4	5
57. 感到紧张或容易紧张	1	2	3	4	5
58. 感到手或脚发沉	1	2	3	4	5
59. 想到有关死亡的事	1	2	3	4	5
60. 吃得太多	1	2	3	4	5
61. 当别人看着自己或谈论自己时，自己感到不自在	1	2	3	4	5
62. 有一些不属于自己的想法	1	2	3	4	5
63. 有想打人或伤害他人的冲动	1	2	3	4	5
64. 醒得太早	1	2	3	4	5

续 表

以下表格中列出了有些人可能会有的问题，请仔细阅读每一条，然后根据最近一个星期以内下述情况影响你的实际感觉，在五个答案里选择一个最适合你的答案并打“√”。	表示没有	表示很轻	表示中等	表示偏重	表示严重
65. 必须反复洗手、点数目或触摸某些东西	1	2	3	4	5
66. 睡得不稳不深	1	2	3	4	5
67. 有想摔坏或破坏东西的冲动	1	2	3	4	5
68. 有一些别人没有的想法或念头	1	2	3	4	5
69. 感到对别人神经过敏	1	2	3	4	5
70. 在商店或电影院等人多的地方感到不自在	1	2	3	4	5
71. 感到任何事情都很难做	1	2	3	4	5
72. 一阵阵恐惧或惊恐	1	2	3	4	5
73. 感到在公共场合吃东西很不舒服	1	2	3	4	5
74. 经常与人争论	1	2	3	4	5
75. 单独一人时神经很紧张	1	2	3	4	5
76. 别人对自己的成绩没有做出恰当的评价	1	2	3	4	5
77. 即使和别人在一起也感到孤单	1	2	3	4	5
78. 感到坐立不安、心神不宁	1	2	3	4	5
79. 感到自己没有什么价值	1	2	3	4	5
80. 感到熟悉的东西变得陌生或不像是真的	1	2	3	4	5
81. 大叫或摔东西	1	2	3	4	5
82. 害怕会在公共场合昏倒	1	2	3	4	5
83. 感到别人想占自己的便宜	1	2	3	4	5
84. 为一些有关“性”的想法而苦恼	1	2	3	4	5
85. 认为应该因为自己的过错而受到惩罚	1	2	3	4	5
86. 感到要赶快把事情做完	1	2	3	4	5
87. 感到自己的身体有严重问题	1	2	3	4	5
88. 从未感到和其他人很亲近	1	2	3	4	5
89. 感到自己有罪	1	2	3	4	5
90. 感到自己的脑子有毛病	1	2	3	4	5

(一) SCL - 90 各项因子说明

(1) 躯体化:体现心血管、胃肠道、呼吸系统、头痛、肌肉等方面最近的问题。

(2) 强迫症状:明知没有必要,但又控制不住自己,反复出现为特征,主要表现在思想观念上和行为上。

(3) 人际关系敏感:与他人交往不自在,人际交往能力低下,害怕与人交往,表现出自卑感,严重的会导致自闭。

(4) 抑郁:对生活的兴趣减退,缺乏活动的愿望和动力,表现出悲观失望。其特点是以消极的心态看待问题和自己,严重的会产生死亡和自杀的念头。

(5) 焦虑:表现出紧张、神经过敏,严重时会出现惊恐发作。焦虑是由当前的或某一特定事物引起的,有明确的对象,时间较短。一般来说,焦虑发展成抑郁时要以药物治疗和心理咨询相结合。

(6) 敌对:从思想、情感和行为三个方面分析,爱争论、冲动、爆发、摔东西。

(7) 恐怖:分为社交恐怖和广场恐怖。以社交恐怖居多,表现出内向,害怕与人交往,自卑感强。广场恐怖是指到空旷的地方无缘无故地感到恐怖。

(8) 偏执:敌对、猜疑和妄想。

(9) 精神病性:各种急性的症状和行为,轻度以上的具有分裂性行为方式的特征,表现出精神病性的症状和行为。

(10) 其他:睡眠障碍和饮食不良。

SCL - 90 测验答卷

因　子	项目得分													因子总分	因子分(总分/项目数)
1. 躯体化:共 12 项	1	4	12	27	40	42	48	49	52	53	56	58			
2. 强迫症状:共 10 项	3	9	10	28	38	45	46	51	55	65					
3. 人际关系敏感:共 9 项	6	21	34	36	37	41	61	69	73						
4. 抑郁:共 13 项	5	14	15	20	22	26	29	30	31	32	54	71	79		
5. 焦虑:共 10 项	2	17	23	33	39	57	72	78	80	86					
6. 敌对:共 6 项	11	24	63	67	74	81									
7. 恐怖:共 7 项	13	25	47	50	70	75	82								
8. 偏执:共 6 项	8	18	43	68	76	83									
9. 精神病性:共 10 项	7	16	35	62	77	84	85	87	88	90					
10. 其他:共 7 项	19	44	59	60	64	66	89								

（二）SCL－90 的因子计分及解释

1. 评分标准

（1）总分超过 160 的，提示阳性症状。

（2）阳性项目数超过 43 的(43 项 2 分以上)，提示有问题。

（3）因子分≥2 的，2～2.9 为轻度，3～3.8 为中度，3.9 及以上为重度。

2. 分析

（1）只有一项≥2 的，如轻度抑郁、中度强迫等。

（2）有 2 项或多项≥2，如果其中有一项是躯体化的，要先分析是躯体不适引起心理问题，还是心理问题引起躯体不适。可以先到医院检查，排除器质性症状后，再做心理咨询。如果是躯体化问题应以临床治疗为主、心理咨询为辅。如果躯体化没有问题，其他有 2 项及以上≥2 的，要按因子分的高低列出。如果有抑郁、焦虑和精神病性的要分别做 SDS、SAS 和 MMPI 测量，以便确诊。

资源拓展

【拓展阅读】

竹篮打水不一定空

一位老师带学生到河边春游，将学生分成 4 组，比赛“竹篮打水”。要求每组学生采取接力的方法，用竹篮从河里打水到岸上 10 米外的桶里。许多学生习惯了“竹篮打水一场空”的阐释，认定了此举是徒劳，不知老师用意何在。但哨声响起时，大家还是忙碌了起来。

10 分钟后，比赛结束，老师做出了如下结论：

第一组的同学舀水很用力，所以篮子洗得格外干净，获净化奖。正如看书，尽管初时有许多不解之处，看似白看，但看得多了，心灵就会被净化。

第二组的同学跑得特别快，并且每次都很细心地把篮子上滴落下的水尽量地抖入桶中，水竟然积了 3 厘米高，获勤奋奖。正如奋斗，尽管有时看似无望，但只要努力了，总会有所收获。

第三组的同学用竹篮打水时捞上了一个饮料瓶和一些漂浮的垃圾，获环保奖。正如奉献，尽管自己一无所获，但对别人也许是莫大的帮助。

第四组的同学居然捞到了小鱼小虾，获意外奖。正如人生，尽管难免失败，但只要坚持不懈，也许会有意料之外的收获。

原来胜负没有定式，从不同角度看就有不同的收益。竹篮打水未必一场空。

（资料来源：http://www.360doc.com/content/10/0901/15/2882353_50397876.shtml）

书籍推荐

1. 毕淑敏说,“你的第一责任是使你自己幸福”。而幸福就是要把当下的一切变好。《毕淑敏的幸福课》(毕淑敏,长江文艺出版社,2019 年 11 月)带你发现抵达幸福的 6 个步骤,认识幸福的真相,获得幸福的能力。

2.《心理学与生活》[(美)理查德·格里格、菲利普·津巴多,人民邮电出版社,2003 年 10 月],跨越半个多世纪的心理学入门经典,世界著名心理学家菲利普·津巴多扛鼎之作,北京大学心理学系 18 位教授联袂翻译。

影视推荐

1.《爱上你治愈我》由曹盾、程樯执导,窦骁、苗苗主演,于 2019 年 4 月上映。

颜书仁在读博期间,与学妹孙树意外相遇相爱。在两人恋爱时,因双方家庭变故,书仁办理休学避开孙树,孙树选择去日本留学。书仁遭遇重大变故后出现了心理问题。5 年后,被他们的老师陈沅庚相继邀请进思康医院。孙树一直帮助书仁进行心理治疗工作,两人也重归于好。在孙树的努力下,颜书仁逐渐康复。

2.《美丽心灵》(*A Beautiful Mind*)由朗·霍华德执导,罗素·克劳主演,于 2001 年 1 月上映。

《美丽心灵》是一部关于一个真实天才的极富人性的剧情片。影片讲述了数学家约翰·福布斯·纳什的故事。他患有精神分裂症,但在博弈论和微分几何学领域潜心研究,最终获得诺贝尔经济学奖。

项目二 推开梦想之门——适应规划人生

名人名言

理智的人使自己适应这个世界，不理智的人却硬要世界适应自己。

——萧伯纳

故事导读

一只乌鸦急促而忙碌地搬家。鸽子疑惑不解地问："这树林不是你的家吗？你干吗还要搬家呢？"乌鸦叹着气说："在这个树林里，我实在住不下去了，这里的人都讨厌我的叫声。"鸽子带着同情的口气说："你唱歌的声音实在聒噪，令人不敢恭维，所以大家都把你当作讨厌的邻居。其实，你只要把声音改变一下，或者闭上嘴巴不要唱歌，在这林子里，你还是可以住下来的。如果你不改变自己的叫声，即使搬到另外一个地方，那里的邻居还是照样会讨厌你的。"

同学们，如果无法改变环境，唯一的方法就是改变自己，也就是"主动去适应环境，而不要等环境来适应你"。学会适应是每个人健康生活、获得发展的前提和基础。

内容简介

通过本章的理论学习，你将了解适应的内涵、标准和分类，理解大学生在适应方面存在的主要问题及其产生的原因，掌握大学生心理适应能力的培养方法，能够正确认识大学生在适应方面存在的问题，并能运用有效的方法进行调适。

教与学

她是否真的想退学？

——某大一女生面对心理教师叙述

我是会计专业的学生，来到这个学校快三个月了，发现自己越来越不喜欢这个专业,也不喜欢这个学校。想到以后整天要同数据和计算打交道,心里就害怕。我想退学回家去复读高三,明年再参加高考,报考文学专业。“高考时填报专业?”“当时是我自愿填报的。那时候觉得会计挺好,我们那儿的会计社会地位高,收入也不错。”“父母的态度?”“他们也都支持我,认为这个专业好找工作。”“为什么不喜欢这个学校?”这里的老师不像中学的老师那样关心人。我希望老师能像我妈一样对我说话,但这里没有一个老师能做到。这里的同学也不像中学的同学好相处,一个个都很冷漠。现在我看见教科书就头皮发麻,学不进去。“万一复读后没考取?”“如果能退回去,一年考不取就考两年,反正不想在这儿读了。”

在心理教师的建议下,她请假回了一趟家。返校后来到心理咨询室,脸上的愁容没了,“老师,我想通了,就在这儿读下去。”

著名心理学家皮亚杰说过:“智慧的本质是适应。”达尔文曾经指出:“世界上生存的最好的物种不一定是遗传因素最好的物种,而是最适应环境变化的物种。”无论什么人,从熟悉的环境迈入陌生的环境时,都要对新环境有一个熟悉、了解的过程,并根据新环境的要求调整其思想和行为,以便适应新环境。对于初入大学的新生来说,在面临身心成长、环境改变与社会转型等很多方面变化的情况下,要学会积极地适应客观环境,调适身心状态,调整自身与环境不适应的行为,达到自我与环境的和谐统一。这不仅关系到大学生能否顺利完成整个大学的学习生活,还关系到在将来社会生活中能否得到继续发展,人生目标能否最终实现。

一、大学生心理适应概述

一位哲学家搭乘一个渔夫的小船过河。行船之际,这位哲学家向渔夫问道:“你懂得数学吗?”

渔夫回答:“不懂。”

哲学家又问:“你懂得物理吗?”

渔夫回答:“不懂。”

哲学家再问:“你懂得化学吗?”

渔夫回答:“不懂。”

哲学家叹道:“真遗憾!这样你就等于失去了一半的生命。”

这时水面上刮起了一阵狂风,把小船给掀翻了。渔夫和哲学家都掉进了水里。

渔夫向哲学家喊道:“先生,你会游泳吗?”

哲学家回答说:“不会。”

渔夫非常遗憾地说:“那么你就失去整个生命了!”

(资料来源:http://opinion.people.com.cn/n/2013/1210/c1003-23794104.html)

这是一个伟人对他心爱的女儿所讲的一个故事。它寓含了一个非常深刻的人生哲理:一个没有学会在人生长河中游泳的人,即使其他的东西学得再多,也无法在这人生的长河中生存下来,因为他缺乏基本的适应和生存能力。

（一）什么是适应

适应是人们在与环境的互动关系中，个人通过对自己心理状态和行为模式的不断调整，使其个人需要能够不断得到满足的过程，是在自我与环境和谐统一的前提下，不断地认识和改造环境、修养和发展自我的过程。

每一个人都有自己的生存或生活环境。适应使人在与环境的关系中达到一种动态的平衡。人只有在对环境适应时，他的生存需要、安全需要、归属和尊重的需要才能得到满足，从而实现自我的成功发展。

（二）适应的形式

人对环境的适应一般通过两种途径来实现：一种是人自身做出改变，另一种是环境按照人的要求得到改造。从宏观角度看，人类有能力运用科学技术和现代管理手段征服自然和改造社会；但作为具体的个人，人们选择环境、改变环境的力量和条件是很有限的。每个人都会遭遇许多无法选择、强加于自己的生活学习环境，在这种情况下，个人只能通过调整自己心理和行为以积极地适应环境。例如，一名大学生当初的理想是考上某名牌大学，但由于受招生名额和个人考试成绩的限制，没能如愿以偿，被一个自己并不喜欢的大学录取。在这样的情况下，要使环境为自己做出让步是非常困难的，比较明智的选择是调整自己以适应现实环境。

由于精神上的需要，人类在社会生活中创造了内容丰富的文化环境，人类成为社会文化的主人。而对于个体来说，处处受到文化环境的制约，只有在顺应现存的文化环境时，他才能获得社会的认同，这也需要个体不断地调整自己的心理机制。由此可以认为，个体与文化环境相互作用的过程，也是心理适应能力不断增强的过程。

由于我们生活的环境不断变化，人们的适应是一个连续不断的过程。人在社会中生存发展，就必须形成和提高自己的适应能力。人的一生无时无刻不与相应的环境发生关系，这是一种不断摩擦、冲突和不断克服困难与挑战的动态过程，是人们经历由不适应到适应、由不平衡到平衡的不断的循环过程。这样的过程才是个人进步和发展的过程。

从《习近平的七年知青岁月》找寻青春答案

1969 年 1 月，习近平总书记 15 岁时来到陕西省延川县文安驿公社梁家河大队插队落户，直至 1975 年 10 月。梁家河七年知青岁月，正是习近平总书记治国理政新理念新思想新战略的历史起点和逻辑起点。黄土高原的苍天厚土，深深铸就了一位人民领袖的爱民为民情怀、勤奋好学精神、艰苦奋斗品质和苦干实干作风。

“近平还是那个为老百姓能过上好日子打拼的‘好后生’”“他贴近黄土地，贴近农民，下决心扎根农村，立志改变梁家河的面貌”“近平这个人在他年轻的时候，就志存高远。但他的远大理想，恰恰不是当多大的官，走到多高的位置，而是看似平凡的‘为老百姓办实事’”……七年知青岁月，青年习近平把自己看作黄土地的一部分，同梁家河的老乡们甘苦与共，用脚丈量黄土高原的宽广与厚度，一心只为让老百姓过上好日子。从心底里热爱人民，把老百姓搁在心里，这样的爱民为民情怀孕育了习近平总书记以人民为中心的发展思想。由此，便不难理解他为什么反复强调“增强人民群众获得感”，为什么要求“让发展成果更多更公平地惠及全体人民”，为什么勉励当代青年“让青春之花绽放在祖国最需要的地方”。

“近平在梁家河从来没有放弃读书和思考”“他碰到喜欢看的书，就要把书看完；遇到不懂的事情，就要仔细研究透彻”“上山放羊，揣着书，把羊拴到山坡上，就开始看书。锄地到田头，开始休息一会儿时，就拿出新华字典记一个字的多种含义，一点一滴积累”……在“上山下乡”那个年代，整个社会文化生活匮乏，黄土高原闭塞而荒凉，青年习近平却“痴迷”读书，“一物不知，深以为耻，便求知若渴”。习近平总书记后来回忆道：“我并不觉得农村七年时光被荒废了，很多知识的基础是那时候打下来的。”这种勤奋好学精神，贯穿习近平总书记的人生轨迹。从梁家河的窑洞到清华大学的课堂，从基层工作到治国理政，习近平总书记始终把读书学习当成一种生活态度、一种工作责任、一种精神追求。

“近平在困境中实现了精神升华”“对近平的思想和价值观起作用的，并不是标语、口号和高音喇叭的灌输，而是知青岁月那日复一日艰苦的生活和劳动，是当年同我们农民兄弟朝夕相处的那两千四百多个日日夜夜对他产生的潜移默化的影响”……在物质和精神极度匮乏的环境中，青年习近平闯过“五关”——跳蚤关、饮食关、生活关、劳动关、思想关，不仅磨炼了吃大苦、耐大劳的意志，还锻造了不避艰辛、不怕困难的品质。在习近平总书记对青年的一系列讲话和回信中，我们可以深刻感知他在艰苦奋斗中锤炼的意志品质。在成长和奋斗过程中，有缓流也有险滩，有喜悦也有哀伤，我们要处优而不养尊，受挫而不短志，坚持艰苦奋斗，不贪图安逸，不惧怕困难，不怨天尤人，依靠勤劳和汗水开辟人生和事业前程。

“不管多累多苦，近平能一直拼命干，从来不‘撒尖儿’”“他当了梁家河的村支书，带领大家建沼气池，创办铁业社、缝纫社，我一点都不吃惊”“我在和他一起生活的时候，就发现他这个人有一股钻劲，有强烈的上进心”……青年习近平在梁家河插队的七年，是受苦受难的七年，也是苦干实干的七年。在这七年里，他用每一滴汗水和每一份付出，生动诠释了他说的那句话：“干在实处，走在前列。”在这七年里，他扎根黄土地，于实处用力，用青春书写了无愧于时代、无愧于历史的华彩篇章。“社会主义是干出来的。”青年要敢于做先锋，而不做过客、当看客，扎扎实实干事、踏踏实实做人，实字当头、以干为先，把自己创新创业梦融入伟大中国梦，让青春年华在为国家、为人民的奉献中焕发出绚丽光彩。

榜样的力量是无穷的。《习近平的七年知青岁月》给了我们青春答案，为青年学子树立了思想和人格上的榜样。广大青年要像习近平青年时代那样，扎根中国大地，洞察国情民情，树立起与党和人民同心同向的理想信念和价值追求，把无悔的青春刻写在实现中华民族伟大复兴的历史丰碑上。

二、大学生的角色与环境变化

他们离我很远

小张去年以较高成绩被武汉某高校录取。初入大学的小张，开始还很兴奋，结果一周后，就和室友因作息时间不同、谈不来等问题闹了几次不愉快。次数多了，小张和室友的关系渐渐紧张。只要没课，小张就回到黄石家中，往返于两市之间，有时一周甚至能达到3次。小张的母亲称，开始只是认为孩子是初入大学不适应，时间长了就会好起来。可现在开学已近两个月了，小张仍不愿去学校。

（资料来源：https://www.docin.com/p－286826480.html）

我的学习怎么了

某高校数学系的袁某进大学后，一直觉得学习压力很大，原来是上海市重点中学学生的她，忽然感觉以往的学习方式完全没有用了。觉得无助的袁某有空就往家里跑，还哭哭啼啼了好几次，心急的母亲只好求助于学校的心理咨询中心。

经历了“十年寒窗”的苦读，熬过“黑色六月”后，作为大学新生的我们捧着大学录取通知书步入大学校园……这个阶段可能并不漫长，但却是我们人生中最为重要的阶段之一。我们中的许多人可能是第一次离开父母独立生活，当我们初步安顿下来，寻常的大学生活正式展开，最初的惊喜与激情渐渐退去后，大学新生不可避免的适应期就开始了。每位大一学生都需要面临从中学生到大学生的转变，经历从不适应到适应的过程。

（资料来源：https://www.docin.com/p－286826480.html）

（一）大学生角色的转变

所谓“角色”，是人在社会行为系统中与一定社会位置相关联的符合社会要求的行为模式，它客观地规定了一个人的活动范围、享有的权利、承担的义务以及行为方式等。在现实生活中，每个人都时时处于某个社会角色的位置上：在父母面前，扮演子女的角色；在老师面前，扮演学生的角色；在同辈中，扮演同学或朋友的角色；走上工作岗位后，扮演职业角色。一旦某个人扮演了相应的角色，就必须有明确的角色意识，即对该角色的性质、社会地位以及相应的义务、权利和责任有清醒认识。例如，在家庭生活中，作为儿女，应该孝敬父母，珍惜父母的劳动成果，赡养父母，做个好儿女；在社会公共生活中，作为一个公民，应该认真履行公民的权利和义务，承担对社会、对祖国的责任，做个好公民；作为大学生，就应该努力学习，完成大学的学习任务，做个好学生。

大学阶段正处于步入社会就业前的准备时期，这个阶段的大学生既要学习、适应大学生这个角色，也要为走上社会的职业角色做准备，还要在已有社会化的基础上，发展自己的个性。这些内容包括确定生活目标，掌握各种社会规范（如学生守则、法律法规、社会公德、职业道德等）和角色技能，培养社会责任感，提高参与意识和角色认识能力，实现角色变迁等。因此，要成为一位名副其实的大学生，就需要认真学习，掌握大学生这个角色的权利和义务，承担应有的职责和任务。

1. 角色意识的转变

大学新生都有一个角色转换与适应的过程。成为大学生，这是客观事实，但相当一部分新生并没有真正认识到自己角色的转变，角色意识还停留在中学生这一层次。这种角色意识的滞后性，妨碍着新生对大学生活的适应。角色意识的转变关键是角色责任的转变，大学生的称号不仅仅是一种文化层次的体现，更是一种神圣责任的象征。大学生的社会责任主要体现为知我中华、爱我中华、兴我中华，坚定走中国特色社会主义道路的理想和信念；努力学习科学文化知识，成为合格的中国特色社会主义现代化事业的建设者和接班人。

2. 角色位置的转变

能考上大学的学生在中学阶段大部分都是学习上的佼佼者，平时深得家长、老师和同学们的关注，几乎每个人都有着辉煌的过去。进入大学，如果重新排定座次，就只能有少数人保持原来的中心地位和重要角色。大多数学生将从中心角色向普通角色转变，自我评价可能会受到不同程度的冲击。在中学，学习成绩的好坏，一直是学生自我评价的重要标准。而在高手云集的大学新集体中，可能由于学习方法或是心理压力的问题，大学新生原来的优势不复存在。许多人因此失眠、神经衰弱，甚至导致了抑郁症。另外，在大学里，评价人的标准并非单一的学习成绩，能力特长更是在实际生活中衡量一个人素质水平的重要因素，并且后者有越来越重要的倾向。比如，一个大学生知识面很宽，或者社会交往能力很强，或者能歌善舞，或者有体育专长，这些都有助于大学生找到自己在角色转变后的位置。

3. 角色行为的转变

角色行为的转变是角色转变的关键。对大学生的行为规范，教育部在《普通高等学校学生行为准则》中做出了详细的规定，而且各高校还相应地制定了许多具体的规章制度，这些都是对大学生的行为规范。大学新生应认真学习，尽快使自己的行为符合大学生这一新的人生角色的要求。

（二）大学生环境的变化

进入大学之后，能否适应大学所在地的自然和社会环境，能否适应大学的学习环境，便成为影响大学生能否成才的一个重要因素。

1. 管理环境的变化与心理适应

刚从中学跨入大学的新生，普遍感到对大学的管理不适应。有一个新同学在问卷调查中这样写道："我们似乎成了没人管的羔羊。辅导员一周也不到我们宿舍一次，教室里也难得与他相见；上课的教授如同屏幕上的明星一样，下课就不见了；同学们都是初来乍到，彼此谈不上管理和照看。难道这就是我们的大学生活吗？如果长此以往，我可真要受不了啦！"这些情况说明，已经跨入大学校园的大学生，仍然渴望像中学一样有人管理，不了解、不适应大学管理的特点，于是就出现这样那样的心理和行为问题。

青年期是人生中心理变化最大的时期，也是身心发展最不稳定的时期。一方面青年心理的恒常性较差，这就决定了青年心理的可塑性特征。青年已经形成了自己的认知、情感和意志等方面的特点，但是这些特点不稳定，容易产生变化。他们在认知上会出现人云亦云、缺乏主见的现象，在情绪上会出现大起大落的情况，在意志上常有决断性差、自制能力弱、行动力弱的特点。另一方面，青年各种心理因素的发展还不均衡。在认知、情感和意志三者之间，情感的不均衡表现更为突出，容易冲动，在许多情况下，思想、行为带有一定的偏激，看问题不全面，处事比较莽撞。另外，性心理的冲突也是导致青年情绪变化的重要因素，由于青年人缺乏调节情绪的技巧和经验，这种情绪会在一定的时间内支配他们的心理活动。正是由于青年人的这些特点，他们客观上需要、主观上也渴望科学的管理。

然而，对大学生的管理不应等同于对一般青年人的管理，也不能等同于对中学生的管理。大学对学生的日常管理更多的是做人和社会适应方法的指导，各种学生活动的主要目的是发展智能、精通学业、丰富精神生活、提高道德情操等。辅导员应该主动接近学生、了解学生，有针对性地开展思想政治工作，解决学生现实的生活问题和思想问题。

由于辅导员所负责学生人数众多，而且一部分辅导员是兼职，他们不可能像中学班主任那样每天跟着学生，对每一个学生的情况也不易做到了如指掌。上课的教师除授课以外，还担负着繁重的科研任务，上课踩着铃声来，下课夹着讲稿走，很少有人像中学教师那样每天给学生补课、辅导。在学习上，相当多的时间要求学生自己去看书学习，自己去解决学习中的各种问题，通过自己的努力提高自己各方面素质。这种相对松散型的管理，对于培养学生的独立思考能力、独立生活能力和适应社会的能力，无疑是有好处的。但是，对于新入校的大学生来说，这是一个严峻的挑战和考验。

面对与过去有着巨大差别的新环境，那些过去未曾远离过父母、心理适应能力和生活适应能力较差的新生，大多感到空虚、无所适从。有的学生反映由于宿舍人多，总是担心会出事，晚上失眠；有的不断请假回家探亲；还有个别学生总怀疑身体有病而经常去医院看医生，如此等等，表现各不相同。有人调查，大学新生中，由于心理上的不适应曾经产生退学念头甚至明确提出退学的达到三分之一左右；由于无聊，有的学生入学不久就谈情说爱，寻找刺激，以求心理的平衡，因此影响了学业，贻误了美好的青春年华。

适应管理环境最根本的任务是要有明确的奋斗目标。中学生虽富于理想，喜欢憧憬未来，但其理想目标往往变幻不定，朦胧不清。高考的压力和就业的待定性，使大多数中学生只考虑近期目标，缺乏长远目标，眼睛只盯着高考。进了大学，高中时期的奋斗目标已变成了现实，新目标又未确立，不少大学生感到茫然、空虚，进入“动力真空带”或称“理想间歇期”，出现松劲情绪。没有一个明确的目标，学习就没有持之以恒、永不消退的动力。

2. 学习环境的变化与心理适应

大学生的学习活动与中学生相比有明显的区别，主要表现为学习的自主性、选择性、多元性、探索性和专业性。

自主性具体表现在学习计划的制订、自学时间的安排、学习方法的选择和学习活动的自控上。自学能力已经成为决定大学生学习效果的关键因素。

选择性是指学生对学习内容具有一定程度的自由挑选性特征。随着高等教育改革的不断深入，大学生不仅具有根据自己的兴趣、特长，在学科方向、课程内容方面取舍或选择的灵活性，还可以在一定的范围内重新选择所学的专业。

多元性是指学生除了通过课堂教学这一求知途径之外，还可以通过其他多种渠道来获取知识。大学生要想获得知识、陶冶情操、发展能力，除了抓紧时间学习外，还必须依靠各类第二课堂来开阔眼界、扩大知识面。各类学术报告、知识讲座、专题讨论会、网络以及走出校门进行社会调查、参加各类社会服务等，都是大学生获得知识的重要途径。

探索性是指大学生在学习过程中对教材结论之外的新观点的寻求。大学阶段是“求学期”向“工作期”和“创造期”转变的过渡阶段。通过各种各样的“教”与“学”的活动，学生的学习方法和思维方式，逐渐从再现教学内容向汇集众家之长确立个人见解的方向转变。学生要完成毕业论文的撰写，有些还要参与科研等创新性工作。随着教育改革的不断深入，可以断言，大学生学习活动中的探索性会越来越显著和重要。

专业性是指大学生的学习具有一定的专业指向性，每个高校的专业设置都是国家教育部门或学校根据社会需要确定的。大学生大多在选报志愿时就确定了自己的专业，虽然入校以后也有一定的重新选择余地，但无论最终选择的是什么专业，都必须以此专业为方向并通过努力把自己培养成为该专业的合格人才。

需要指出的是，新生入校以后，经过一段时间的心理调整，对环境会逐渐达到一定程度的适应状态，而在学习方面达到适应需要的时间会更长些。一般来说，能跨入大学校园的学生，在中学阶段的学习记录上，很少尝试过失败的滋味，他们在心理上习惯于高高在上，在人际地位上“鹤立鸡群”。可是升入大学，在一定程度上改变了原有的实力对比关系。再加上大学里的学习方式发生了改变，即由过去依赖型转为自学型，这里课程设置多，难度较大，要求也较严，如果稍有分心就可能掉队。于是同学们在新的基础上形成新的等次，大多数同学的成绩不可能再像中学那样名列前茅了。这样一来，对于那些处于低位次的同学来说，现状与过去的心理习惯可能发生冲突，进而产生心理上的危机感。如果这种冲突不能很快得到缓解，或者继续发展下去，就可能导致自信心不足，从而产生自卑感。久而久之，就会挫伤自己的进取心、坚韧性和奋发向上的锐气，影响整个大学阶段的学习和成才。

3. 人际关系的变化与心理适应

影响大学生人际关系的因素包括地域、所学专业性质、兴趣的异同等。以地域为条件结成的人际关系是大学新生较早形成的群体关系，最常见的一种形式是同乡会。这种同乡会彼此关系比较密切，大部分同学在假期中互有来往和交流。

以地域因素形成的人际关系，虽然能联络老乡感情，易产生亲切感、信任感，能满足交友的需要，有助于交流信息，促进合作，互相帮助等，但是，它是以乡情为基础的，所以，在参与大群体的活动时，容易形成小宗派。在处理同乡与他人的关系时，也易感情用事。因此，在大学校园内，适当引导“老乡会”的活动并加以必要的制约，对于维持正常的校园人际关系是重要的和积极的。

以所学专业为纽带形成的人际关系被称作业缘关系，包括师生关系、同班同学关系、同校同专业关系、同专业的校际关系。这几种关系中师生和同班同学关系居主导地位。师生关系有两种，一是学生与各专业课教师之间的关系，二是学生与辅导员之间的关系。由于大学专业教学的特点，后一种关系更为密切。班级作为大学生身心的重要归属形式，它决定了同班同学的关系更为密切。他们之间要么是业务合作的好伙伴，要么成为竞争对手，这些关系可能一直维持终身。

兴趣因素也在一定层面上影响着大学生人际关系。实际上，有着共同专业的同学大多有共同的专业兴趣，这里的兴趣主要是指向专业以外内容的业余兴趣，如对各种球类、牌、棋、摄影、武术等的兴趣，并以此组成相应的社团。与其他人际关系相比，这种关系具有变动性大、随意性强的特点；同时，它还因为缺乏严格的规范而呈现比较松散的特点。

新入校的大学生面对以上种种人际关系，往往在开始时以一种兴奋、积极的态度去参加，期望着在这些人际关系中寻求友谊和成才的捷径。然而，随着时间的延长并深入进去时，却发现许多与自己设想的有相悖之处。比如，本想寻找同乡亲情，却发现老乡们在为争得“一官半职”而弄得面红耳赤；本想与兴趣爱好相同的同学探讨研究一些问题，却发现自己交了会费后这些组织没有实质性活动。在彷徨中，部分新生渐渐将自己置于独来独往的自我封闭的环境中，变得性格内向、谨小慎微、孤僻冷漠，有的变得性情烦躁，与外界时而发生冲突和对抗。在这种情况下，他们必须尽快找到能使自己适应环境的方式方法，以使自己尽快地适应这种复杂多变的人际关系。

三、适应与发展的相关理论

（一）西方学者的有关理论

1. 埃里克森的发展理论

该理论认为，人出生后通过与社会环境接触并在与其互动中成长。一方面由于个体的自我成长需要，希望从环境中获得满足；另一方面又受到社会的限制，个体在社会适应上产生一种心理上的困难。埃里克森称其为发展危机。他认为，人一生随年龄的增长而经历不同的发展阶段，每个年龄阶段都产生不同的心理危机，即遇到不同的社会适应问题。这就需要人们不断地学习，在经验中调整自己，使自己不断地完成每一个阶段的适应任务，人生不断发展。埃里克森采取两极对立的观念来表示不同时期的发展危机，即个体在社会要求下的两难处境。处理得好，危机向正极转化，成为发展的转机；处理不好，危机向负极方向发展，成为发展的障碍。由于个人的适应调节能力不同，每个人的发展趋向也不同。

①第一阶段(0～1 岁)：信任与不信任。这是个体出生后面临的第一个危机。这个阶段的婴儿最为脆弱，因而对成人的依赖性最大。婴儿根据自身需求的满足与否而产生对人信任与否的发展危机。如果婴儿受到安全抚育和爱护，他就会对别人产生信任，相反则无从产生信任。

②第二阶段(1～3 岁)：自主性与羞怯和疑虑。在这个阶段中，儿童迅速形成许多的技能，如吃饭穿衣、大小便等，即儿童现在能决定做还是不做某些事情，因而儿童从这时起就进入了自己意愿与父母意愿相互冲突的矛盾之中。如果儿童形成的自主性超过羞怯与疑虑，就会意志坚强。如果此时父母能够给予鼓励协助，则有助于独立人格的发展；如果成人给予苛求或虐待，则幼儿变得羞怯或多疑。

③第三阶段(3～6 岁)：主动性与内疚。这一个时期，幼儿在自动自发与怀疑两者之间发展他的人格特质，如果幼儿的自发自问活动得到大人的支持与鼓励，他将继续发展，自主性胜过内疚就会形成自信的美德。相反，如果受到嘲笑或批评压制，他将变得

羞愧内疚、胆怯退缩。

④第四阶段（6～11岁）：勤奋与自卑。其人格发展的危机是在对学习勤奋努力还是遇事逃避而心生自卑之间。如果儿童在团体活动中遭遇失败，成人能够给予安慰鼓励，使之不灰心丧气、感觉失去自我价值，以后继续努力，儿童获得的勤奋感胜过自卑感，他就会形成能力的美德。反之，对他责骂、讥讽、打击，则会养成自卑性格。

⑤第五阶段（11～20岁）：自我统合或同一性角色混乱。这一阶段的讲述是埃里克森心理社会学说的精髓。他认为这个阶段体现了童年期与青年期发展中的过渡阶段，是寻找自我同一性的时期。自我同一性是指个体尝试着把自己有关的各个方面结合起来，形成一个自己觉得协调一致而不同于他人的独自具有同一风格的我。如果青少年在前四个阶段建立起信任感、自主感、勤奋感，个体就比较容易建立起同一性，顺利地进入成年，他们就会形成忠诚的美德。如果没有形成良好的同一性，那他们就会出现角色混乱或消极的同一。12岁至青年期是个体从自我追寻到自我定向的关键时期，这个时期在求学和与人相处中学会认识自己、了解别人。如果能够配合自己能力性格确定自己未来的方向，他的人格发展将达到自我统合阶段，否则将陷入自我角色的混乱。

⑥第六阶段（20～30岁）：亲密感或孤独感。在这一阶段青年开始走向社会，他们需要朋友、同事、夫妻之间建立友爱关系。如果能够建立良好的友情和爱情关系，甚至成家立业，在自我发展上就会感到安全和满足，否则将会感到孤独无依。

⑦第七阶段（30～65岁）：生殖或停滞（精力充沛或颓废迟滞）。一个人生殖感高于停滞感时就会建立关心的美德。这个时期有的人对家庭甚至对社会有贡献，有的人事业家庭均无成就。前者精力充沛，后者难免颓废迟滞，感到生命缺少意义。

⑧第八阶段（65岁～死亡）：自我完善或绝望感。如果一个人获得的自我完善感胜于绝望感，那他就会形成智慧的美德，而以对人生本身超然的关心来面对死亡本身。老年期的自我发展危机在于一生经验的积累，如果回首往事，自认为心安理得，即可随心所欲，安享晚年；如果悔恨旧事，则难免晚景凄凉。

大学时期个体适应和发展的主要任务是确立一个正确的自我概念，既能够独立地做决断，又能够承担起社会的责任；能够与别人建立亲密的关系，或在其中获得相互的认同。埃里克森认为，发展亲密感，建立良好的社会关系对于个人能否进入社会具有重要的作用。

2. 人本主义的发展理论

人本主义认为，人天生存在一种发展潜能，在这种潜能的逐渐实现和整合过程中形成了自我不断成熟的各个阶段。

①外在化自我阶段。这一阶段主要发生在出生后三四年内。在这一阶段婴儿发展的主动和决定力量在父母身上。因此，父母规定了婴儿的特性，赋予其意义，使其局限在某种作用的范围内，不成熟的人有可能终身停留在这一阶段。人本主义强调个体内在因素在自我发展中的作用。这种观点符合事物的发展规律，但是，个体内在潜力的开发初期，相关外在因素的作用十分重要。这个观点告诉我们，父母认识水平、个人品行、生活态度、家教知识、与儿童的亲密程度和交往方式等，对人生最初阶段的影响及其终

身的发展都将产生重要作用。

②内在化自我阶段。人本主义认为，人要突破周围那些决定个人的外在力量制约，强调个人应有自己的自省、自我体验和发挥个人重要作用的机会，人们通常称之为成熟与成长。认识与情感的变化，社会心理发展与生物心理发展的变化都在这一阶段发生。这一阶段的过渡可能发生在一个人一生中的任何时候，也可能根本不发生变化。

③整合化与现实化的自我阶段。这一阶段的特征是放弃和解放内在化自我，最终实现本质上的整合化和现实化，使个体成为一个自由和谐的、充分发挥自我潜能的人。

3. 行为主义的发展理论

行为主义理论认为，对于不适应的环境逐步达到适应，这是动物生存的本领。动物有机体为了满足自己的需要，它可以使用一系列的反应方式进行尝试，一直到能够达到需要满足或重新适应为止。

人的适应与发展过程与动物有相似之处。当人产生了某种需要的欲望时，个体原有的问题解决模式不能使自己的需要达到满足，就产生了“阻挠”。这种阻挠可能来自客观的环境、个人能力的欠缺或个体需要的内在矛盾。面对这些来自内外环境的挑战，人们会产生心理上不同程度的紧张和焦虑。为使紧张和焦虑得以缓解或消除，人们就会尝试寻求新的解决问题的反应方式。在一次次的尝试中，人们最终找到了成功的反应方式，缓解了心理的紧张，满足了个体的需要。在这个过程中，人们学会了适应，得到了发展。

4. 社会角色理论关于人的发展观

社会角色理论认为，每个人在社会关系系统中都处于一定的角色地位，周围的人也总要按照社会角色的一般模式对他的态度、行为提出种种合乎其身份的要求并寄予期望，这叫作“角色期望”。一个人的态度、行为如果偏离了角色期望就可能引起周围人的异议和反对。在这种情况下，人们就会通过观察或想象，根据别人的表情、态度等来形成“镜像自我”，即把别人的态度、评价当作镜子来认识自己的形象，从而形成“自我概念”。人们按照别人的期望不断调节、塑造自己的做法，叫作“角色采择”。每个人都处在一定的社会关系和环境中，周围的这些社会关系中的人都会根据人们的职位、个性、家庭背景等不断地对其提出一定的“角色期望”，而每个人都会在这种“环境”的影响下，通过“角色采择”，不断塑造新的自我形象。如果这新的自我形象与“角色期望”一致，这个人就能和谐地发展；如果不一致，这个人就可能会出现心理失衡等问题。

（二）中国传统文化关于人的适应理论

“以不争达到无所不争，以无为达到无所不为”，这是我国道学的理论。“天行健，君子以自强不息”“学而思，则智如江河不绝”“随心所欲而不逾矩”，这是儒家的智慧。“悟道明心，转识成智，善念如流，佛境自至”，这是佛禅的忠告。中国传统文化源远流长，博大精深，对人的社会适应和健康发展具有重要的指导意义。

孟子认为，环境对人性的形成、保持与发展具有重要的意义。个体只有在整个人生中不断地进行修养，才能形成优秀的品性，并使之不断地获得更新与发展。孟子还认为，人可以从不利的环境中获益，通过与逆境的抗争增强力量。“故天将降大任于斯人也，必先苦其心志，劳其筋骨，饿其体肤，空乏其身，行拂乱其所为，所以动心忍性，曾益其所不能。”总之，人性人人都有，但随着个体的成长，不同个体之间出现了差异。这与他所处或经历的环境不无关系，但更取决于个人对自我形象目标的追求以及他如何进行自我修养和教化。儒家认为，人的发展目标在于保持和增进“仁”。仁的主要特征是真诚、正直、孝顺和互相尊重。人首先爱父母，其次爱邻居，再次是爱一切人。“仁”是通过“己欲立而立人，己欲达而达人”得以实现的。意为人首先通过认识自身本性的意义和价值，通过承担生活责任来发展自己，然后再根据对自己的判断方式对他人做出判断。人就是在与他人的积极互动中发展自己的。

对于人的适应与发展，儒家提出了七个阶段：

①格物。观察研究事物本身。

②致知。不断地扩充知识。

③诚意。人对自己真诚，然后把这种真诚扩展到他人。

④正心修身。人的内心都有愤怒、恐惧、喜欢、担心或忧虑等情绪，当它们保持平衡状态时，人就控制了它们；但当这些情绪过分时，它们就会控制人。修身是说人可以借助于真诚控制自己的情绪，避免行为失当。

⑤齐家。如果一个人完成上述四个阶段的任务，就能够承担家庭的责任并学会管理家庭。

⑥治国。人们在家庭中获得的诚信、知识和能力，使人拥有了治理国家的能力。

⑦平天下。如果一个人拥有了治理国家的诚信、知识和能力，就可以实现天下太平。

从以上内容可以看出，儒家思想不仅关注到个人对环境的适应及发展，而且将这种发展与社会整体的稳定及发展有机地结合起来进行考察。

（三）马克思关于人的适应与发展理论

马克思关于人的适应与发展理论更深刻、全面，更切中本质。

1. 人的能力的充分发展

马克思认为，人的能力包括人的体力和智力、自然能力和社会能力、潜在能力和现实能力等等。这些能力是人的本质力量的体现。

2. 人的社会关系的全面丰富

马克思认为，人是在社会关系中生活的，人在社会交往中交流着思想感情、信息，从而丰富自己、充实自己、发展自己。他认为：“社会关系实际上决定着一个人能够发展到什么程度。”他提出，人的社会关系要丰富和全面，即协调、和谐；否则，必然导致人的发展的畸形。

3. 人的个性的充分发展

这里的个性是指人的独立性和自主性。马克思认为个人不是孤立的个人，而是社会的个人；而且他讲的个人，不是某一个人，而是全社会的每一个人。让社会的每一个人都得到全面、自由、和谐的发展，是马克思区别于其他西方发展理论的根本点。他认为每个人的自由发展是一切人自由发展的条件。马克思认为要实现人的发展其根本动力在于发挥人的自觉主动性，要参加社会实践。实践是人性发展的确证和体验，也是人发展的根本动力和途径。

马克思关于人的适应和发展理论揭示了人发展的本质、发展的动力及实现发展的根本途径，克服了其他西方学者脱离人的社会关系孤立地研究人的发展理论的缺陷。马克思关于人的发展理论，不但重视个体的发展，而且强调了个人与相应社会关系和社会实践之间密不可分的辩证关系，指明了一个人适应社会、健康发展的根本途径。

四、大学新生适应不良的应对策略

西方一位学者这样说过："在中学阶段，学生伏案学习；在大学里，他需要站起来，四面观望。"从中学到大学，从备受父母呵护到独立成人，要适应各种转变，要调适心态，要适应新环境、新生活，因此就需要每一个新生对大学生活都有一个清醒的认识，有一个良好的心态，有一个明确的定位和一个坚定的目标。

（一）学校方面

1. 做好新生入学教育

大学生入学后，做好新生入学教育工作是十分必要的，可以通过报告、座谈等活动，对大学生讲大学与中学的不同，可能遇到的困难、可能出现的问题，让学生有思想准备。带学生熟悉校园环境，多组织有益、健康的集体活动，让同学在活动中增加了解、增进友谊，尽快适应新环境。同时，观察学生的心理动态，了解并帮助有困难的同学。

2. 努力营造一种温馨的氛围

应创造一种和谐的学习生活环境，师生之间团结友爱，教师要为人师表、教书育人，做同学的良师益友；同学之间要互相关心，彼此敞开心扉，倾吐心声，让新生消除陌生感，有宾至如归的感觉。

3. 健全、丰富、优化党团组织

通过开展各种有益的活动，帮助大学生树立远大理想，确立正确的人生观、价值观、世界观。例如，通过社会实践活动、先进人物报告会、优秀社团活动、党课等多种途径来陶冶学生的情操，并使其在情感的升华中构建自己的人生观、价值观框架。

4. 建立心理档案，开展经常性的定期心理检查

新生入学后，应找学生谈话，建立心理档案，进行跟踪了解，开办心理选修课，举办心理讲座等，学校应成立心理咨询机构，拨专项经费，专人负责。心理咨询的形式有很多，一般有面谈、集体咨询、电话咨询、通信咨询等多种形式。对已发现有心理危机或有家庭病史的同学，要注意跟踪了解、交谈，帮助他们克服心理障碍，特别是要与家庭配合，共同做好学生的工作。

（二）学生方面

1. 悦纳自己，提高自信心

大学新生产生心理问题的一个重要原因就是不能正确看待自己。对于自己，认为自己过去是优秀的，现在和将来也应该是优秀的，不能比别人差，期待周围人关注的目光。当发现自己有不如别人的地方时就不能接受，就对自己失去了信心，失落、自卑，甚至自暴自弃。其实任何人都不可能是完美无缺的，每个人都有自己的长处和短处，长处是自己的一部分，短处也是自己的一部分，要允许自己有不如别人的地方，愉快地接受有不足之处的自己，即悦纳自己，保持自信心。

2. 培养生活自理能力

大学新生要树立"自己的事情自己做""自己的问题自己处理"的观念，合理安排好生活作息，向独立生活能力强的同学学习。

3. 学会与人交往

大学生应注意与人相处要诚恳，以诚换诚，不可取笑、戏弄他人。在交往中既要自尊也要尊重他人。讲信用，学会谦让，积极关心他人。对一些不拘小节的同学要学会宽容，不要过于敏感。与同学发生不快和矛盾时，应学会换位思考，冷静处理。学会主动与同学交往，融入集体生活中。

4. 重新确立奋斗目标

新生入学后，如不及时确立新的奋斗目标，往往觉得无事可干，"心无所属，劲无处使"，容易迷失自我。因此，新生可以就自己的专业特点、特长或薄弱环节制订每日活动计划，确定每学期奋斗目标，如计算机、英语等达到几级水平，以及长远奋斗目标，如专科生—本科生—研究生—博士生。

有一位瘦子和一位胖子在一段废弃的铁轨上比赛走枕木，看谁能走得更远。

瘦子心想：我的耐力比胖子好得多，这场比赛我一定会赢。开始也确实如此，瘦子走得很快，渐渐地将胖子拉下了一大截。但走着走着，瘦子渐渐走不动了，眼睁睁地看着胖子稳健地向前，逐渐从后面追了上来，并超过了他。瘦子想继续加力，但终因精疲力竭而跌倒了。

最后，在极大好奇心的驱使下，瘦子想知道其中的秘诀。胖子说："你走枕木时只看着自己的脚，所以走不多远就跌倒了。而我太胖了，以至于看不到自己的脚，只能选择铁轨上稍远处的一个目标，朝着目标走。当接近目标时，我又会选择另一个目标，然后就走向新目标。"

随后胖子颇有点哲学意味地指出："如果你向下看自己的脚，你所能见到的只是铁锈和发出异味的植物而已；而当你看到铁轨上有某一段距离的目标时，你就能在心中期望目标的完成，就会有更大的动力。"

（资料来源：https://www.sdxiehe.edu.cn/jgjs/view.php? id=69600）

5. 主动适应大学学习

大学教育是建立在中学基础教育之上的高等专业教育，培养的是社会主义建设所需要的全面发展的高级专门人才。因此进入大学，应学好专业课，同时根据大学学习的特点，要学会自主学习、独立学习、探索学习，要重实践能力的培养及其他能力的发展。自学能力的高低是影响大学生学业成绩的最重要因素。自学能力包括确定学习目标，对教师所讲内容提出疑问，查询有关文献，确定自修内容，将自修的内容表达出来与人探讨，写学习心得或学术论文等。

6. 学会自我心理调适的方法

大学生在身心发展过程中，有意识地掌握一些常用的自我心理调适方法，如自我暗示法，对自我心理放松、消除心理压力是非常有帮助的。

自我暗示是靠思想、语词对自己施加影响以达到心理卫生、心理预防和心理治疗目的的方法。通过自我暗示，可以调理自己的心境、感情、爱好、意志乃至工作能力，起到非常积极的作用。比如，面临紧张的考场，反复告诫自己"沉着、沉着"；在荣誉面前，自敲警钟"谦虚、谦虚"；在遭遇挫折时，安慰自己"要看到光明，要有勇气"等。

学习自我暗示，需要坚强刚毅的意志，要对自我及自我暗示有坚定不移的信心，并在实践中进行锻炼，使自我暗示得到恰如其分的应用。下面介绍 2 种具体的自我暗示的方法。

(1) 冥想放松法

你可以用一件真实的物件，如某种球类、某种水果，或者手头可以找到的小块物体，来发挥自我想象的能力，具体做法如下：

①凝视手中的橘子(或其他物体)，反复、仔细地观察它的形状、颜色、纹理、脉络；然后用手触摸它的表面质地，看是光滑还是粗糙，再闻闻它有什么气味。

②闭上眼睛，回忆这个橘子都留给你哪些印象。

③放松肌肉，排除杂念，想象自己钻进了橘子里。那么，想象一下，里面是什么样子？你感觉到了什么？里面的颜色和外边的颜色一样吗？然后再假想你尝了这个橘子，记住了它的滋味。

④想象自己走出了橘子的内部，恢复了原样，记住刚才在橘子里面所看到的、尝到的和感觉到的一切，然后做 5 遍深呼吸，慢慢数 5 下，睁开眼睛，你会感觉到头脑清爽，心情轻松。

(2) 自主训练法

自主训练法又叫适应训练法，其中较简单的一种方法如下：

①取坐姿，把背部轻轻靠在椅子上，头部挺直，稍稍前倾，两脚摆放与肩同宽，脚心贴地。

②两手平放在大腿上，闭目静静地深呼吸 3 次，排除杂念，把注意力引向两手和大腿的边缘部位，把意念排导在手心。

③不久，你会感到注意力最先指向的部位慢慢地产生温暖感，然后逐渐扩散到整个手心。这时，你心里可以反复默念："静下心来，静下心来，两手就会暖和起来。"

④做 5 遍深呼吸，慢慢数 5 下，睁开眼睛。

做

【实训一】　知彼知己，同舟共济

【实训目的】

1. 使团体成员展现自我，增强自信；

2. 使团体成员彼此信任、相互协助、融洽相处；

3. 使团体成员感受团结的力量，体会集体的温暖。

【活动准备】　准备 6 张报纸，将班级同学分成 6 组。

【实训程序】

1. 地面代表着一片汪洋大海，而报纸则代表汪洋大海中的一条小船，需要每组所有成员同时站在船上，小组成员想方设法使全体成员同时登上船，要求小组成员身体的所有部位都在这条船上。

2. 第一阶段成功后，把报纸对折，把大船变成小舟。

3. 第二阶段成功后，再把报纸对折，看哪个小组坚持到最后。

总结与分享：

1. 描述一下你们组刚刚是用怎样的方法做到的。

2. 成功完成这次任务后有什么样的感受？

随着游戏难度的增加，大家的努力也越来越多。在练习过程中大家忽略了性别、年龄、力量等因素，全组一条心，创造性地发挥了全组智慧，共同克服了困难，解决了共同面临的问题，也让大家充分体会了团结合作的力量。

注意事项：小组成员的任何一只脚都不可以留在船外的地面，否则脚就会被水弄湿，甚至会掉进水中。

【实训二】　心理适应性评定量表

本测验题共有 20 句描述语，请你针对自己的实际情况，判断你对每一句描述语的赞同程度如何，在每一句描述语后面标出相应的字母。其中，“A”表示完全同意，“B”表示有些同意，“C”表示无所谓同意或不同意，“D”表示有些不同意，“E”表示完全不同意。

1. 把每次考试的试卷拿到一个安静、无人监考的房间去做，我的成绩会更好一些。

2. 夜间走路，我能比别人看得更清楚。

3. 每次离开家到一个新的地方，我总爱闹点毛病，如失眠、拉肚子、皮肤过敏等。

4. 我在正式运动会上取得的成绩常比体育课或平时练习的成绩好些。

5. 我每次明明已把课文背得滚瓜烂熟了，可是在课堂上背的时候，却总是出点差错。

6. 开会轮到我发言时，我似乎比别人更镇定，发言也显得很自然。

7. 我在冷天比别人更怕冷，在热天比别人更怕热。

8. 在嘈杂、混乱的环境里，我仍能集中精力学习、工作，效率并不大幅度降低。

9. 每次检查身体，医生都说我“心跳过速”，其实我平时脉搏很正常。

10. 如果需要的话，我可以熬一个通宵，精力充沛地学习或工作。

11. 当父母或兄弟姐妹的朋友来我家做客的时候，我尽量回避他们。

12. 出门在外，虽然吃饭、睡觉、环境等变化很大，可是我很快就能习惯。

13. 参加各种比赛时，赛场上越热闹，同学越加油，我的成绩反而越上不去。

14. 上课回答问题或开会发言时，我能镇定自若地把事先想好的一切都完整地说出来。

15. 我觉得一个人做事比大家一起干效率更高些，所以我愿意一个人做事。

16. 为求得和睦相处，我有时放弃自己的意见，附和大家。

17. 当着众人和生人的面，我感到窘迫。

18. 无论情况多么紧迫，我能注意到该注意的细节，不爱丢三落四。

19. 和别人争吵起来时，我常常哑口无言，事后才想起来该怎样反驳对方，可是已经晚了。

20. 我每次参加正式考试或考核的成绩，常常比平时的成绩更好些。

测量结果的解释：

奇数题从 A 到 E 这 5 种回答依次记 1、2、3、4、5 分，即完全同意（1 分），有些同意（2 分），无所谓同意或不同意（3 分），有些不同意（4 分），完全不同意（5 分）。相反，偶数题从 1 到 5 这 5 种回答依次记 5、4、3、2、1 分。

计算你的得分：

81～100 分：适应社会和新环境的能力很强。

61～80 分：适应社会和新环境的能力较强。

41～60 分：适应社会和新环境的能力一般。

21～40 分：适应社会和新环境的能力较差。

资源拓展

【拓展阅读】

老生给新生的建议

进入大学，你的所有过去对他们来说是一张白纸，这是你最好的重塑自己形象的时候。

大学里可能有真的爱情，但只是可能。很多时候他们是因为别人都谈恋爱而羡慕或者别的原因在一起。

你在大学会有很多意外用钱的地方，永远别乱花钱。

你大学的朋友很可能是将来成就事业的一部分，他们会帮助你。但是，你也要让自己有帮助他们的能力，因此，你要努力。

很多事情当你再回忆时会发现其实没有什么。因此，不管你当时多么生气愤怒或者别的，都告诉自己不必这样。

学习，永远不要忘记。如果你学习失败了，你就什么也不是。当然，也不排除意外，问题是，你是那个意外吗？

别说脏话，你知道习惯的力量。你随便的几个字或者一句话会让你在别人心目中的形象大打折扣。

好好利用公共场合说话的机会，展示或者锻炼自己。

别对你自己或者别人下结论，这非常重要。你所看到的可能只是一面。

如果你发现你一直是一个人去食堂吃饭或者去上自习，别在意，大学里一个人是正常的。

很多事情别人通知你了，要说谢谢；没有通知你，不要责怪别人，因为那些事情是你自己应该去弄清楚的。

"我请你吃饭"之类的话永远不要乱说。

尊严是最重要的，但在大学，你要懂得锻炼自己的尊严有承受能力。除了你自己，没人会为你保留它。社会是最喜欢打碎人的尊严的地方。

你有足够的理由佩服每天早起的人。不信的话，你去做，做到以后会发现很多人佩服你呢。

经常给家里打电话。

如果在校期间你很少去图书馆，你就等于浪费了一大笔财富。

不管男生还是女生，如果在大学里还把容貌当作重要的东西去过分重视的话，可能不会吃亏，但早晚会吃亏。

新学期，如果你是学长接待新生，请记住你是学校的一分子，要给学弟、学妹信心。想想你做新生的时候你对学长的信任有多深。

别迷恋网络游戏。千万别，永远别。

在大学里，你有足够的空间承受失败和打击。因此，你真的应该找到自信和自傲的区别，这可以用一辈子。

如果你的个性让很多人对你敬而远之，那么你的个性是失败的。成功的个性在于吸引而不是排斥。

如果把上课不睡觉当作一种锻炼并且你做到了。那么，你会很强。

学生会主席之类的干部，如果你尊重他们，告诉自己那是因为他们是你的学长而并非他们是你的上级。级别本身不值得尊重，值得尊重的是经历和经验。

别怕丢人，那是一种成功的尝试。不要笑话那些上台丢人的人，他们比起在台下躲着喝倒彩的人，是勇者。

如果你不抽烟的话，你的精力将会比抽烟的时候更好。

的确要学会有心计，但是永远记住，最终胜利的因素永远是实力。

面对不公平，不要抱怨。不如看看做点什么能够争取属于自己的公平。

人生百态，不要对新的看不惯的东西生气。无所谓的事，如恋人同居的问题，这和我们很多人无关。

记住：为自己设定一个远大的人生目标，并终身为之奋斗。这样你会更容易成为一个充实快乐的人。

（资料来源：https://www.zhihu.com/question/55430473）

书籍推荐

1.《大学新生适应性发展概论》（金艳，武汉大学出版社，2020年）通过“大学，我来了”“我，不止一面”“学霸进化论”“我的生活我做主”“我的‘美团’”“我与你和TA”“在最美的年纪谈谈爱情”“修炼情商，与情绪共舞”8个章节，旨在更好地引导学生了解大学、了解自我、了解环境，树立生涯规划意识，更快适应大学生活。

2.《新时代大学生职业生涯教育》（朱钧陶，中山大学出版社，2021年）以进入大学的新生为起点，根据大学生每个阶段的差异性，剖析其各阶段的生涯发展特点和方向，探究职业生涯管理能力的递进式提升，主要内容包括新时代职业生涯教育、从新生到毕业生的探索与把握、从大学生到职业人的过渡与适应、从职场小白向精英迈进的准备与沉淀、从职业适应到担负时代责任的信念与自信。

影视推荐

1.《奇迹男孩》于2017年11月17日在美国上映，讲述了一位有面部缺陷的小男孩进入普通学校，在适应学校生活的同时重拾自信、积极面对生活的故事。

2.《机器人总动员》于2008年6月27日在美国上映，讲述了地球上的清扫型机器人瓦力偶遇并爱上了机器人夏娃后，追随她进入太空历险的一系列故事。

适应心理

项目三　揭开自我之纱——认识完善自我

名人名言

知人者智，自知者明。胜人者有力，自胜者强。

——老子

故事导读

“这得从人和宇宙的关系开始讲起了，在你身上长久以来一直就有一个问题在缠绕着你……‘我’是谁？……当我用‘我’这个代号来进行对话的同时，你的代号也是‘我’，这意味着什么呢？这是否意味着你就是我，而我也就是你呢？……我生从何来，死往何处？我为何要出现在这个世界上？我的出现对这个世界来说意味着什么？是世界选择了我，还是我选择了世界？……我和宇宙之间有必然的联系吗？宇宙是否有尽头？时间是否有长短？过去的时间在哪里消失？未来的时间又在何处停止？我在这一刻提出的问题还是你刚才听到的问题吗？!”

《武林外传》中吕秀才一番咄咄逼人的关于“我是谁”的问题，拯救了他和同福客栈一帮朋友的性命。这些问题看似好笑，却蕴含着深刻的哲理，你了解自己吗？你究竟是谁？除去你的名字这个代号之后，你的本质是什么？你与群体的关系是什么？人生于这个世界上的意义何在？

（资料来源：https://www.sohu.com/a/219459780_99894924）

内容简介

通过本章的理论学习，你将认识到自我意识的重要性，了解自我意识发生发展的特点，识别大学生自我意识出现的偏差以及如何调适的方法，了解大学生人格的特点，掌握塑造健全人格的途径。

教与学

一、自我意识概述

古希腊时人们就将“人啊,认识你自己”的铭文刻在神殿上。德国著名作家约翰·保罗说:“一个人真正伟大之处,就在于他能够认识自己。”认识自己的过程艰难而曲折,并且贯穿人的一生。因此,在认识别人之前,先认识自己;在认识世界之前,先认识自己,这样才能更好地把握自己的人生。

我是谁?我是否有价值?我为什么要生活?我努力奋斗为的是什么?我的人生目的是什么?这些都是关于自我认识的问题。大学阶段是人的自我意识发展、完善的重要时期。

(一)自我意识的理论基础

1. 卡尔·罗杰斯的自我观点

卡尔·罗杰斯是美国著名的人本主义心理学家。他提出,人有两个自我——现实自我和理想自我。现实自我是个人在现实生活中获得的自我感觉。理想自我是个人对“应当是”或“必须是”的自我概念。两者之间的冲突导致了人心理的失常和不协调。而人在交往中获得的肯定越多,则其自我冲突越少,人格的发展也越正常。

2. 西格蒙德·弗洛伊德的“自我三结构说”

西格蒙德·弗洛伊德是著名的精神分析大师,提出了“自我三结构说”,即本我、自我和超我三个部分。他从人格的三个维度上研究了自我的发展。本我由先天本能或欲望组成,是无意识的、盲目的,受快乐原则支配,要求立即满足。自我是人们在适应环境的过程中逐渐从本我分化而来,受现实原则支配。自我调节本我的原始需要,采取所容许的方式方法,指导自己的行为,以满足本我的需要,管制不被超我所容纳的冲动。超我是道德化了的自我,包括良心和自我理想,它抑制本能,指导自我,使个人达致完美的人格,它处于人格的最高层。上述三者保持平衡,就会实现人格的正常发展;三者的平衡关系被破坏时,往往产生焦虑,导致精神疾病和人格异常。

3. 威廉·詹姆斯自我发展三阶段说

美国实用主义心理学家威廉·詹姆斯认为自我的发展有三个阶段:躯体我、社会我和精神我。人最先从自己的身体知道自己的存在,从他人对自己的反应中以及自己的社会角色中体验出自己的社会我,再从生活的成败经验以及心理发展逐渐形成精神我,控制自己一切有认识的行动。躯体我指在人的躯体基础上形成的自我,是个体对自己躯体的认识，包括支配感等，是自我最原始的形态，大约在3岁时开始成熟。社会我指个体对自己在社会关系中的角色认识，主要受他人对自己看法的影响，从3岁到青年期逐渐形成。精神我指个人内在的心理自我，是个人对自己心理特征的认识，如性格、气质、情绪、智力、行为等。

4. 爱利克·埃里克森自我发展渐成说

心理学家爱利克·埃里克森经过研究，提出人的自我意识发展持续一生，但要经历不同的发展阶段。每个阶段都不可逾越，但到达时间早晚因人而不同。他把个体自我意识的形成和发展划分为八个阶段，并特别强调"同一性"在自我结构中的作用。虽然自我的发展是随着人的发展而发展，青少年时期的主要发展课题是"自我同一性"，即自我的建立和统合是青年期心理发展的主要任务。自我同一性发展不良者表现出对自己缺乏清晰而完整的认识，自我各部分是混乱的、矛盾的、冲突的，难以应付复杂的社会生活。自我同一性发展良好的人具有自我认同感，自我概念清晰，接纳自我，有明确的生活目标和前进的方向，从而为未来的发展打下良好的基础。

（二）自我意识的概念

自我意识（Self-consciousness），也称自我，是意识的核心部分，是指个体对自己的身心状况以及自己与周围环境关系的认识。

自我意识是一种特殊的认识过程，是主体我（I）对客体我（me）进行认识，并按照社会的要求对客体我进行调控。比如，"我认为我比较自信"，前一个我为主体我，后一个我是客体我。

1. 从内容上看，自我意识分为生理自我、心理自我和社会自我

生理自我是对自己的身体和生理状况的认识，如对自己身高、体重、容貌、身材、性别等的认识以及生理病痛、温饱饥饿、劳累疲乏的感受等。心理自我是个体对自己的心理和行为特征的认识，如对自己知识、能力、情绪、兴趣、爱好、性格、气质等的认识和体验。

社会自我是个体对自己的社会关系和人际关系的认识。例如，对自己的家庭出身、社会关系、社会角色、社会地位、社会责任与义务的认识。

2. 从结构上看，自我意识由认识、情感、意志三部分构成，即自我认识、自我体验和自我调控

如果一个人对自己的生理自我不能接纳，如嫌自己个子矮、不漂亮、身材差等，就会讨厌自己，表现出自卑、缺乏自信。如果一个人对自己的心理自我评价低，如嫌自己能力差、智商不高、情绪起伏太大、自制力差等，就会否定自己。如果一个人认为周围的人不喜欢自己、不接纳自己，找不到知心朋友，就会感到很孤独、寂寞。

3. 从自我观念上看，自我意识分为现实我、投射我（镜中我）和理想我

现实我是对自己目前的实际状况的看法，是个体对自己的现实观感。投射我是个体想象自己在他人心目中的形象，是由想象他人对自己的评价而产生的自我观感。理想我是个体想要达到完善的自我形象，是个体追求的目标。

自我意识具有个体性、社会性、能动性的特征。个体性是指自我意识在个体身上发生发展，存在个体差异性。社会性是指自我意识不是先天就有，而是个体在后天的社会实践中，在内化、整合他人对自己的态度和评价的基础上产生的心理模式。能动性是指自我意识对人的心理和行为的调控作用。

影响个体自我意识的因素除了与人的自我态度、成长经历、生活环境有关以外，他人的评价，特别是生命中重要人物，如父母、老师、同学等的态度，会对个体自我意识起着重要的作用。

（三）自我意识的发生与发展

自我概念的出现：鼻点实验

1972年，北卡罗来纳州大学的Beulah Amsterdam发表了一项实验结果，从此开启了随后几十年关于自我认识的研究。首先悄悄地在6～24个月的婴儿鼻子上粘一个小红点，然后把他们放在镜子前。孩子的妈妈指着镜子里的影像问孩子："那是谁?"之后研究者们开始观察婴儿的反应。

Amsterdam测试了88个婴儿，最终只能得到16个孩子的可靠资料——婴儿终究是婴儿，而且很多孩子不想玩。从这16个婴儿身上，Amsterdam发现了三类反应：

(1) 6～12个月：那是别的孩子！婴儿的行为好像在镜子里的是另一个人——一个他们想友好相处的人。他们会做出接近的动作，如微笑、发出声音等。

(2) 13～24个月：退缩。婴儿看到自己在镜子里面的样子不再感到特别兴奋。有些看起来有一点警惕，而另一些则会偶尔微笑一下并弄出些声音。对这种行为的一种解释是婴儿这时的行为很自觉(感到自己存在，可能表现出自我概念)，但是这也可能是面对其他孩子的反应。

(3) 20～24个月：那是我！大约从这个时候开始，婴儿开始能够通过指着自己鼻子上的红点，清楚地认出自己。这明确地表明他们认出镜子里的是自己，而那个小红点是粘在自己的鼻子上的。

Amsterdam的结果是通过小样本得出的，之后在更多的被试者身上得到了同样的结果。另外，之后设立控制情况的实验发现，这个年龄段的孩子如果鼻子上没有红点，就不会碰自己的鼻子。这说明摸鼻子并不是他们看到自己影像的自然反应。

(资料来源：http://smile.ustc.edu.cn/index/info/4232)

人类对自我意识的研究始于文艺复兴运动，法国哲学家笛卡儿最先使用了"自我意识"这一概念，提出了"用心灵的眼睛去注意自身"的精辟论断。自我意识的发生发展需要20多年，大致分为以下几个阶段。

1. 生理自我阶段：以自我为中心(0～3岁)

婴儿刚出生时，处于主客体未分化的状态，还没有自我意识，只有本能的动作和反应，不能区分自我和母亲的边界。8个月左右，婴儿有了自我意识的萌芽，能注意到自己的身体和外部世界的边界，听到自己的名字会做出反应。到了1岁左右，婴儿用手拿东西，能够把自己的动作和作用的对象区分开来，扔皮球时，皮球滚了，这意味着自我意识有了进一步发展。至 2 岁左右,幼儿开始把自己作为客体来认知,掌握了人称代词"我",会用"我"来表达自己的意愿,这是自我意识产生的重要标志。至 3 岁左右,儿童出现了羞耻感、占有心和独立意愿,自我意识有了新的发展。这一时期的幼儿以自己的身体为中心,并以自己的想法和情绪来认识、投射外部世界。因此,这一时期也被认为是生理自我阶段,是自我意识的原始形态。

2. 社会自我阶段:客观化时期(3 岁至青春期)

从 3 岁到青春期(3~14 岁)这一时期,是个体受社会教化影响最深的时期,也是角色学习的重要时期。个体在幼儿园、小学、中学接受正规教育,通过在游戏、学习、劳动等活动中不断地练习、模仿和认同,逐渐习得社会规范,形成各种角色观念,如性别角色、家庭角色、同伴角色、学校中的角色等,并能有意识地调节控制自己的行为。虽然青春期少年开始积极关注自己的内心世界,但他们主要是以别人的观点去评价事物、认识他人,对自己的认识也服从于权威或同伴的评价。因此,这一时期个体自我意识的发展被称为"社会自我"发展阶段,也称为"客观化"时期。

3. 心理自我阶段:主观化时期(青春期至成年)

从青春期至成年的大约 10 年内,是个体的自我意识迅速发展并趋向成熟的关键期。个体化的成熟和逻辑思维的快速发展,促使自我意识有了质的变化。在此期间,自我意识经过分化、矛盾、统一,逐渐趋于成熟。此时,个体开始清晰地意识到自己的内心世界,关注自己的内在体验,喜欢用自己的眼光和观点去认识和评价外部世界,在意别人对自己的评价,希望自己引起别人的注意,不再像以前那样满足,开始对自己不满意,希望改变自己的外貌、性格等。心理自我是一个人逐渐脱离对成人的依赖,并从成人的保护、管制下独立出来,有明确的价值探索和追求,强烈要求独立,产生了自我塑造、自我教育的紧迫感和实现自我目标的驱动力。这一时期被称为"心理自我"发展时期,也被称为自我意识"主观化"时期。

二、大学生自我意识的完善

小军是一名工科专业的大一学生,擅长英语和演讲比赛,每当谈起他的特长的时候,他信心满满,感觉整个人光芒四射。当时报考大学,因为父母的传统思想"重理轻文",认为文科将来不好就业,他便听从父母,选择了工科专业。在小军的成长过程中,面临入学升学,都是父母为他做最优的选择。小军觉得,父母的决定一定是最好的,他们的自身阅历和人生经验很丰富,对自己又是最了解的,所以也就习惯听从父母的意愿。

可是,大一第一学期期末考试时,小军挂科了,这对于中学阶段一直名列前茅的小军来说,简直是一个巨大的打击。同宿舍同学,平时没他认真,成绩不但没有挂科,而且都考良好以上。看着宿舍同学高兴的样子,小军心里不舒服了,担心别人瞧不起自己,甚至怀疑自己是不是太笨。这样下去,大学三年的生活如何度过?专业课程那么难,自己最后能顺利毕业吗?自己如何才能提高专业成绩呢?当初父母为自己选的专业是不是最适合自己?小军长这么大,从没有像这一次认真而严肃地为自己思考过,他开始怀疑自己的能力，也开始重新思考自己的未来。

案例中的小军，在经历了考试挂科后，开始考虑自己真正适合的专业，以及未来的选择，陷入了同一性危机的阶段，表现为理想自我和现实自我之间的矛盾，以及自我评价和他人评价之间的矛盾。

俄国心理学家科恩指出："青年初期最有价值的心理成果就是发现了自己的内部世界，对于青年来说，这种发现与哥白尼当时的革命同等重要。"大学阶段的自我意识是大学前的自我意识的继续与深化，同时又有质的变化，对人的一生都有特别重要的意义。

（一）大学生自我意识发展的特点

1."理想我"与"现实我"的冲突

"理想我"与"现实我"的冲突，是大学生自我意识最突出、最集中的表现。"理想我"是个人想要达成的完美形象，"现实我"是个人头脑中的真实自我形象。进入大学，一方面对未来充满憧憬，富有理想、抱负，希望"我"应该是能言善辩的、多才多艺的、交友广泛的等；另一方面，又强烈地封闭自己，不愿敞开心扉，较少接触社会，不能把理想和现实有机结合，加上自己的现实条件与理想相差甚远，给自我带来很大的苦恼和冲突。

2. 独立性与依附性的冲突

大学生处于人生中第二次"心理断乳期"——青春期至青年初期。一方面，心理的成熟使他们渴望独立，以独立的个体面对生活、学习中的问题，希望自强，成为有独立见解、能决定自己命运的人。但是，另一方面由于长期的校园生活，他们缺乏社会生活的经验，经济上仍需要家庭的供给，特别是长期习惯依赖父母的大学生，独立性和依附性的冲突会更加明显，无法做到人格上的独立。那些过分独立的大学生，在生活中表现出特立独行，我行我素，往往遇到事情，因缺少强大的社会支持系统，常陷于挫折当中。

3. 自卑和自负的冲突

大学生的心理发展尚未成熟，不能对自己有正确的认知，常出现认知偏差。自负是过高地评估自己的长处和优点。自卑是一种自我否定，表现为对自己缺乏信心，对自己不满和否定。自卑和自负紧密相连，自负表现强烈的人往往也是极度自卑的人。和同龄青年相比，大学生在社会群体中会有一些优越感，他们对自己的才华、能力和未来充满信心，自尊心和好胜心较强，更加渴望得到他人的尊重和认可。当遭遇失败与挫折时，如考试失败、恋爱失败等，他们便开始怀疑自己的能力，进而否定自己，甚至自暴自弃，陷入强烈的自卑中。

4. 渴望交往与心灵闭锁的冲突

渴望友谊和情感交流是大学生心理的一个重要特点。不少大学生常感到孤独、寂寞、无聊，没人理解自己。一方面，他们渴望爱与友谊，渴望交流与分享，但又缺乏人际交往的技巧，不善于表达自己的情感和思想，也不善于了解他人的情感和思想，缺乏共同的兴趣和爱好等。另一方面，由于更在乎自己在别人心目中的地位和形象，他们会有意无意地将自己的心灵深藏起来，对他人存在戒备心理，没有理解什么是真正的友谊。正是这种渴望交往与心灵闭锁的矛盾冲突，使得大学生常常陷入人际关系紧张的苦恼之中。

（二）大学生常见的自我意识偏差

大学生自我意识调查结果表明，自我意识发展水平较高，由于心理发展尚未完全成熟，因而容易出现各种发展偏差，引起自我意识发展问题，以致自我意识过强或过弱，影响大学生的健康成长。

1. 过于以自我为中心

大学是自我意识发展最强烈的阶段，也是大学生进行自我探索最集中的时期。他们在自我分化的基础上，体验到各种各样成长的烦恼。在不断地探索、认识自我的过程中，努力寻求自己独特的处事风格，或多或少地都会有一点以自我为中心。这是下意识的情况下发生的，是可以接受的，完全不同于自私。但是，过度的以自我为中心会扭曲自我，阻碍大学生心理成长，也影响他们适应社会。

大学生过于以自我为中心具体表现为：只关心自己，遇事先替自己打算，不顾及他人的感受和需要。为人处世都以自己的兴趣和需要为中心，认为自己是最重要的、最优秀的、神圣不可侵犯的。

2. 过分追求完美

追求完美是人类健康向上的本能，是一个人上进心强，严格要求自己的表现。生活中许多人都有追求完美的倾向。适度追求完美意味着有较高的目标，挑战自我，突破自我，并能根据实际情况调整目标，不惧怕失败。然而，过分追求完美，时时事事都要求完美，势必会生活在失望和痛苦之中，承受无尽的烦恼和困扰。

大学生过分追求完美具体表现为：对自己过高期望、过分要求，希望自己尽善尽美，没有缺点和不足；行为上因追求完美，害怕出现错误和失败，时时处于焦虑和担忧之中，对他人和环境的要求苛刻，人际关系紧张，很少有幸福感，累己也累人。

3. 自负与自卑

心理学家阿德勒曾说过："追求优越和超越自卑是人发展的最根本的动力。"然而在生活中，自卑更多的是消极的，具有破坏性的，对自己持有否定的感觉。即使和其他人差不多，他们总能找到很多自己不如他人的地方，总觉得自己是上帝的弃儿，自己理所应当比别人差。

自负则是过高地评估自己，是一种过度的自信。大学生的自负心理表现为：自视过高，认为自己非常了不起，别人都不行；对周围的人和事缺乏热情，与他人关系疏远，给人一种与旁人格格不入的感觉；习惯于抬高自己，贬低别人；固执己见，唯我独尊，喜欢将自己的观点强加于人；有很强的自尊心，面对他人的成果，时常用"酸葡萄心理"来维持自己的心理平衡。

4. 自我控制力低

自我认知和自我体验决定自我控制。心智正处于发展阶段的大学生往往缺乏坚强的意志力，自我控制的能力比较差。很多同学虽然深知“我应该做什么”“我应该成为怎样的人”“我可以选择如何去做”等自我控制的核心内容，但无法成功地激励自己果决地付诸行动。

大学生的低自制力主要表现在：无法按照学期计划安排规律的作息，自主学习往往坚持不了一个礼拜就放弃，缺乏自我约束；无法鞭策自己为阶段目标付出持久的努力；无法抵御外界的诱惑，缺乏内在的行为准则，意志行动力差，如复习阶段被室友怂恿打游戏；无法控制和调适自己的情绪波动，对挫折耿耿于怀，产生强烈的自卑感等。

（三）大学生自我意识完善的途径

【拓展学习】 **乔韩窗口理论**

美国心理学家John和Hary提出了乔韩窗口理论，认为人对自己的认识是一个不断探索的过程，因为每个人的自我都有四个部分：公开的我、盲目的我、秘密的我和未知的我。

公开的我代表我们自己知道、别人也知道的领域，这是我们不能隐藏，或者我们愿意公开的部分。例如，我是大学教师，我是大学生。

盲目的我代表别人知道而我们自己不知道的领域，属于我们没有意识到或无意识地在别人面前表现出来的部分。比如，一些姿态、习惯动作等，如说话很快，自己不觉得，别人很清楚。

秘密的我代表我们自己知道、别人不知道的领域，我们不愿在别人面前显露出来，属于个人隐私的部分。例如，令人惭愧的往事、内心的痛楚等。

未知的我代表我们自己不知道、别人也不知道的领域，属于无意识的部分。

乔韩窗口理论认为，每个人的自我都由这四部分构成，但每个人这四部分的比例是不同的。而且，随着人的成长及生活经历的丰富，自我的四个部分发生着变化。一个人自我的公开领域扩大，则生活变得更真实，不论与人交往还是自处，都会显得轻松愉快而有效率。盲目领域变小，人对自我的认识越清楚，越能在生活中扬长避短，发挥自己的潜能。

（资料来源：https://www.jianshu.com/p/772777a80534）

1. 正确认识自我

（1）通过与别人的比较来认识自己

注意比较的参照系和立足点。跟别人比较的应该是行动后的结果，而不应该是行动前的条件；比较的应该是相对标准、可变的标准，而不应该是绝对标准、不可变的标准，如一个人的出生是不可改变的，以此作比，没有任何意义；比较的对象应该是与自己条件相类似的人。

（2）通过分析他人对自己的评价来认识自己

从他人的态度和情感中觉知自己、明确自我。一个人对自己的认识难免有偏差，他人的评价就像一面镜子，就像镜子不一定能反映事物的本来面目，别人的评价，受众多因素的影响，不一定完全正确，最好能从多个不同的人，不同的时间、场合去收集评价信息。

(3) 通过内省认识自己

经常反省自己在日常生活中的点滴表现，观察自己是一个什么样的人，了解自己的智力、情绪、意志、能力、气质、性格和身体条件等特点，还可以通过自我成长分析，了解我是谁、我从哪里来、我要到哪里去，不断探索自我，做到真正地了解自己。自我觉察训练，就是给自己一个相对安静的空间，在心情比较平和的情况下，对自己的言行、态度、动机、价值观、学习状况、当下的情绪感受等进行深刻的反思，全面认识自己，澄清自我是一个什么样的人，从而调节和控制自己的状况，使自己能够较好地发挥优势，实现目标。

乔韩窗口理论

2. 积极悦纳自我

一项关于大学生“我的长处和短处”的调查表明：大约 70%的大学生能客观地写下自己的长处与短处；还有 15%的学生只写长处，不愿写自己的短处；10%的学生只写短处，写不出自己的长处；5%的学生没有答案。由此可见，大多数人能积极接纳自己，部分学生不能正确面对自己。

积极悦纳自我就是无条件地接受自己的一切，正确对待自己的短处，充分发挥自己的长处。一个人首先应自我接纳，才能为他人所接纳。

①接受自己，喜欢自己，觉得自己独一无二，有价值感、愉快感和满足感；

②性情开朗，对生活乐观，对未来充满憧憬；

③平静而又理智地看待自己的长处与短处，冷静地对待自己的得与失；

④树立远大的理想，并以此激励自己不断地克服消极情绪；

⑤既不以虚幻的自我补偿内心的空虚，也不以消极回避漠视自己的现实，更不要以怨恨、自责、厌恶来否定自己。

3. 有效控制自我

自我控制是人主动地改变自己的心理品质、特征及行为的心理过程，是大学生健全自我意识、完善自我的根本途径。根据自身实际情况、社会的需要，确立合适的抱负水平，在迈向理想目标的过程中，遇到挫折时善于调控自己，才能取得成功。

行动前要确立目标，根据现有条件制订合理的行动计划。如果不是遇到意外的、无法克服的困难，行动应该按照预定的计划有条不紊地进行。在过程中，要不断检查计划的执行情况，一旦发现行动偏离计划，要及时修正。大学生应按照社会主义核心价值观要求来规范自身，并不断将其内化为个人的品德，确立自身的行为准则，以此来不断监督自己，加强自律，提高自我控制能力。

4. 不断超越自我

电影《功夫熊猫》的主角阿宝是个天生笨拙且超级贪吃的功夫菜鸟，却阴差阳错地被指定为“神龙大侠”。训练中，师父发现使之功夫精进的方法是吃“包子”。阿宝贪吃的本能成为他的潜能开发之窗，乐在其中的阿宝因此功夫进展神速。而当阿宝得知鸭子父亲祖传面汤秘籍是什么都不放的时候，颓废的他想起在无字秘籍里只看见了自己，忽然领悟到——勇敢做最真实的自己。于是他将一只胖子熊猫的潜力发挥到了极致，最终战胜了能力超群、野心勃勃的雪豹太郎，从而拯救了和平谷。

在生活中，其实每个人都是阿宝，每个人身上都有自己独特的天赋、品质或是直觉。让我们在自我成长的过程中，不断认识自己，武装自己，在自我超越中去缔造传奇，实现自己的人生价值。

（资料来源：https://www.sohu.com/a/716017414_121656024）

大学生要勇于尝试、勇于实践，不断完善自我、超越自我。这需要付出艰辛的努力和沉重的代价。这是一个"新我"形成的过程，是从"小我"走向"大我"，从"昨天之我"向"今日之我""明日之我"的迈进。正如习近平总书记所说："只有把小我融入大我，才会有海一样的胸怀、山一样的崇高。只有把人生理想融入国家和民族的事业中，把中华民族伟大复兴的历史责任担在肩上，才能成就壮丽的人生。"

三、大学生健全人格塑造

（一）人格概述

爱因斯坦曾经说过，优秀的人格与钢铁般的意志，比智慧和博学更重要。人格会影响一个人的心理健康、潜能开发、活动效率和对社会的适应状况。

1. 人格的概念

人格（Personality）源于拉丁文"Persona"，其意为面具、脸谱。据说公元前一百多年，古罗马的一名戏剧演员为了遮掩他的斜眼而戴上面具用以表现剧中人物的角色和身份，后引申为演员所扮演角色的特征。不同的面具体现了不同角色的特点和人物性格。京剧中红脸代表忠义，白脸代表奸诈，黑脸代表刚强。

心理学中的人格又称个性，是个人在先天遗传素质的基础上，通过与后天环境的相互作用而形成的，具有一定倾向性的、相对稳定的和独特的心理行为模式。人格反映一个人的整体精神面貌，即心理品质或心理特征的总和。良好的个性表现为乐观、自尊、自信、开朗、热情、宽容、认真、独立、主动、积极、充满希望。

2. 人格的基本特征

人格构成一个人的思想、情感及行为模式，包含一个人异于他人的稳定而统一的心理品质。每个人的人格特征虽然各有不同，但是总的来说，具有以下几点特征。

（1）独特性

人格是在遗传的基础上，在后天环境教育影响下而形成的。不同的遗传基因、环境及教育，形成了不同的人格。人格结构组合的多样性，使得每个人的人格都有自己的特点。所谓"人心不同，各有其面"，它表现为需要、动机、兴趣、爱好、气质、性格、能力、价值观等方面的差异性。人格的独特性是在肯定了人格共性基础上的独特性。同一种社会、历史文化往往陶冶出相似的人格特征，如德国人保守、法国人浪漫、英国人绅士、俄罗斯人粗犷豪放等。

(2) 稳定性

人格的稳定性是指一个人的人格及其特征在时间上具有前后一贯性,在空间上具有一定的一致性。例如,某个人性情比较急躁,他昨天是这样,今天是这样,明天很可能还是这样。同样,这个人在学习上比较急躁,在工作中也是这样,甚至在日常生活和人际交往中也表现出急躁的个性。这并不排除这个人有时在某种场合偶尔也会表现得比较沉稳。人格的相对稳定性并不意味着一成不变,在人的一生中,人格仍具有可塑性和可变性。

(3) 统合性

统合性是指人格是由多种成分构成的一个有机整体,气质、性格、能力、价值观等人格成分具有内在统一的一致性,并受自我意识的调控。人格统合性是心理健康的重要指标。当一个人的人格结构和谐统一时,就能正确地认识和评价自己,及时调整自身内部心理冲突,因而他的人格是健康的。反之,如果一个人失去了人格的内在统一性,可能会出现适应困难,甚至出现人格分裂。

(4) 功能性

人格决定一个人的生活方式,甚至决定一个人的命运,它是生活成败、喜怒哀乐的根源。当面对挫折与失败时,有的人发奋图强,努力战胜挫折和失败,通过不懈的努力获得成功;有的人则一蹶不振,变得萎靡和软弱,失去挑战生活的勇气和力量。当面对误解和仇恨时,有的人以宽容的态度泰然处之,用善意和豁达化解矛盾;有的人怀恨在心,甚至采取打击报复的行动。当面对赞扬和激励时,有的人谦虚审慎,从不停下进取的脚步;有的人高傲自大,在赞扬中迷失了自我的方向。当人格功能失调时,个体就会表现得软弱、无力、失控,甚至出现变态心理和变态行为。

3. 人格的结构

人格是由不同成分构成的一个结构系统,人格系统包括气质、性格、能力、需要、动机、价值观等方面,它们共同反映了个体间的差异性。

(1) 气质

气质是个体不以活动目的和内容为转移的典型的、稳定的心理特征。早在公元前5世纪,古希腊希波克拉底医生认为,每个人的身上都有四种体液,即血液、黏液、黄胆汁、黑胆汁,这四种体液在每个人身上所含的比例不一样,因而派生出四种不同气质特征类型,每种气质都有其相应的行为风格。这就是著名的体液说。

苏联心理学家达维多娃做过一个有趣的实验,她发给四个学生每人一张戏票。在他们赶到剧院时,戏已经开演了,管理人员为保证演出效果不让他们进去。这时其中一人与检票员发生争执,说自己悄悄进去不会影响他人,还说自己的手表是最准时的,并不顾阻拦试图强行入场;第二个人见楼下入口处看守很严,便悄悄溜到楼上,装作迟来的某贵宾的随从,进去看演出了;第三个人没说什么,转身去了休息室,心平气和地等候,直到第一场幕间休息时才正大光明地进去;第四个人被拒绝后,非常沮丧,再也提不起兴致看演出了，扭头回家去了，一边走一边不停地抱怨着。

这四个人，恰恰是四种典型的气质类型的代表。

第一个人属于胆汁质气质。胆汁质的人直率热情，精力旺盛，脾气急躁，容易激动，情绪反应强烈而迅速，心境变化剧烈，容易感情用事。如同夏日的天气，动辄疾风骤雨，比较外向。

第二个人是多血质气质。多血质的人热情开朗，活泼敏捷，反应迅速，兴趣广泛，喜欢与人交往，适应性较强；但易受暗示，注意力易转移，耐挫性欠缺，情绪忽冷忽热变化较快。好比春天，让人觉得愉快、温暖，但少了几分沉稳，属外向型。

第三个人为黏液质气质。黏液质的人安静稳重，少言寡语，自制力强，善于忍耐，不会轻易冲动，情绪不易外露，但处事态度原则性有余而灵活性不足，很容易形成偏见。恰似冬天，宁静、安详，但有些沉闷，较内向。

气质类型

第四个人属于抑郁质气质。抑郁质的人属于情感浓厚而沉默的人，多愁善感，富有幻想，善于发现不易为人觉察的细微事物，情绪发生缓慢而体验深刻、持久，但不爱抛头露面，比较被动，过分谨小慎微，容易患得患失。如秋天一般萧瑟、伤感，属内向型。

（资料来源：https://iask.sina.com.cn/b/6g74UuPoKNM.html）

心理学家认为：气质是人的天性，无好坏之分。每种气质都有鲜明的特色，有长处有短处。气质不决定一个人的发展方向和成就价值。然而，不同气质类型适合从事不同的活动，对效率有影响，比如在职业选择中，会考虑到不同气质与职业的匹配，飞行员、运动员需要反应灵敏、有胆识、镇定自若的人，财会、医疗等工作需要稳重、心细、踏实的人。

（2）性格

巴尔扎克评价自己的性格时说："我这五尺二寸的身躯，包含一切可能有的分歧和矛盾。有些人认为我高傲、浪漫、顽固、轻浮、思考散漫、狂妄、疏忽、懒惰、冒失、毫无恒心、爱说话、不周到、欠礼教、好使性子，另一些人说我节俭、谦虚、勇敢、顽强、刚毅、不修边幅、用功、有恒心、不爱说话、心细、有礼貌、经常快活，其实都有道理。说我胆小如鼠的人，不见得就比说我勇敢的人更有道理，说我博学或者无知，能干或者愚蠢，也是如此。没有什么使我大惊小怪的。"

性格是一个人较稳定的对现实的态度以及与之相应的习惯化的行为方式，如哈姆雷特的性格优柔寡断、葛朗台吝啬贪婪、林黛玉多愁善感、诸葛亮足智多谋等。

性格在人的个性中处于核心的地位。因为性格有其社会评价的意义，人们可以对某种性格特征的社会价值进行评判，如诚实或虚伪、勇敢或怯懦、勤奋或懒惰、宽容或尖刻等。人与人个性差异首先是性格的差异。

在某个宁静的夜晚，坐下来总结一下你生活中的成功与失败，寻找一下成败的根本原因，把这些原因一条一条清晰地写下来，再把你生活中的习惯和性格列出来，看看哪些是好习惯、好性格，哪些是坏习惯、坏性格。如果自己想不清楚，就把了解你的朋友请过来，帮你一起分析。当你把成功的原因与好习惯、好性格列成一栏，把失败的原因与坏习惯、坏性格列成一栏以后，你会吃惊地发现，人的习惯和性格就是左右你成功或失败的原因。

【拓展学习】 **血型与性格之间真的有关系吗**

1. O 型血人的特质

O 型血的人总是敢爱敢恨、充满活力、精力旺盛并且追求成功。他们吃东西从不挑剔，甚至是从来没见过的东西也敢吃；他们认定的事从不轻言放弃，即使遭受失败与挫折。他们乐观、有野心且满怀胜利的信心，并对自己的能力及取得的成绩深信不疑。他们知道自己想要干什么，能够干什么。他们的身上自然而然地存在耀眼的光芒，这也正是他们让人着迷的地方。

2. A 型血人的特质

倔强是 A 型血人的特质。他们多半都是完美主义者，天生敏感，过于顾虑周围人的想法。他们善于自我克制，而不是随着情绪来表达，所以在外人看来 A 型血的人过于理智，让人难以触及他们的内心。最典型的就是 A 型血“一根筋”似的“偏执狂”性格，显得有点神经质。

3. B 型血人的特质

果断是 B 型血人的特质。他们拥有果断刚毅的个性，做事总是快节奏、快速度，从不优柔寡断，但又绝非草率行事，深思熟虑与当机立断在 B 型血人的身上体现得极为完美。他们特立独行，通常喜欢我行我素。

4. AB 型血人的特质

多变是 AB 型血人的特质。AB 血型的人具有非常明显的双重性格的特征，他们能够在处理事情时表现得非常冷静，分析问题和反驳别人观点时头头是道，让人无从反击。但是，他们也可能在瞬间就被他人激怒，情绪极其不稳定，喜怒无常。他们善于调节气氛，平衡场面中的尴尬气氛。

（资料来源：摘选自《趣味心理学》，郑淑宁著，中国华侨出版社，2013 年，第 6 页）

（二）大学生人格发展的特点

青年期是人格走向成熟、由量变到质变的重要时期。在大学生活中，随着身心的发展和成熟，以及对社会角色的逐渐适应，人际交往范围的逐渐扩大，对社会了解的日益深入并适应激烈的学习竞争，大学生的人格发展具有自己的特点。

①对现实社会有良好的适应，能较好地处理社会、他人和自我的关系；

②在处理人际关系时会首先考虑社会和他人，但也绝不是一味地追求社会的赞许，而是表现出敢于面对现实、尊重现实的特点；

③支配与冲突表现不突出，具有稳健、从众的人格特点，具有良好的社会化程度；

④不同学科大学生的人格特征以及性别差异具有相对的独特性。

（三）大学生健康人格的塑造

人本主义心理学大师罗杰斯曾说，好的人生，是一个方向，而不是状态；是一个过程，而不是终点。所以，我们每个人都走在不断完善自我、健全人格的路上。

1. 设定目标,做最好的自己

目标是一个人的心理需求的反映,也是一个人性格的流露。当一个人不知为何而活,空虚、无聊、寂寞时,他就失去了前进的方向和动力,也就谈不上对人格的优化。每个人只能做最好的自己,而不要想去做最好的别人。有的人对自己很不满意,也想改变自己,但他们常常喜欢、羡慕别人,如内向的人羡慕外向的人能说会道,外向的人羡慕内向的人沉稳等。因此,改变自己并非全然抛弃自己,东施效颦、邯郸学步只能适得其反。优化人格,也要依据自身目标情况,扬长避短,因人制宜。

2. 培养良好习惯,收获幸福

习惯是人在一定情况下自然而然地或自动化地去进行某些动作的习得的倾向。如有人习惯早睡早起,习惯把物品摆放整齐;有人习惯睡懒觉,乱扔垃圾等。养成良好习惯是培养良好人格的重要途径。威廉·詹姆斯说:“播下一个行动,收获一种习惯;播下一种习惯,收获一种性格;播下一种性格,收获一种命运。”习惯最终会成为性格的一部分。习惯有好坏之分,好的习惯助人成功,坏的习惯使人受挫,有些习惯毫无意义。因此,想要收获成功和幸福,就必须建立良好习惯,克服坏习惯。

3. 管理情绪,保持乐观

健康情绪是心理健康的标准之一,也是健全人格的基础和要求。在平时的学习和生活中,大学生需要了解自己的情绪,学会运用各种方法对焦虑、抑郁等消极情绪进行有效的自我调节。美国著名的心理治疗家艾利斯(Albert Ellis)指出,人们的情绪问题并不是由具体事件造成的,而是人们对事件的认知。英国作家萨克雷也说,生活好比一面镜子,你对它笑,它也对你笑;你对它哭,它也对你哭。学会理性地对事对人对己,并对未来生活保持乐观的心境。

4. 健全人格,张弛有度

追求人格成熟与健全是一个人一生要走的路,应该有张有弛地进行塑造,积极投身于学习和生活之中,把个人的前途命运与国家和民族的前途命运紧密相连,主动融入社会才能获得更好的发展环境、更大的进步空间。努力做到活泼而不轻狂,认真而不刻板,坚定而不执拗,勇敢而不莽撞,豪爽而不粗鲁,好强而不逞强,机警而不多疑,老练而不世故,自信而不自负,自珍而不自骄,自谦而不自卑,自爱而不孤芳自赏。

做

【实训一】 心理测试:罗森伯格自尊量表测验

请根据以下每一道题目符合自己的程度来评分。评分有四个等级:4 表示非常符合,3 表示符合,2 表示不符合,1 表示非常不符合。

1. 我感到自己是一个有价值的人,至少与其他人在同一水平上。
2. 我感到我有许多好的品质。

3. 归根到底，我倾向于觉得自己是一个失败者。

4. 我能像大多数人一样把事情做好。

5. 我感到自己值得自豪的地方不多。

6. 我对自己持肯定态度。

7. 总的来说，我对自己是满意的。

8. 我希望我能为自己赢得更多的尊重。

9. 我确实时常感到自己毫无用处。

10. 我时常认为自己一无是处。

罗森伯格自尊量表测验解释：

全部 10 个题目中包括了 5 个正向题和 5 个反向题(即 3、5、8、9、10 题)。在累计总分时，先要将 5 个反向题的得分反转，即原来评 4、3、2、1 分的分别转化成 1、2、3、4 分。

将反转后的 5 个反向题目的得分与另外 5 个正向题目的得分相加，即为总分。总分范围是 10～40 分，分值越高，表示自尊程度和自我接纳程度越高。

【实训二】 给自己画像

【实训目的】 促进自我观察，强化成员自我认识。

【操作程序】

1. 你给自己画过像吗？多数人从来未受过绘画的系统训练，不会画画。当然，我们不是绘画技能比赛，而是用图形表现出你对自我的认识。现在拿出你的笔，轻轻地闭上眼睛，先想一想自己是怎样一个人，然后画出自己。可以有标题，也可以无标题；可以用任何形式来画自己，形象的、抽象的、动物的、植物的，什么都可以。总之要把自己心目中最能代表自己的东西画出来。

2. 画完后挂在墙上，开“画展”，让团体其他成员自由观看。

3. 画者解释答疑。

总结：自画像用非语言的形式将画者的内心投射出来，是一种独特的自我探索、自我分析和自我展示。这种方法可以使成员发现隐藏在潜意识层面的自我，不知不觉对自己做出评估和内省。进一步分析你为什么会这样描绘自己的形象，可以帮助你揭示出一些更深层次的自我概念。现在，请回答：

你是否对自我感到模糊和不确定？

你是按心中的自我来描绘自己的吗？

在你的一生中，你可以是一位艺术家，描述着你自己生活的肖像，每天你使用什么颜料，怎样落下每一笔，都是你自己的选择。自画像笔触简洁、有力，线条流畅、清晰，表现出对自我的形象很有把握，熟悉于心；自画像笔触拖沓、犹豫，线条僵硬、杂乱，显得毫无信心，这不是对自己的形象难以确定，便是对某些细节该如何表现心存顾虑。有的人对自我形象的感知比较准确、真实；有的人自觉或不自觉地将自己的缺点加以美化，或将优点加以贬低、忽略；甚至有人将缺点夸大，有人将优点过分突出。不同的表现方式，不同的心理活动，折射出复杂的自我意识。

资源拓展

【拓展阅读】

希特勒的心理缺陷

1943 年，第二次世界大战欧洲战场上的形势逐渐变得对同盟国有利。美、英、苏三国便商定在欧洲登陆作战，开辟第二战场。但美方上层人物对何时登陆作战意见不一。一派主张及早登陆，以便让纳粹尽早陷入东西两线作战；另一派则认为提早登陆如不足以给希特勒造成心理压力，使其军事指挥进一步混乱，就应推迟，等到东线苏军对德军进行强有力的打击之后进行。

争辩至此，罗斯福总统下令情报机构尽早搞出一份关于希特勒性格分析的有说服力的报告。一个月后，一份详尽的《希特勒性格特征及其分析报告》摆上了罗斯福总统的办公桌。

报告提供的最令人意外的是，希特勒这位留着一小撮小胡子、终日一脸正经的“元首”，在他当权后曾多次做过隆鼻手术，而且就在德军在苏德战场上节节败退之时，他的鼻子还在不断加高。他的这项“偏好”来自他的种族理论：作为一个日耳曼人，有一个高挺的鼻子会给人以“刚毅自信、勇敢无畏”的感觉。

另一个事实是，希特勒在下令毒死几十万名犹太人的同时，对动物反倒怜悯有加。他有一个庞大的鸟类养殖场，有时死一只鸟，他也会伤心落泪。他对自己和别人的手指特别着迷，如果他和一个人交谈时突然莫名其妙地转身走开，那多半只有一个原因——他不喜欢对方的手指。

他对会议用的长桌有特别的兴趣。德国一些最优秀的木匠常常被召进总理府制作长桌。他的一张最长的桌子达 15.25 米。

希特勒一生没有驾驶过汽车，但他有一个秘密爱好，就是在夜深人静时，让司机载着他以超过 100 公里的时速在柏林大街上飞驰，以当时的技术水平车开得如此快，实在是相当危险。结果，他有两名司机最后都因过度紧张而精神失常。

他的肌肉原本不发达，50 岁以后更是日渐萎缩，因此即使在夏天他也不穿短袖衣服，而给他洗澡的仆人则必须对他的身体绝对保密，否则就有杀身之祸。

他一生都对女人没有好感，但也曾经在年轻时狂热地爱上他的亲外甥女。然而这场“刻骨铭心”的爱，却以心上人的自杀而悲剧收场。

心理分析专家依据这些资料，得出了希特勒有严重的心理问题的结论，其根据如下：

一是高度压抑。希特勒占有重要职位却选择“午夜飞车”的危险方式来排解心理压力，说明他内心的压抑十分严重。

二是心理变态。在当时德国，与亲外甥女恋爱绝对是不正常的恋情，这说明希特勒多少有些心理变态。而这场恋情以悲剧告终，肯定给他留下了一生都难以消除的心理阴影。

三是畸形虚荣。希特勒不厌其烦地隆鼻说明他有一种畸形的虚荣心。

四是女性化倾向。他对动物的反常“柔情”及喜欢注意别人的手指,说明他有一种女性的心理特征。

五是负担沉重。肌肉不发达对于一名国家领导人来说并不是什么重要的缺陷,但他“讳莫如深”“严格保守”,除说明他的虚荣心重外,也表明他的掩饰以及与外界的隔膜,而这会大大加重他的心理负担。

六是非常脆弱。他酷爱长桌,实际上是一种对权威的渴望,既要形成高高在上的感觉,又能离与会者尽量远一些,这说明他对自己信心不足,而对其他人心存疑虑,甚至有一种恐惧感。这实际上是一种心理脆弱的表现。

这份报告分析的结果使美国军方认为,不必等待苏军在东线上取得更大战果,尽早在西线登陆,开辟第二战场。不管军事上的效果如何,对希特勒的心理打击都是巨大的。另外,英美空军加强对柏林的昼夜轰炸,使希特勒无法“午夜飞车”以排解内心压力,这对他来说无疑是“雪上加霜”。在这重重压力之下,他的军事指挥将陷入一种混乱和冲动之中,这将有利于盟军的迅速胜利。

罗斯福将这份报告仔细读了几遍,最终同意提早开辟第二战场,英美军队于1944年上半年在西线登陆作战,并在一年后彻底打败了法西斯,而希特勒也从压力重重到万念俱灰,最后自杀身亡。

良好的个性直接关系到个人的生存与发展,因此,每个人都有必要从自身的实际出发,不断优化自身的个性。了解自我,认识自己的个性并非最终目的,还应在此基础上创造自我、完善自我。有人曾经问过弗洛伊德这样一个问题:“怎样才算是成熟人格?”他思索一阵后,回答道:“一个成熟的人,应该能够创造性地工作。”创造自我就是要改善自我、塑造自我,实现自己的社会价值。

(资料来源:https://baijiahao.baidu.com/s?id=1713121743319288607&wfr=spider&for=pc)

书籍推荐

1.《遇见未知的自己》,张德芬,著。该书在身、心、灵的层面,给读者很多具体可行的建议,在身体和心灵方面,先从你能够切实做到的一个好的小习惯开始。身体层面,比如说饮食或者是运动。心理层面,就是每天检视,在今天是谁或是什么事情让你产生了负面情绪,然后向内探索原因;或者你也可以让自己在面对每天遇到的人、事、物中,学习“臣服”的功课。

2.《自卑与超越》,[奥]阿尔弗雷特·阿勒德,著。心理学大师阿德勒曾跟我们一样,自卑又彷徨。他出生在富裕家庭,生活安逸,但童年过得伤痕累累,上有一长兄,下有四弟妹,排行老二,总是被父母遗忘。偏偏自己不争气,生得又丑又矮,这让原本没有存在感的他更添自卑。而哥哥生得体格健壮，倍讨母亲喜爱，这怎能不让 4 岁的孩子心生嫉妒？有些人或许因此卑微一生，有些人或许因此越挫越勇，阿勒德便是后者。

影视推荐

1.《黑天鹅》，讲述了一个有关芭蕾舞的超自然惊悚故事。女主角是一个资深芭蕾舞演员，她发现自己被困在了与另一个舞者的竞争状态中。随着一场重大演出的日渐临近，许多的麻烦也随之加剧，她不确定竞争对手是一个超自然的幻象，或只是她自己出现了错觉。

2.《钱学森》是为纪念钱学森诞辰 100 周年拍摄的人物传记电影。电影讲述了世界著名科学家、空气动力学家，中国载人航天奠基人，中国科学院及中国工程院院士，中国两弹一星功勋奖章获得者，被誉为“中国航天之父”“中国导弹之父”的钱学森青年赴美、励志求学、涉险回国、建功立业等一列鲜为人知的曲折人生。

揭开自我之纱——
认识完善自我

项目四 学会学习之法——走向成才之门

名人名言

人类的学习就是人类本性和行为的改变，本性的改变只有在行为的变化上表现出来。

——桑代克

故事导读

百兽之王老虎投资办了一所森林动物学校。招生的时候，动物家长问老虎一个问题，把孩子交给你跟到其他学校有啥不一样？老虎脱口而出：“我们要培养的是样样都会的动物！”这一理念吸引了很多动物家长，他们纷纷把自己的孩子送到这所森林动物学校，所以森林动物学校第一年招生非常火爆。

可是，好景不长，一个月以后，很多动物都退学了。首先申请退学的是鸭子。鸭子退学的原因是：“我的腿又短又细，决定了我到水里行，我到岸上就不行了。”老虎校长表情严肃地说：“到我这里，就让你水里行，陆地上也行。每天给我老老实实跑五公里。”鸭子说：“我不可能样样都会。”于是鸭子退学了。第二个退学的是兔子。兔子退学的原因是：“遗传基因决定一切，我一见到水，腿就抽筋。现在老虎逼着我游到对岸，我还没游到河中央就会沉下去。命重要还是发展重要？没有了命，怎么可能样样都会呢？”于是兔子退学了。鹰是第三个退学的。鹰说：“我实在受不了，这种教育是全世界最僵化的。学会爬树对我有什么用？我张开翅膀就可以飞上去！”老虎严厉地批评道：“错了，动作不规范，重来！标准的上树的动作应该是沿着树干爬上去。”鹰说：“爬着上树的应该是松鼠。”于是鹰退学了。由于森林里没有一个动物样样都会，结果开学三个月后，最后一只动物也退学了。森林动物学校黯然关门。

（资料来源：https://edu.sina.com.cn/l/2005-01-04/ba96710.shtml）

在学习过程中，每一个人都有自己的个性心理特征。大学生的学习具有很强的自主性，更需要充分了解自身的条件，选择适合个人特点的学习方式。

学习是大学生在大学期间的首要任务和主要活动方式。良好的学习心理能够帮助大学生进行有效学习，拓展自己的知识面，提升个人的能力，促进自己的成长和进步，并在学习中获得愉悦感和成就感，有利于个体保持心理健康状态。

内容简介

通过本章学习，了解大学生学习活动与心理健康的关系，了解大学生学习心理障碍的表现及成因，学会调试学习心理障碍，使自己拥有良好的学习心理状态。

教与学

新时代中国青年要增强学习紧迫感，如饥似渴、孜孜不倦学习，努力学习马克思主义立场观点方法，努力掌握科学文化知识和专业技能，努力提高人文素养，在学习中增长知识、锤炼品格，在工作中增长才干、练就本领，以真才实学服务人民，以创新创造贡献国家！

——习近平同志在纪念五四运动100周年大会上的讲话

如果没有学习，人类恐怕不会发展到今天；如果没有学习，人生也只能是一个美丽的设想。学习是人类发展和进步的基础，学习也是我们每个人通向成功的必由之路。对于我们大学生而言，学习仍然是生活的重心和活动的主要内容。

一、学习概述

（一）学习的定义

“学习”一词，我国古代文献早有提及，比如古代著名思想家孔子说：“学而时习之，不亦乐乎？”（《论语·学而》）又说：“学而不思则罔，思而不学则殆。”（《论语·为政》）这些话在一定程度上揭示了学习与练习、学习与情感、学习与思维的关系，显示了我国古代学习思想的丰富性。那么，什么是学习呢？

许多心理学家、教育学家和哲学家从不同的角度提出了学习的定义。桑代克（1931）说：“人类的学习就是人类本性和行为的改变，本性的改变只有在行为的变化上表现出来。”加涅（1977）说：“学习是人类倾向或才能的一种变化，这种变化要持续一段时间，而且不能把这种变化简单地归之为成长过程。”希尔加德（1987）说：“学习是指一个主体在某个现实情境中的重复经验引起的，对那个情境的行为或行为潜能变化。不过，这种行为的变化不能根据主体的先天反应倾向、成熟或暂时状态（如疲劳、醉酒、内趋力）来解释。”国际21世纪教育委员会所做的《教育——财富蕴藏其中》报告中指出：学习是指个体发展终身教育的理念。

从广义上讲，学习是人和动物在生活过程中通过实践训练而获得的由经验引起的相对持久的适应性的心理变化，即有机体以经验方式引起的对环境相对持久的适应性的心理变化。这个定义体现了四个论点：一是学习是动物和人共有的心理现象，虽然人的学习是相当复杂的，与动物的学习有本质区别，但不能否认动物也是有学习的；二是学习不是本能活动，而是后天习得的；三是任何水平的学习都将引起适应性的行为变化，不仅是外显行为的变化（有时并不显著），也有内隐行为或内部过程的变化，即个体内部经验的改组和重建，这种变化不是短暂的而是长久的；四是不能把个体的一切变化都归为学习（如由于疲劳、生长、机体损伤以及其他生理变化所产生的变化都不是学习），只有通过学习活动产生的变化才是学习。

综上所述，我们可以看出，学习是一种非常复杂的心理活动过程，是人在生活过程中获取个人经验的过程，是信息的输入、输出与反馈调节的动态过程。老师讲析、阅读书本、同学交流以及联系实际等，都是知识的输入；而运用输入进来的知识做练习、做作业以及解决生活中的具体问题，则是知识的输出；筛选入出过程中的优劣、不断调节改进、提高入和出的质量，使学习动态结构得以优化，则是学习的反馈调节。学习过程中的三个环节都是不可缺少的，如果学习结构不完整，只知不停地输入、输出，没有学会及时地对入和出进行调节，就难以取得良好的学习效果。学会对学习进行调节，实际上就是学会如何学习、学会掌握学习策略。

狭义的学习，指学生的学习，通过阅读、听讲、研究、观察、理解、探索、实验、实践等手段获得知识或技能的过程，是一种使个体可以得到持续变化（知识和技能、方法与过程、情感与价值的改善和升华）的行为方式。

（二）学生的学习

学生的学习是人类学习的一种特殊形式，它是在教师的指导下，有目的、有计划、有组织地进行的过程。其目的是在比较短的时间内系统地掌握科学知识和技能，并启发学生的智能、培养个性，使学生形成一定的世界观与道德品质。与人类的学习相比，学生的学习具有其自身的特点。

1. 学生的学习过程是掌握间接经验的过程

学生的学习不需要像人类的认识那样，事事都从直接经验开始，他们主要还是学习前人已经积累的知识经验，同时补充感性的经验。当然，在学生的学习中，有时也可能有新的发现，但这不是他们的主要任务。

2. 学生的学习是在教师有目的、有计划、有组织的指导下进行的教学活动

有严密的组织系统，教师接受过专门的教育训练，采用的是特殊的、行之有效的方法，能在有限的时间内高效率地达到一定的目标。因此，学生在学校中的学习比他们在日常生活中的学习有效得多。

3. 学生的学习是一个主动建构的过程

教师要注意了解学生在认知、情感、个性和社会活动等方面所表现出来的特有的心理活动规律，采用一定的方法，培养和激发学生的学习动机，提高其学习的积极性和主动性。学生的学习内容是多方面的，大致有三个主要方面：一是知识和技能的获得与形成；二是智力和非智力因素的发展与培养；三是道德品质的提高和行为习惯的培养等。

【拓展学习】 四种学习理论简介

1. 行为主义学习理论

1913—1930年是早期行为主义时期,是由美国心理学家华生在巴甫洛夫条件反射学说的基础上创立的。他认为人类的行为都是后天习得的,环境决定了一个人的行为模式,无论是正常的行为还是病态的行为都是经过学习而获得的,也可以通过学习而更改、增加或消除,认为查明了环境刺激与行为反应之间的规律性关系,就能根据刺激预知反应,或根据反应推断刺激,达到预测并控制动物和人的行为的目的。

以斯金纳为代表的新行为理论分支中,在刺激与反应的连接中更强调"强化"的作用。他认为,要使学习成功关键在于提供适当的强化,也就是:第一,通过提供正强化物或移去负强化物就可使相应的行为在长时间内保持在一定的水平上;第二,通过强化的组合,我们又可塑造出较为复杂的行为。

行为主义的方法在教学中有时是非常有效的。例如,记忆英语单词、做操等,只有反复练习,才能达到最佳的效果。

2. 认知主义学习理论

认知主义学习理论认为人类行为的背后都有一个思维过程,基于这种假设,他们认为,行为的变化是可观察的,同时通过行为的变化也可以推断出学习者内心的活动。

按照学习的认知观,学习是一个主动的、积累的、建构的、诊断的、情境化的具有目标导向的过程(Shuell,1988)。学习不会自动地产生,而需要学生进行大量的、高密度的心理活动。这些活动涉及学习者对已获得知识进行意义归属,将新知识整合到已有的知识结构中或智力模型中。此外,意义学习是有目标导向的。学习目标不同,会产生不同的意义,因而导致不同的学习结果。因此需要应用元认知策略进行不断的诊断,从而判断认知活动是否有助于达到学习目标。最后,学习是有情境特征的。学习不会发生在真空中,而是发生在特定的场景中(可能是一个教室,或是一个课桌上)。将知识从特定情境中分解出来并迁移到其他情境中需要学习者付出很大的努力。

3. 人本主义学习理论

人本主义心理学是20世纪五六十年代在美国兴起的一种心理学思潮,其主要代表人物是马斯洛(A.Maslow)和罗杰斯(C.R.Rogers)。

人本主义心理学家认为,要理解人的行为,就必须理解行为者所知觉的世界,即要知道从行为者的角度来看待事物。在了解人的行为时,重要的不是外部事实,而是事实对行为者的意义。如果要改变一个人的行为,首先必须改变他的信念和知觉。当他看问题的方式不同时,他的行为也就不同了。

罗杰斯认为,可以把学习分成两类:一类学习类似于心理学上的无意义音节的学习。罗杰斯认为这类学习只涉及心智,是一种"在颈部以上"发生的学习。它不涉及感情或个人意义,与完整的人无关。另一类是意义学习。所谓意义学习,不是指那种仅仅涉及事实累积的学习，而是指一种使个体的行为、态度、个性以及在未来选择行动方针时发生重大变化的学习。这不仅仅是一种增长知识的学习，而且是一种与每个人各部分经验都融合在一起的学习。

罗杰斯认为，促进学生学习的关键不在于教师的教学技巧、专业知识、课程计划、视听辅导材料、演示和讲解、丰富的书籍等，而在于教师和学生之间特定的心理气氛因素。突出情感在教学中的地位和作用，形成了一种以情感作为教学活动的基本动力的新的教学模式；以学生的"自我"完善为核心，强调人际关系在教学过程中的重要性；把教学活动的重心从教师引向学生，把学生的思想、情感、体验和行为看作是教学的主体，从而促进了个别化教学的发展。

4. 建构主义学习理论

建构主义学习理论认为人们通过个人的经历和图式不断地建构个体对世界的认识，基于这个假设建构主义学习理论强调培养学习者在真实的情境中进行问题解决。

当今建构主义者主张：学习者是以自己的经验为基础来建构现实，或者至少说是在解释现实，学习者个人的经验世界是用他自己的头脑创建的，由于学习者的经验以及对经验的信念不同，于是学习者对外部世界的理解也是不同的。因而，他们更关注如何以原有的经验、心理结构和信念为基础构建知识。他们强调学习的主动性、社会性和情境性。

（资料来源：http://www.360doc.com/content/18/0204/07/29487391_727577602.shtml）

二、影响学习的心理因素

首先，智力因素是学习的必要条件。

智力是指人在不同活动中表现出来的一般能力，由注意力、观察力、记忆力、想象力、思维力构成，其中思维力是核心。

学习活动就是一种智慧活动，所以，智力如何直接关系到一个人的学习效果。学习就是通过智力活动感知客观世界，积累经验，掌握知识，解决各种问题，从而认识客观世界发展变化的本质和规律。心理学家对智力的组成因素及其在学习中的作用做了形象的比喻：注意力和观察力好比是智力的门窗，没有它们，知识的阳光就无法进入智慧的房间，外界信息只有经过注意力和观察力的输入，才能在大脑中整理、储存，并在一定条件下输出；想象力是智力的翅膀，它将接收到的信息进行加工、改造，创造性地创建出新的形象，它使智力纵横驰骋，使学习更富于创造力；记忆力是智力的一座仓库，储存得越多，智力工厂越能很好地生产和加工出好的产品；思维力是核心，犹如一部高速运转的机器，其他因素提供给它加工的信息原材料和活动的动力资源，没有思维力，整个智力工厂将处于瘫痪状态。因此，智力的各个因素均是保障学习活动顺利进行的必要条件。

其次，非智力因素是学习的充分条件。

除了智力因素对学习的影响外，非智力因素对学习同样有着巨大的影响。非智力因素虽然不直接参与认识过程中对外部信息的接收、加工、处理等任务，但它对认识过程起着推动和调节作用，是智慧活动的推动者和调节者。如果说智力因素反映的是人们能不能干，则非智力因素就是人们肯不肯干的问题，干得好坏就由它们共同决定了。一般人的学习主要是由非智力因素决定的，一个对学习缺乏兴趣的人，同时又没有吃苦勤奋的精神，即使智力水平再高，也不会有好的成绩。

美国心理学家特尔曼(Terman)曾对 1 528 名智力超常的学生进行长达 50 年的追踪研究，结果表明，智力水平高的人不一定能成为杰出的人才，而成功者大多具备非智力因素，如坚韧、恒心、毅力，具有强烈的未知欲，不怕失败，凡事有主见，雄心勃勃，在希望渺茫的情况下敢于坚持到底等特征。因此，一个人成才的过程离不开智力因素和非智力因素的相互影响，其中非智力因素起着决定性的作用。

（一）兴趣

一个人一旦对某事物有了浓厚的兴趣，就会主动去求知、去探索、去实践，并在求知、探索、实践中产生愉快的情绪和体验。兴趣是乐于认识某种事物或参与某种活动的倾向。从教育心理学的角度来说，兴趣是一个人倾向于认识、研究获得某种知识的心理特征，是可以推动人们求知的一种内在力量。学生对某一学科有兴趣，就会持续地、专心致志地钻研它，从而提高学习效果。由此可见，兴趣既可以是学习的原因，又可以成为学习的结果。

兴趣是最好的老师。

——爱因斯坦

（二）情绪

心理学家认为，情绪占据着人的整个心理生活和实际生活，它既推动人的本能活动，又干预社会学习和创造活动，是整个活动的动力。

能控制好自己情绪的人，比拿下一座城池的将军更伟大。

——拿破仑

（三）意志

意志是成就事业的助推器，更是大学生完成学业的不竭动力。普通心理学认为，意志是人自觉确定目的，并支配行动，克服困难，实现目的的心理过程，即人的思维过程见之于行动的心理过程。有人曾对大学生的学习做了这样的描述：大学生差别最小的是智力，差别最大的是毅力，因此，意志在大学生的学习中起着重要的作用。

坚持意志，伟大的事业需要始终不渝的精神。

——伏尔泰

最可怕的敌人，就是没有坚强的信念。

——罗曼·罗兰

（四）性格

性格对人一生的影响至关重要，对人的学习也有一定的影响。一个具有优良性格特征的学生，可以保证其具有正确的学习动机、稳定的学习情绪、持久的学习举动和顽强的学习意志，从而提高心智活动的水平，获得学业的成功。

> 习惯形成性格，性格决定命运。
>
> ——约·凯恩斯

> 良好性格的四个特征：一是努力奋斗，“奋斗是成功之父”；二是实事求是，“知之为知之，不知为不知”；三是独立意识，“独立的意志，独立的思想，独立的生计与耐劳的筋骨”；四是创造精神。
>
> ——陶行知

三、学习与大学生心理健康的关系

（一）学习对大学生心理健康的影响

1. 积极影响

（1）学习能够开发大学生的智力和潜力

每个人都有与生俱来的智力和潜力，但是这种智能只有在学习中才能得以发挥和发掘。

（2）学习能够提高大学生的各种能力

能力是人们在一定的智力基础上顺利完成某种活动的效率。随着社会的发展，竞争越来越激烈，需要大学生同时具备很多能力，如人际交往能力、动手操作能力、创新能力、语言表达能力、组织协调能力等，而这些能力只有在各种活动中不断学习才得以提高。

（3）学习能够带来满足和快乐

大学生在学习过程中从事智力活动，感受到成功的喜悦和体验到自己的价值。自我实现的需要得到了满足，就会带来很大的快乐。

（4）学习能使心理健康的水平不断提高

心理健康水平是在不断学习和实践的过程中得以提高的。大学生通过学习有关心理学和心理健康方面的知识，并用于调节自己的心理状态，心理健康水平才能得以不断提高。

2. 消极影响

大学生的学习是一项艰苦的脑力劳动，需要消耗大量的生理心理能量，会带来一些消极的影响。例如，学习压力过大，学习负担过重会使学生产生紧张和焦虑；学习内容不健康，易使学生的心理产生污染；学习难度过大，易使学生产生畏难情绪；学习方法不当，学习效率不高，易使学生产生自卑心理。

（二）心理健康对学习的影响

1. 良好的心理能挑战机遇，促成博学巧思

心理健康的人，往往表现为有良好的学习态度、较高的学习热情、科学的学习方法。学习时，自信心强，注意力集中，学习效率高，能够举一反三，博学巧学。

2. 良好的心理有利于激发学习热情，稳定学习情绪

心理健康的人面对学习中的困难能够有效克服，并把与困难作斗争作为自己生活中的乐趣，从而进一步激发学习热情。不良心理的人，在困难面前往往表现为退缩，并怨天尤人，降低学习的热情。

3. 良好的心理有助于排除学习中的各种干扰

每个学生的意志力不同，在学习过程中受到外界的各种干扰时，心理健康的同学往往表现出顽强的意志力，能够驾驭自我，克制自己的各种欲望，实现自己的目标；而心理不良的人，往往表现出意志力薄弱，经受不住外界的种种诱惑和内心的欲望，致使胸无大志，一事无成。

四、大学生常见学习障碍与调适

在大学生心理素质教育中，了解大学生的学习心理特征和心理问题，对于培养其健康的学习心理、提高其学习水平、使他们成为符合社会需求的人才，具有十分重要的意义。我国著名的心理卫生学家陈家诗教授说："心理健康的学生，其成绩优于心理不健康者；心理健康的成人，其工作效率必胜于心理不健康者。"

大学生在学习过程中，较为常见的心理问题有以下几个方面。

（一）学习动机不当

1. 学习动机不当的主要表现

学习动机是指直接推动学生学习的一种内部动力，是激励与引导学生学习的一种需要。绝大多数大学生能够保持适度的学习动机，充分发挥自身的学习积极性，充分利用高等院校优越的学习条件，圆满完成学业。但是，大学生中也存在不可忽视的学习动机不当的倾向：学习动机不足和学习动机过强，这两者都会影响学生的学习效能感。

(1) 学习动机不足的表现

有一位大学生来信说：

我是一位来自山区贫困家庭的大学生，上大学之前，我的学习成绩一直非常优异；上大学后，我忽然感到心中迷茫，学习没有动力、生活没有目标。每当我想到辍学在家的妹妹和年迈的父母，总恨自己不争气。可我的确找不到奋斗的目标与学习的动力，学习上得过且过，生活上马马虎虎、漫无目的。上课打不起精神，我不是因为喜欢上网而荒废了学业，而是因为实在没劲才去上网聊天打游戏。我如何才能摆脱这种状态？

这位学生所反映的心理问题，就属于学习动机不足。某大学对 7 个班的 148 名大学新生进行了“入学后最迫切的愿望是什么”的调查，结果发现 40%的大学新生信念丧失，没有追求，没有奋斗目标，整天无精打采，萎靡不振，精神空虚。

在学习上表现为态度马虎，敷衍了事，得过且过，体会不到学习的乐趣，把学习当成苦差事，没有恒心，缺乏毅力，经常逃课，抄袭作业，考试作弊。

在生活上表现为懒散，不遵守学校纪律，对学习没有兴趣，但对吃喝玩乐情有独钟，乱花父母的血汗钱而心安理得，浪费自己的大好时光却无动于衷。

一些“课桌文学”生动地反映了这部分学生的厌学心态。有同学写道：“人生本该happy，何苦整天 study，考试只求 pass，混张文凭 go away。”另有同学把裴多菲的诗句改为：“上课诚可贵，作业价更高；若不为考试，二者皆可抛。”还有同学写道：“分不在高，六十就行；学不在深，及格则灵。小说传得快，舞场去得勤；琢磨下围棋，寻思看电影。心里云：混张文凭。”

(2) 学习动机不足的原因

从社会方面看，分配不公、知识贬值是造成大学生学习动机不足的根本原因。复杂的脑力劳动得不到应有的价值承认，知识分子收入低，就业市场的巨大压力，使得大学生的身价日益“贬值”，大学生的薪酬待遇与农民工大体相当。大学生对此不断发出感慨，“十年寒窗苦，不如个体户”，并得出了一个“学而优则穷”的法则，这些严重地挫伤了大学生学习的积极性。此外，社会上的一些消极因素，如拜金主义、享乐主义、自由主义等思潮的冲击，也对大学生的学习动机产生消极影响。

从学校方面看，在评先评优、评定奖学金以及推荐就业等关系到大学生切身利益的重要问题上，竞争机制不健全，不能充分激发大学生的学习积极性；教学内容脱离实际的现象比较严重，有些教学内容陈旧枯燥，学生不能用学到的知识去解决现实问题；考试制度不完善，课程考核方式方法落后，不能全面衡量大学生的学习水平，考试纪律不严，使一些平时学习不努力的大学生有机可乘。

从大学生自身方面看，主要原因在于知识价值观出现偏差，目标缺失。首先，一部分大学生进了大学校门后，从心理上摆脱了高中时的沉重压力，思想上逐渐松懈，新的目标还没有明确形成，所以学习的动力不如中学时强。其次，对专业不感兴趣，很多大学生学习动机不足是源于对自己所学专业不感兴趣。前途暗淡，心灰意冷，情绪懈怠。再次，片面理解学以致用，重物质、轻精神，重现实、轻未来，重显性、轻隐性，只要认为没有用的就不愿意学习，因无明确的学习目标就缺少学习的积极性、主动性，对学习没有热情，逃避上课，注意力分散，兴趣转移，对学习以外的事兴致勃勃，如看电影、上网、经商、打游戏、谈恋爱等，不惜花费时间；学习肤浅，满足于一知半解，不注意摸索学习规律，学习能力弱。

(3) 学习动机不足的自我调适的方法

①激发学习兴趣。爱因斯坦说过：“热爱是最好的老师。”如果学生喜欢自己的专业，就会产生一种内在的动力。因此，应正确认识学习的价值与大学生活的目标，重新规划学业与人生，这是解决学习动机不足的关键。有明确的目的、强烈的动机，才可潜

心学习，置各种困难艰辛于不顾，自得其乐，坚持学习。还可参加和专业对口的社会实践活动，真切体会专业学习的重要性。

②改进学习方法。大学学习阶段学习方法的一个显著特点就是自主学习占很大比重。因此，应养成自学习惯和培养自学能力，有选择、有计划地学习，还要学会合理支配自己的学习时间，制订合理的学习计划，妥善安排时间，不至于因无所事事而感到无聊，也不至于因忙乱无章而疲于奔命。

③调整心态。以积极的心态对待学习，特别是当在学习中遇到挫折与困难时，要用自身的意志去战胜惰性。

2. 学习动机过强

学习动机过强与学习动机不足一样，会降低学习效率，同时更容易造成心理的困惑和生理的不适应。

有一位大学生来信说：

我是一名大二的学生，我的父母都是知识分子，从小对我严格要求。我也一直对自己要求很高。由于高考发挥失常，只考上了大专，于是，我立志要好好学习，不能输给那些上重点大学的同学。我对自己进行了认真细致的生涯设计，一步一个脚印向前走，要求自己每学期都要拿奖学金；要过英语四级，争取六级；要加入中国共产党，同时还要积极地在各种活动中锻炼自己的能力。我在大学里每一天忙得都像陀螺似的，我非常珍惜大学的分分秒秒，因为我相信付出总有回报。可是最近一段时间，我感到非常的疲惫，发现自己离目标越来越远，开始怀疑自己的学习能力，感到自己在学习上的优势在丧失，甚至多年积累的自信也受到了挑战。

动机过强的人犹如一个在强大力量推动下不停奔跑的人，最终会体力不支，甚至倒地不起。绷得过紧的弦有断裂的危险，动机过强有导致心理崩溃的可能。

(1) 学习动机过强的表现

①过于勤奋。任何事情都应该维持一个度。动机过强的学生将所有的精力都用在学习上，并坚信自己只要努力，勤奋学习，就一定有所回报；在学习中，往往认为学习是至高无上的，把时间花在别的地方是一种浪费，因而在他们的生活中不知道娱乐、休息和运动为何物。

②争强好胜。动机过强的学生无论在学习上还是在日常生活中都反映出争强好胜的心理。他们非常看重自己的分数、名次，经常想考到学校班级的第一名，经常想得到他人的表扬和肯定，害怕失败；如果失败了，就会对自己产生怀疑。

③情绪紧张。动机过强的学生往往伴随着学习焦虑和考试焦虑，经常体验到紧张不安，由于长期处于巨大的压力和超负荷的学习中，情绪上、精神上难以松弛，久而久之导致精力不集中，记忆力减退，思维迟钝等，学习效率随之降低，许多身心问题诸如头痛、失眠、烦躁、心悸、胃肠功能失调接踵而至。所以，对于学习动机过强者来说，学习同样是一件苦差事，而不是一种乐趣。

④容易自责。为了追求自己的完美，动机过强的学生经常给自己定过高的目标。

为了完成目标，不断地责备自己，并给自己施加更大的压力。他们总是不满足自己的现状，总认为自己应该做得更好，即使成功也不能给自己带来多少喜悦。

(2) 学习动机过强的自我调适的方法

①保持适当的动机水平。心理学家耶基斯和多德森的研究指出，在一定限度内，随着动机水平的提高，工作效率也随之提高，超过这个限度，工作效率随之降低。最佳工作效率的动机水平为中等，但因工作复杂的程度而略有差异。

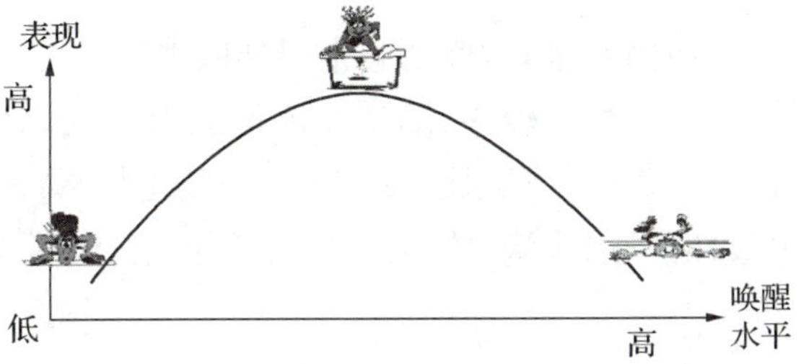

动机的最佳水平随任务性质的不同而不同，学习动机强度的最佳水平根据任务性质的不同而不同：各种活动都存在一个最佳的动机水平；在难度较大的任务中，较低的动机水平有利于任务的完成。

②改变不恰当的认知模式。对于学习动机过强的学生来说，应该改变“成功只取决于努力”的不现实的认识，认识到自身能力、学习内容、学习方法等因素对自己成败的影响，塑造新的认识模式——“只有努力，才有可能成功”。

（二）考试焦虑

考试是大学生活很重要的一部分，也是大学生面临的主要应激源。许多大学生不同程度地存在对考试的焦虑感，那么如何看待考试焦虑呢？

焦虑是指一种类似担忧的反应，是对当前或预计到对自尊心有潜在威胁的任何情境所具有的担忧的反应倾向。考试焦虑是焦虑的一种，是由一定的应试情境引起，它以担忧为基本特征，以防御或逃避为行为方式，并受个体认知评价、人格因素及其他身心因素所制约。一般来讲，在考试中有适度的焦虑，会对个体产生一定的激励作用，使其较好发挥水平，取得满意成绩。但凡事都有一个“度”，要避免将考试看得太重而急于获得成功，结果导致高焦虑，出现过度考试焦虑现象。

1. 过度考试焦虑的表现与危害

小张是某财经类学院大一学生，平时学习较为认真，临近考试，小张特别担心几门考试会通不过。万一通不过，会对不起父母，对不起老师，对不起自己，别人还会笑话……临近考试时，小张突然面部紧张，说话哆嗦，全身抖动……他随即被送到学校的医务室，医生说，这是考前过度焦虑引起的。

过度考试焦虑是对考试过于紧张，担心自己考试失败有损自尊的高度忧虑的一种负面情绪反应，表现为考前紧张恐惧、心烦意乱、喜怒无常、无精打采；胃肠不适、莫名的腹泻、多汗、尿频、头痛、失眠；记忆力减退、注意力不集中、思维迟钝、学习效率下降等。

过度焦虑对学习有着极大的危害，甚至对人的身心健康造成潜在的威胁。一方面，过度焦虑易分散和阻断注意过程，干扰回忆的过程，同时，还对思维的过程有瓦解作用。另一方面，过度焦虑会危及大学生的心理健康，特别是在考试之后，若考生仍陷于焦虑中不能自拔，很容易转化为慢性焦虑，甚至焦虑症。最后，过度焦虑还会影响人的身体健康。焦虑所伴随的生理反应会导致有害机体的变化，这些变化对机体的天然防御机制有破坏作用，使人对疾病的抵抗能力降低。

2. 过度考试焦虑的原因

造成过度考试焦虑的原因有很多，概括起来包括以下几个方面：①大学生知识经验和能力的不足，知识储备不够，能力较差；②认知评价能力较低，对考试性质、利害关系及自身应对能力的认识不全面；③应试技巧缺乏，在考场上极易慌乱，不会分配时间，抓不着重点；④身体状况欠佳，身患疾病、体质虚弱、疲劳过度、经常失眠的人易出现过度考试焦虑。

3. 过度考试焦虑的防治

如何防治过度考试焦虑是许多大学生所关心的问题，可从以下几方面入手。

(1) 形成考试的正确认识评价

一个人对考试的认识评价正确与否直接影响其考试的焦虑程度。正确认识考试的重要性，既不夸大也不缩小其重要性，特别是不要夸大考试的重要性。考试只是衡量学习效果的手段之一，考试成绩不能全面反映一个人的学习能力和知识水平，更不能决定一个人的命运，所以不必把考试看得过重。

(2) 认真制订学习和复习计划

知识经验准备不足是考试过度焦虑的主要原因，因此，大学生平时学习要勤奋，及时掌握所学知识，考前认真复习，真正灵活掌握要测验的内容。只有这样，才不会出现在考场上因不会做题而惊慌，引发高焦虑。另外，对考试成绩的期望值不要太高，要从自己的实际出发，否则，也会引起高焦虑。

(3) 学会自我暗示与放松

在考场上如出现怯场情况，如肌肉紧张、手脚发抖、头昏脑胀等，应立即停止答卷，轻闭双眼，全身放松，做几次深呼吸，均匀而有节奏；反复地自我暗示“不要着急”“我很放松”，适当舒展身体。待情绪平稳时，再审题答题。如果通过自我调节方法仍无法摆脱焦虑的困扰，应寻求专业人员的帮助，主动寻求心理咨询与治疗。

(4) 注意身体健康

要保证充足的睡眠、休息和营养，平时加强体育锻炼，保持身体健康。考前虽然应认真复习，但不可搞“疲劳战术”，要注意劳逸结合。

（三）注意力不集中

注意是心理活动对一定对象的选择和集中，在人的信息加工过程中，注意具有选择、维持、整合和调节功能。人只有在注意状态下，才能顺利地执行各种任务。

1. 注意力不集中的表现

(1) 容易走神

注意力不集中的大学生，在学习时不能有效控制自己的心理活动，总是想一些与学习毫无关系的事情，思维远离当前的学习活动，且不易收回。

(2) 易受干扰

注意力不集中的大学生，在学习时很容易被外界无关的刺激所吸引，有时甚至是很微弱的刺激也能引起他们注意力的分散，偏离当前的学习活动。

(3) 无关动作增多

注意力不集中的大学生，在学习时往往伴随着一些与学习无关的动作，如说话、东张西望、玩弄手指、摆弄笔杆、摸东翻西等，始终不能把注意力维持在学习上。

(4) 效率低下

注意力不集中的大学生学习效率是很低的，他们通常给人的印象是花在学习上的时间很多，却见不到成效。比如，有的同学一个晚上都在看书，但可能一页书都没有看完。

2. 注意力不集中的调适

(1) 明确学习目标，规定任务

大学生在学习前应根据自己的条件，为自己确立一个适当的目标，并依据目标制订详细的学习计划。每次学习时都应有具体的学习任务，要带着任务和问题进行学习，这样学习才有动力，才不易分心。

(2) 寻找科学的学习方法

大学新生在入学之初，可能对大学的教育教学方法不适应，教师应及时对他们进行教育，使他们明白大学教学与中学教学的区别，帮助他们尽快总结出一套适应大学教学并与个人自身条件相适应的科学学习方法，把课后的时间充分利用起来。

(3) 选择环境，排除干扰

由于每个人的心理特征不同，个人所喜好的学习环境也就不同。比如，有的人必须在绝对安静的环境下才能集中注意力，而有的人在轻柔的乐曲声中更能集中注意力。因此，大学生可以根据个人不同情况，选择适合自己的学习环境。大学生大多过着集体生活，在无法选择环境、干扰无法排除时，就需要有与干扰作斗争的自制力。

(4) 劳逸结合，张弛有度

要科学地安排作息时间，适当地休息或进行体育活动，防止过度疲劳。同时，要消除焦虑、紧张情绪，保持平和愉快的心境。

(5) 学会运用思维阻断法

注意力不集中的学生在学习时常会胡思乱想，及时阻止这种纷乱的思绪对于提高学习效率大有益处。当纷乱思绪出现时，一种方法是听一些柔和的音乐，使大脑放松下

来；另一种方法是把眼睛闭上，反复握拳、松开，使肌肉收缩，并同时对自己说“停”。如此反复数次，有助于集中注意力。

（四）手机依赖

1. 手机依赖的主要表现

近年来，随着手机的智能化和普及化，随身携带手机成为大学生习惯性的生活方式，手机依赖已然成为当今社会的一种普遍现象。大学阶段，学生在学习时间上具有更多的自主性，学生可以利用手机软件进行学习、娱乐。手机作为一种工具满足了大学生交往的多样化需求，在大学生社会网络的构建中起着至关重要的作用。手机使用在给我们生活带来方便快捷的同时，也带来了注意力、记忆力、听力和睡眠等方面的健康损害。

手机依赖的主要表现有以下几个方面：

①手机没有信号或信号减弱时便开始心烦意乱，注意力无法集中，产生强烈的无力感；

②如果忘带手机或手机不在服务区内，马上心烦意乱，无法做其他的事情；

③睡觉也要开着手机，总害怕手机自动关机；

④经常查看手机，一阵子没有收到短信就怀疑有问题；

⑤常常觉得手机铃声响了、在振动，可是拿出来看又没有；

⑥接听电话时总觉得耳旁有手机辐射波环绕；

⑦会经常有手脚发麻、眼睛干涩、模糊，甚至有疼痛等症状出现。

2. 大学生手机依赖的原因

首先，大学生接受新事物的速度普遍高于其他年龄段的人，更容易被潮流和时尚所吸引。随着手机功能的提升和手机的智能化，手机已不仅仅是通信的工具，而更像是大学生的移动电脑，基于此大学生使用和依赖手机更加频繁和强烈。再者，有些大学生性格内向和缺乏自信，他们往往不善于表达自己的观点同时也怯于表现自我，而手机强大的社交功能为他们提供了与人交往的平台，这些沟通方式降低了他们与他人正面交际的紧张感与焦虑感，因此他们越来越依赖手机。再次，随着大学信息化的发展，一些与大学生相关的消息都是通过QQ、微信等软件进行发布，这在客观上也增加了大学生使用手机的频率。最后，大学生从众心理使然，看到其他同学在玩手机，自己也会跟随，否则自己就会在社交网络中失去一席之地。

3. 摆脱手机依赖的方法

①睡觉前将手机放到不易拿到的地方。有些同学总是爱在睡觉前看手机，而且是关灯后玩手机。在睡觉前将手机放到自己不容易拿到的地方，可能刚开始总是想去拿手机，但是长期坚持不去拿，就会帮助你改掉这个习惯。

②晚上睡觉前听听收音机。晚上玩手机，其实还不如听听收音机中播放的音乐、小品、读书等栏目，长期坚持下去，分散了你的注意力，你就不会再刻意地想去玩手机了。

③晚上睡觉前多和室友进行交谈。晚上睡觉前在床上的时候多和室友进行交谈，分散自己的注意力，就不再去想玩手机了。

④晚上给手机充电。晚上，你可以尽量让手机去充电，而且将手机放到自己够不着的地方，这样因为充电时不宜玩手机，所以可能会对你有所帮助。

⑤主动减少玩手机的次数。平时，没有必要看手机就不要让自己去碰手机，你可以去看看书，做一些其他的事情，长期坚持下去，可能会让你不想玩手机。

⑥树立健康的意识，让自己摆脱手机依赖。比如，你可以将玩手机带来的身体问题及弊端整理出来，放到自己经常看到的地方，长期坚持下去，看到提醒你就会注意，这样会有助于你摆脱手机依赖。

做

【实训一】　学习有方

【实训目的】　了解新的学习方法、交流学习中遇到的问题、分享学习经验、提升学习技巧。

【实训程序】

1. 每人至少写出自己在学习中存在的一个问题，越多越好。

2. 班级同学分为5～7个小组，每个小组随机抽取一个“学习方法”（头脑风暴法、思维导图法、康奈尔笔记法、费曼学习法、五步阅读法、西蒙学习法、番茄工作法），现场进行资料查询与方法总结，并讨论该方法在实际学习中的适用范围，可以解决什么样的学习问题。

3. 每个小组派1名代表分享并介绍所抽取的学习方法，并总结小组同学的讨论成果。

【实训二】　考试焦虑测验表

指导语：本测验共有33个问题，请根据自己的实际情况给出分数。其中，与自己的实际情况“很不符合”记0分，“较不符合”记1分，“较符合”记2分，“很符合”记3分。最后计算总分。

1. 在重要考试的前几天，我就坐立不安了。
2. 临近考试时，我就拉肚子。
3. 一想到考试即将来临，我的身体就会发僵。
4. 在考试前，我总感到苦恼。
5. 在考试前，我感到烦躁，脾气变坏。
6. 在紧张的温课期间，我常会想到：“这次考试要是得个差分数怎么办？”
7. 越临近考试，我的注意力越难集中。
8. 一想到马上就要考试了，参加任何文娱活动都感到没劲。
9. 在考试前，我总预感到这次考试将要考砸。
10. 在考试前，我常做关于考试的梦。

11. 到了考试那天，我就不安起来。
12. 当听到考试的铃声响时，我马上心跳加速。
13. 遇到重要的考试，我的脑子就变得比平时迟钝。
14. 考试题目越多、越难，我越感到不安。
15. 在考试中，我的手会变得冰凉。
16. 在考试时，我感到十分紧张。
17. 一遇到很难的考试，我就担心自己会不及格。
18. 在紧张的考试中，我却会想些与考试无关的事情，注意力集中不起来。
19. 在考试时，我会紧张得连平时背得滚瓜烂熟的知识也忘得一干二净。
20. 在考试中，我会沉浸在空想之中，一时忘了自己是在考试。
21. 考试过程中，我想上厕所的次数比平时多些。
22. 考试时，即使不热，我也会浑身出汗。
23. 考试时，我会紧张得手发僵或发抖，写字不流畅。
24. 考试时，我经常会看错题目。
25. 在进行重要的考试时，我的头就会痛起来。
26. 发现剩下的时间来不及做完全部考题时，我会急得手足无措、浑身冒汗。
27. 我担心如果我考了差分数，家长或教师会严厉指责我。
28. 在考试后，发现自己懂得的题没有答对时，就十分生自己的气。
29. 有几次在重要的考试之后，我腹泻了。
30. 我对考试十分厌烦。
31. 只要考试不记成绩，我就会喜欢考试。
32. 考试不应当在现在这样紧张的状态下进行。
33. 不进行考试，我能学到更多的知识。

分类标准为：

①镇定（总分为 0～24 分）：说明该学生一般来说能以比较轻松的态度对待考试。但若分值很低，可能说明其对考试毫不在乎。

②轻度焦虑（总分为 25～49 分）：说明该学生面临考试有点惶恐不安，但仍属正常范围。轻度焦虑有助于考试成绩的提高。

③中度焦虑（总分为 50～74 分）：说明该学生面临考试心情过于激动，焦虑感过高，可能会影响实际水平的发挥。

④重度焦虑（总分为 75～99 分）：反映该学生可能患有“考试焦虑症”，每逢考试来临便会不由自主地产生恐惧感。考试时，往往会发生“怯场”，可能会严重影响学习水平的正常发挥。

【实训三】 时间管理自我诊断量表

这是一份时间管理自我诊断量表，共有 15 个问题，请结合你日常学习与生活中对待时间的方式与态度，选择最适合你的一种答案。

1. 星期天，你早晨醒来时发现外面正在下雨，而且天气阴沉，你会(　　)。

a. 接着再睡

b. 仍在床上逗留

c. 按照一贯的生活规律，穿衣起床

2. 吃完早饭后，在上课之前，你还有一段自由时间，你会(　　)。

a. 无所事事，根本没有考虑学习点什么，时间不知不觉地过去了

b. 准备学点什么，但又不知道学什么好

c. 按照预先订好的学习计划进行，充分利用这一段自由时间

3. 除每天上课外，对所学的各门课程，在课余时间里(　　)。

a. 没有任何学习计划，高兴学什么就学什么

b. 按照自己最大的能量来安排复习、作业、预习，并紧张地学习

c. 按照当天所学的课程和明天要学的内容制订计划，严格有序地学习

对话拖延
效傲人生

4. 你每天晚上(　　)。

a. 不考虑安排第二天的学习时间

b. 心中和口头对第二天的学习时间做些安排

c. 书面写出第二天的学习计划

5. 我(　　)为自己拟定“每日学习计划表”，并严格执行。

a. 很少　　b. 有时　　c. 经常

6. 每天的休息时间表有一定的灵活性，以使自己拥有一定时间去应付预想不到的事情，我(　　)。

a. 很少如此　　b. 有时如此　　c. 经常如此

7. 当你发现自己近来浪费时间比较严重时，(　　)。

a. 无所谓

b. 感到很痛心

c. 感到应该从现在起尽量抓紧时间

8. 当你学习忙得不可开交，而又感到有点力不从心时，你(　　)。

a. 开始有些泄气，认为自己脑袋笨，自暴自弃

b. 有干劲，有用不完的精力，但又感到时间太少，仍然拼命学习

c. 开始分析检查自己的学习时间分配是否合理，找出合理安排学习时间的方法，在有限的时间里提高学习效率

9. 在学习时，常常被人干扰打断，你(　　)。

a. 听之任之

b. 抱怨，但又毫无办法

c. 采取措施防止外界干扰

10. 当你学习效率不高时，你(　　)。

a. 强打精神，坚持学习

b. 休息一下，活动活动，轻松轻松，以利再战

c. 把学习暂时停下来，转换一下兴奋中心，待效率最佳的时刻到来，再高效率地学习

11. 阅读课外书籍，(　　)。

a. 无明确目的，见什么看什么，并常读出声来

b. 能一边阅读一边选择

c. 进行阅读时有明确的目的，运用快速阅读法，加强自己的阅读能力

12. 你喜欢(　　)。

a. 按部就班、平静如水的生活

b. 急急忙忙、精神紧张的生活

c. 轻松愉快、节奏明显的生活

13. 你的手表或闹钟经常处于(　　)的状态。

a. 比标准时间慢　　b. 比较准确　　c. 比标准时间快一些

14. 你的书桌井然有序吗？(　　)。

a. 很少如此　　b. 偶尔如此　　c. 常常如此

15. 你经常反省自己处理时间的方法吗？(　　)。

a. 很少如此　　b. 偶尔如此　　c. 常常如此

评分方法：

选择 a，得 1 分；选择 b，得 2 分；选择 c，得 3 分。

将各题的得分加起来，然后根据下面的评价判断出自己的时间管理能力和水平。

结果分析：

35～45 分：有很强的时间管理能力。在时间管理上，你是一个成功者，不仅时间观念强，而且还能有目的、有计划、合理有效地安排学习和生活时间，时间的利用率高，学习效果良好。

25～34 分：较善于对时间进行自我管理，时间管理能力较强，有较强的时间观念。但是，在时间的安排和使用方法上还有待进一步提高。

15～24 分，时间自我管理能力一般，在时间的安排和使用上缺乏明确的目的性，计划性也比较差，时间观念较淡薄。

资源拓展

【拓展阅读】

谈读书

有些人读书，全凭自己的兴趣。今天遇到一本有趣的书就把预拟做的事丢开，用全部精力去读它；明天遇到另一本有趣的书，仍是如此办。一年之中可以时而习天文，时而研究蜜蜂，时而读莎士比亚。旁人认为重要而自己不感兴趣的书都一概置之不理。这种读法犹如打游击，亦如蜜蜂采蜜。它的好处在使读书成为乐事，对于感兴趣的著作

可以深入，久而久之，可以养成一种不平凡的思路与胸襟。它的坏处在使读者泛滥而无所归宿，缺乏专门研究所必需的“经院式”的系统训练，产生畸形的发展，对于某一方面知识过于重视，对于另一方面知识可以很蒙昧。我的朋友中有专门读冷僻书籍，对于正经正史从未过问的，他在文学上虽有造就，但不能算是专门学者。如果一个人有时间与精力允许他过享乐主义的生活，不把读当作工作而只当作消遣，这种蜜蜂采蜜式的读书法未尝不可采用。但是一个人如果抱有成就一种学问的志愿，他就不能不有预定计划与系统。对于他，读书不仅是追求兴趣，尤其是一种训练，一种准备。有些有趣的书他须得牺牲，也有些初看很枯燥的书他必须咬定牙关去硬啃，啃久了他自然还可以啃出滋味来。

（摘选自《朱光潜谈读书》，朱光潜，中国青年出版社，2012 年 11 月）

时间管理四象限法则

人的时间和精力是有限的，只有集中时间和精力去做最关键的事情，才能获得效率和产出的最优。

时间管理有一个“四象限”法则，把工作按照“重要”和“紧急”程度分为四个象限：

① 重要而且紧急：立即去做。

② 重要但不紧急：计划去做。

③ 不重要但紧急：授权去做。

④ 不重要也不紧急：尽量不做。

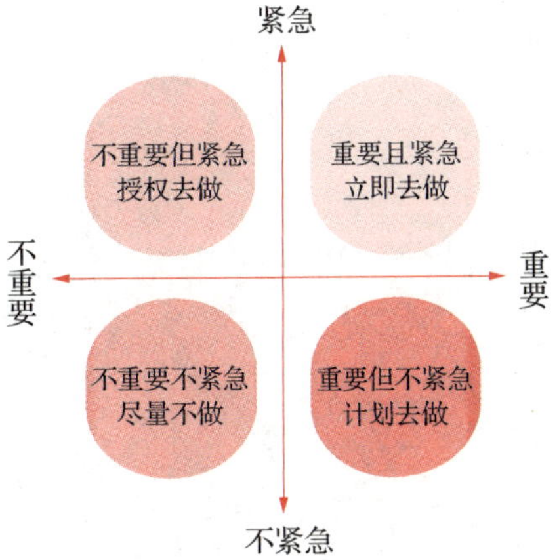

书籍推荐

1.《如何阅读一本书》[（美）莫提默·J.艾德勒、查尔斯·范多伦，商务印书馆，2014 年 10 月]是一本阅读指南，介绍了阅读的方法、技巧，阅读所应具备的广阔视野，是一本指导人们如何阅读的名作。这本书自 1948 年问世以来，在西方世界好评甚多，重版多次。每本书的封面之下都有一套自己的骨架，作为一个分析阅读的读者，你的责任就是要找出这个骨架。一本书出现在你面前时，肌肉包着骨头，衣服包裹着肌肉，可以说是盛装而来。你用不着揭开它的外衣或是撕去它的肌肉，才能得到在柔软表皮下的那套骨架。但是，你一定要用一双 X 光般的透视眼来看这本书，因为那是你了解一本书、掌握其骨架的基础。

2.《文心》（叶圣陶、夏丏尊，生活·读书·新知三联书店，2008 年 8 月）从一个学生的视角，串联了 32 个故事，并在这 32 个故事中穿插了许多写作知识。知识是枯燥的，故事却往往是有趣的。把枯燥的知识插入在有趣的故事里，在阅读故事的时候也吸收了许多知识，这是一种相当不错的学习方法。你既可以通过这本书了解更多知识，也可以学习到教育大家如何将知识融于故事。

影视推荐

《心灵捕手》(*Good Will Hunting*)是由格斯·范·桑特执导,罗宾·威廉姆斯、马特·达蒙等主演的一部励志电影。影片于1997年12月2日在美国上映。

影片讲述了一个名叫威尔(Will Hunting)的麻省理工学院的清洁工的故事。威尔在数学方面有着过人天赋,却是个叛逆的问题少年,在教授蓝勃、心理学家桑恩和朋友查克的帮助下,威尔最终把心灵打开,消除了人际隔阂,并找回了自我和爱情。

学习障碍及调试

项目五 掌握情绪之妙——收获别样人生

名人名言

怒不过夺，喜不过予。

——荀子

故事导读

小王计划本周末回一趟家，得知初级会计师考试的成绩可以查询，于是她想查完成绩后再回家，一查发现没有过关，心里非常难过。这时小王最好的朋友小丽兴高采烈地回到了宿舍，她跟小王说，她的成绩通过了，而且都是高分。小王听完更加难过，她看到小丽开心的样子突然觉得小丽非常讨厌，本来班主任让她通知小丽去教学楼开会，她不想告诉小丽了。她自己都觉得有些奇怪……本来跟小丽很要好，怎么听说她成绩通过了，自己心里就很失落呢？

每个人都有情绪，任何人都不可能不受情绪的影响。有情绪是正常的，它是我们面对外部世界正常的心理反应。所以我们可以有情绪，只是不能让自己成为情绪的奴隶，更不能让那些消极的情绪左右我们的生活。

内容简介

通过本章的理论学习，你将了解到情绪对人的生活具有的重要意义。通过认识情绪、了解情绪、合理调节和管理情绪，了解大学生情绪的内涵、特点，了解大学生常见的情绪困扰，掌握情绪调控的重要方法。

双相情感障碍

教与学

一、情绪概述

（一）情绪的定义

关于情绪的定义一直存在众多的争议。人们通常以愤怒、悲伤、恐惧、快乐、喜爱、惊讶、厌恶、羞耻等反应来说明情绪。中国人常说的喜、怒、哀、惧、爱、恶、欲七情，也可以被称作情绪。

虽然每个人都会体会到各种情绪，每天也都在各种情绪中生活，但情绪是什么，对这个问题的回答存在不同的意见。情绪智力理论创始人彼得·萨洛维（Peter Salove）博士认为，情绪是大脑对外界刺激的一种自动的生物生理化学反应，是大脑边缘系统产生的一种化学物质，这种边缘系统不断地根据我们接受的外在刺激，迅速而自动地生成各种情绪。这种边缘系统的反应速度非常惊人，比我们的逻辑思维中心（脑皮质）反应速度快 8 万倍。所以，在情绪产生的一刹那，是不受我们的大脑皮质（逻辑思维中心）所控制的。这就是我们无法控制情绪的原因。

另外一种观点认为，情绪是一种躯体和精神上的复杂的变化模式，包括生理唤醒、感觉、认知过程以及行为反应，这些是对个人知觉到的独特处境的反映。例如，人们感到快乐时，心跳是平缓的，认知是积极的，外显的表情是微笑的等。情绪是一种由客观现实与人的需要相互作用而产生的整合性心理过程，它包含体验、生理和表情三种成分。

每种情绪都带有一个重要的信息，情绪会将这些信息以最快的速度传递给身体，带动人们采取一个应对的行动。例如，警惕，告诉人们这里有危险；恐惧，告诉人们迅速逃到安全的地方；喜悦，告诉人们“我成功啦，我胜利啦”，人们会手舞足蹈等；愤怒，告诉人们要拼搏，要反抗等。人的生活是通过情绪来体验的，就像穿上不同的情绪外衣，人们因为情绪的丰富使生活更加精彩。

（二）情绪的影响因素

人的情绪变化受多种因素制约，常见的影响因素有生理因素、认知因素、环境因素等等。

生理因素对情绪的影响主要是指人的神经类型和身体状态等方面对情绪的影响，如睡眠不好、过于疲劳的个体，通常情绪会低落，思维不清，易冲动。

认知因素在情绪体验中是一个很重要的因素。同样的情境，如果我们对其做出不同的认知评价，就会产生不同的情绪体验。

小 A 和小 B 是同宿舍的好姐妹，两个人性格都很开朗活泼。在某次期末考试中，小 A 发挥不错，学习成绩和综合成绩在班级排名第一，获得了一等奖学金。小 B 也不错，获得了二等奖学金。可是小 B 怎么也开心不起来，感到很孤单，原因就是她没有拿到一等奖学金。

在现实生活中，遇到不顺心的事，如果你把它当作是对自己的考验，能够及时做出良好的认知评价，就会产生积极的情绪体验，并能主动地想办法克服面临的困难；如果你自己都觉得自己很倒霉，即做出不好的认知评价，则会引起消极的情绪体验，抱怨生活不如意。需要是否得到满足，人们只有通过认知来做出判断与评价，并产生相关联的情绪反应。认知改变了，情绪也会发生变化。

环境因素对人情绪的影响也是不可忽视的。例如，长期受到压抑的孩子可能会变得抑郁，胆小怕事；闹哄哄的街道会让人觉得烦躁；荒山野岭会让人感觉到害怕；碧水蓝天会让人感觉到心旷神怡。自然环境、社会环境等都可能使人产生不同的情绪体验。

（三）情绪的分类

我国古代有喜、怒、哀、思、悲、恐、惊七情说，美国心理学家普拉切克提出 8 种基本情绪：悲伤、恐惧、惊奇、接受、狂喜、警惕、憎恨、狂怒。一般认为有四种基本情绪：快乐、愤怒、恐惧和悲伤。也有人认为，最基本的情绪有八种，即愤怒、悲伤、恐惧、快乐、爱、惊讶、厌恶、羞耻。简单来说，我们可以把情绪分为正面情绪和负面情绪，即积极情绪和消极情绪。正面情绪就是让个体愉快或平静的情绪，如快乐、开心、喜悦、幸福等；负面情绪是指让个体感受到不愉快或混乱的情绪，如生气、痛苦、悲伤等。

（四）情绪的功能

人们对情绪的作用有些误解，很多时候认为情绪是不好的，如人们认为有修养的人不应该生气，害怕是没有出息的，“男儿有泪不轻弹”等。但是，我们不能人为地对情绪给予是非判断，“太情绪化”意味着不成熟，“你不要那么情绪化”表示人不要把情绪表现出来，“男儿流血不流泪”是指表达负面的情绪是脆弱的，于是忽视了情绪的正面作用和意义。实际上，通过情绪我们可以了解自己的需要和处境，真实自然地应对各种情况。情绪是我们生活中的魔术棒，它扮演着生活中很重要的角色，如果没有情绪，生活将没有色彩，没有生气和活力。一个人若是缺失了某种或是多种情绪，会对个体生活造成很大的负面影响。所以，不同的情绪使我们的生活丰富多彩，无论哪种情绪，对我们的学习、工作和生活都起着应有的作用。

1. 自我保护的功能

每一种情绪都有其功能，在最简单水平上，情绪能够帮助我们做出更迅速的反应。当身体或人的其他方面受到威胁时，人产生恐惧以应对；当利益与权力发生冲突时，人产生愤怒以应对；当吃到不适的食物或是污染物时，会产生厌恶感。这些情绪反应表现出非常明显的自我保护倾向。

2. 人际交往的功能

人际交往不仅是出于信息上的交流和工作中的协作等方面的需要，更是带着情绪上的要求和满足。情绪在人际交往过程中起着非常重要的调节作用，比如，微笑、热情、喜悦、高兴的情绪表达会促进人际的沟通和理解，而生气、暴躁的情绪则会构成人际交往的障碍。

3. 信息传递的功能

情绪是人们社会交往中的一种心理表现形式。情绪的外部表现是表情，表情具有信号传递的作用，属于一种非语言性交往。一个人不仅能凭借表情传递情感信息，还能凭借表情传递自己的某种思想和愿望。在日常生活中，55%的信息是靠表情非语言传递，38%的信息是靠语言表情传递的，只有7%的信息才是靠语言传递的。当老师布置大学生开展一项社会活动时，大学生表现出来的不愉快会被老师察觉，老师就会修改活动的内容，或者和大学生进行沟通。

4. 激励人心的功能

中国有句古话，叫作“知耻近乎勇”，它的意思是说当一个人发现自己不如别人时，就会产生一种羞耻感，这种感觉会激发人内心拼搏的决心，让人变得勇于拼搏。这就是情绪的激励作用，这种激励作用会间接地督促我们克服困难，达成自己的目标。

（五）情绪的状态

习近平总书记在十九大报告中指出：要“加强社会心理服务体系建设，培育自尊自信、理性平和、积极向上的社会心态。”心态即心理状态，按作用时间长短，可以分为激情、应激、态度、兴趣和心境，其中激情、应激和心境就是情绪。调节一种情绪，产生一种心态。

1. 激情

它是一种强烈的、短暂的、爆发性特别强的情绪状态，如愤怒、绝望和狂喜等都属于激情状态。在激情状态下，人的控制能力、管理能力、理解能力等都有可能存在不同程度的降低。激情可分为积极激情和消极激情。积极的激情能增强人的胆识和魄力，激励人们披荆斩棘、一路向前、攻克难关；消极的激情会使人丧失理智、丧失行为控制的能力。

2. 心境

它是指相对来说比较微弱、持久地影响人整个精神活动的情绪状态。心境的特点是具有弥散性。心境也有消极和积极之分。例如，当人们心情愉悦的时候，面对任何事情都会乐观积极，而当人们郁郁寡欢的时候，则对许多事都会有不一样的看法，会感到无聊，没有兴趣。

3. 应激

它是在突如其来的紧迫情况下所引起的高度紧张的情绪状态，是人们在遇到特别突然的紧急事故（如地震、火灾等）时才会出现的状态。

马斯洛说：心态若改变，态度会改变；态度改变，习惯会改变；习惯改变，性格会改变；性格改变，人生就跟着改变。

二、大学生情绪与健康

（一）大学生情绪的特点

处于成年早期的大学阶段是情绪成熟和发展的重要阶段。总体来讲，大学生的情绪带有以下鲜明的特征。

1. 情绪内容丰富

“我们敏感，是因为我们内心还比较脆弱，害怕被伤害；我们反叛，是因为我们希望获得肯定；我们恐惧，是因为我们把世界想得太复杂，还不懂得这个世界的生存法则。”这是一个大学生对自己的网友们写下的心里话，从这段话里可以看到大学生内心的世界是敏感而丰富的。

2. 情绪波动性大

由于大学生的人生观、价值观还没有完全成熟，认知能力还有待提高，大学生的情绪活动往往强烈而不能持久。情绪活动随着认知标准的改变而改变。喜怒哀乐无常，阴晴雾雨变化是大学生情绪常见的现象，风平浪静之后可能就是狂风暴雨。大学生的情绪容易走极端，一句善意的话语、一个感人的故事、一支动听的歌曲、一个意外的通知，都可以致使大学生情绪发生骤然变化。

3. 情绪的掩饰性

大学生随着知识水平的提高、思想内涵的丰富，在情绪反应上比较隐晦。他们已经具备了在某种情况下控制自己情绪的能力，形成外在表现和内在心理不一致的特点。

4. 情绪的冲动性

大学生因为一时气盛而引起的冲突常常见诸校园或报道，有些对于成年人来讲不可能的行为却在大学生强烈的情绪体验支配下付之于行动。心理学家霍尔用“狂风暴雨”来形容这一时期青年人的情绪特征。他认为这一时期的青年正处于“蒙昧时代”向“文明时代”演化的过渡期，其情绪特点是动摇的、起伏的，带有很大的冲动性。

5. 情绪特点的阶段性

大学阶段，每一个年级的学生所面临的目标和重点也是非常不同的，因此，他们所面临的问题也有着很大的差别，这些不同也让他们的情绪表现出不同的阶段性和层次性。大一新生所面临的主要问题是环境的适应、学习方法的改变、新的人际关系的建立和适应等，大一新生的情绪体验是复杂的。二年级的学生经过一年的适应，大部分已经融入大学的校园生活，情绪相对稳定。这一时期更多的情绪体验来自专业学习、社团活动、实践、恋爱等，是大学阶段情绪体验丰富多彩的一个时期。面临毕业的大学生则更多的情绪体验来自完成毕业论文（设计）的焦虑、择业的不安或情感的处理等，压力感比较强烈，情绪波动会比较大，消极体验也会比较多。

（二）大学生常见情绪问题

1. 焦虑

焦虑是个体主观上预料将会有某种不良后果产生或威胁出现时的一种不安情绪，并伴有忧虑、烦恼、害怕、紧张等情绪反应。

焦虑有一个度的限制。现代社会竞争激烈，每个人都可能处于一定的焦虑状态中，学习负担重、就业压力大的大学生更是如此。适度的焦虑可以激发人的上进心，是生活中必不可少的。研究认为，中等程度的焦虑最有利于学生能力的发挥，对学习起促进作用，而无焦虑或高焦虑则不利于水平的发挥。

高度焦虑常使人烦躁不安、思维受阻、动作迟缓、身体不适、失眠健忘、食欲不振等。严重的焦虑会使人失去生活的乐趣和希望，导致心理疾病，在心理上击垮一个人。

因此，我们应该改变观念、增强自信、磨炼意志、主动调整、积极行动，把注意力从担心失败转移到积极行动、争取成功上，把过度焦虑转为适度的焦虑，从而既有利于健康，也有助于成功。

吴某，19岁，某高校大一学生。因为一年级第一学期期末数学成绩不及格，在第二学期开学要补考，她情绪十分低落。吴某每次在考试前，往往要看书看到深夜，第二天起来无精打采，自然考试又不及格。现在她只要听见考试两个字，就特别焦虑，十分担心。

吴某的心理障碍是典型的考试焦虑，主要是由于心理负担太重，她的情绪一直不能平静，以致严重影响她的复习计划，导致焦虑心理。其实我们可以放松心情，按计划一步一步地进行复习，从思想上消除对考试不必要的顾虑，同时自我分析优缺点，找出自己的强项和弱项。

2. 抑郁

抑郁是一种以持久的情绪低落为特征的消极性情绪障碍，常伴随有厌恶、痛苦、羞愧、自卑等情绪体验。这种情绪反应大多数人都体验过，但多数人只是偶尔出现，很快就会消失；也有少数人长期处于抑郁状态，甚至患上抑郁症。

抑郁会使人情绪低落，思维迟缓，反应迟钝，不愿参加社会活动，兴趣丧失，体验不到生活的乐趣，并引起食欲减退，失眠健忘，易怒生气，给人表情冷漠、倦怠疲乏、无精打采之感。长期的抑郁会使人的身心受到严重损害，使人无法有效学习、工作和生活。

大学生应正确认识自己、评价自己，增强自信，培养积极心态，扩大人际交往，寻求人际支持，积极乐观地面对生活，改善抑郁心态。如果抑郁较为严重，应及时寻求心理帮助。

小王，男，20岁，家境不好。家中有母亲和比他大11岁的哥哥。他从小与祖父母一起生活，父亲在他上大学一年级的时候自杀身亡。他的母亲是农村妇女，很厉害，经常跟爷爷奶奶吵架，家里经常鸡犬不宁，有时还会迁怒于他，经常不给他吃饭。他从小就很爱学习，经常看书到很晚，可是母亲却骂他是讨债鬼，一天到晚什么事都不做。上了大学后，他不知道怎么跟同学相处，感觉自己十分孤单，由此影响了学习，导致成绩大幅度下降。因此，他十分苦闷，心情压抑，性格也逐渐变得孤僻。

这一案例是由于家庭不幸遭遇引起的抑郁状态，表现为情绪抑郁，多愁善感，寡言少语，生活中缺乏兴趣和爱好，没有可靠的朋友，不懂得人际交往，社会适应能力差。

3. 愤怒

愤怒是因目的不能达到，愿望不能实现，一再受阻而产生的强烈情绪反应。

愤怒对一个人的身心健康有明显的不良影响。人发怒时，心跳加速，血压升高，血液黏稠度增加，容易导致心脏缺氧、缺血，引起心绞痛或心肌梗死，脑出血或脑血栓以及一系列肠胃疾病。人在生气发怒时，情绪高度紧张，精神恍惚，心理失衡，易造成害人害己的严重后果。

4. 冷漠

冷漠是一种对人对事漠不关心的消极情绪。大学阶段应该是人一生中最多姿多彩、最富有热情的时期。然而，有的学生对一切都不关心，对什么都不感兴趣，不重视学习，不在乎成绩好坏，不关心集体，对同学冷漠无情，对周围的人和事无动于衷。

冷漠情绪的产生与个人的经历和个性特点有关，如长期的努力没有结果，好心受到误解，历经挫折，心灰意冷，思维狭隘，过于内向，等等。其实，冷漠的人有一种压抑感，他们的内心也很痛苦。

冷漠情绪既不利于身心健康，也不利于个人发展，因此，应消除冷漠情绪。要改变观念，建立良好的人际关系，寻求情感支持。

5. 嫉妒

嫉妒是对才能、名誉、地位等比自己强的人产生的不愉快和怨恨的情绪，是人际交往中普遍的一种心理反应。嫉妒者主观、敏感，整日关注那些超过自己的人，不是想更加努力去弥补差距，而是借助贬低、诽谤、中伤等手段攻击对方，为对方设置障碍，以求心理上的满足。

嫉妒对人身心多方面产生不良影响，使人心跳加速、心情抑郁、食欲减退、失眠梦多、身体消瘦等。由于免疫功能受到影响，嫉妒者往往抵抗力低下，容易患病。小说中，周瑜与诸葛亮才能相当，但周瑜心胸狭窄，嫉妒诸葛亮，千方百计要置诸葛亮于死地，结果被诸葛亮三气而亡，临终留下“既生瑜，何生亮”的感叹。嫉妒者不但害己，而且害人。李斯因嫉妒同学韩非的才能，向秦王进谗言而将韩非害死于狱中，最终他自己也落得个被杀的结局。

巴尔扎克说过：“嫉妒者所受的痛苦比任何人遭受的痛苦更大，他自己的不幸和别人的幸福都使他痛苦万分。”嫉妒会严重影响大学生的人际关系，使自己处于烦躁、痛苦的情绪中。为了避免嫉妒，要改变认知观念，学会正确地对待，充实自己的生活，努力缩小差距。

6. 猜疑

猜疑是指没有事实依据，凭主观臆想推测，相信自己，怀疑他人，挑剔他人的一种不良心理。

有许多事情未必能彻底搞清楚，有人以猜疑代替事实，根据主观臆想支配行动。一个经常无端猜疑他人的人，势必思虑过度，大脑和神经常常处于过度兴奋状态，心情焦虑不安。这些易诱发各种疾病，如不思饮食，身体消瘦，头晕失眠，重者则会出现精神错乱。

喜猜疑的人，生性孤僻，敏感多疑，心胸狭窄，极端自私，戒备心强。猜疑是人性的弱点之一，历来是害人害己的祸根。曹操生性多疑，当他刺杀董卓未遂时，逃到其父亲的结义弟兄吕伯奢家，因猜疑吕伯奢可能会出卖他，便把吕伯奢全家人杀死。思想家卢梭患了猜疑症，一闻到玫瑰花的香味，就以为是企图杀害他的毒药，甚至发展到精神失常的地步。喜剧家莫里哀在舞台上创作了许多著名的喜剧，赢得观众喝彩，但在现实生活中他却陷入了猜疑的无限痛苦中，并由此严重损害了他的健康。因此，我们做人应胸怀坦荡、自信乐观、实事求是、重证据、少臆断。

7. 内疚

内疚是问心有愧的心理状态，感到自己所做的事愧对他人。

不必要的内疚是一种恶劣情绪，可造成极大的精神压力，损害人体各个器官的功能，导致身心疾病的发生。美国一位心理学家做过调查，证实许多人每天竟然有两个小时是在内疚中度过的，对生活的各个方面都能产生内疚。

人无完人，由于多种原因，人难免会有过失、会犯错误，要学会从过失和错误中取得经验、教训，杜绝再犯；同时也要学会自己原谅自己，减轻精神压力，防止损害身心健康的不良情绪出现。人生苦短，每天的时间是有限的，如果每天让内疚占去大量时间，不光会影响自己的学习、工作、生活，还会损害自己的健康。

8. 悔恨

悔恨是对自己某段历史错误的后悔、自责，并企图否认和改变这段历史错误的情绪反应。

悔恨是一种恶劣的情绪，它会使人深陷于幻想改变已成事实的情绪之中，他们整日苦思："当初如果不那样做，就不会出现今天这样的事情；如果……就会……"实际上这是自己虐待自己，泼出去的水是收不回来的，过去的错误已成历史，不可能因后悔而改变。人非圣贤，孰能无过？关键是要面对现实，勇于改正，杜绝再次发生。悔恨不可能改变历史，但这种不良情绪持久地存在于人身上，就会侵害人的身体健康，引发神经官能症、消化性溃疡、高血压、冠心病等多种心身病症。

9. 忧愁

忧愁是人们在生活中遇到挫折、意外及一些不顺利的事情时产生的一种情绪反应。

忧愁使人失眠、食欲下降，使人精神涣散、思维迟缓、记忆力下降、学习和工作效率降低，可导致酗酒、吸毒，使人须发早白，过早衰老，是影响健康的一大消极情绪。辛弃疾说："闲愁最苦。"忧愁百害而无一利，因此出现了问题，我们应集中力量去解决它，而不是忧愁。

10. 悲观

学业的不顺、交往的障碍、感情的失意都能使人产生悲观情绪，让人变得无精打采、悲观失望、自暴自弃，常用不满的牢骚掩饰失意。几乎每个人都体验过这种情绪，觉得自己的努力不会有好结果，也就放弃了。实际上完全成功者不多，有人则长期不能从失败的情绪中解脱出来，于是，悲观的情绪长期萦绕心头。其实现实生活中，并非所有的愿望都能实现，应该珍惜现在，不妨劝自己："谋事在人，成事在天。"

（三）情绪与健康

健康的情绪，也就是指良好的情绪状态，它是健全人格的必要条件之一。良好的情绪状态一般来说主要表现为：有稳定、愉快的心境，与理智和意志相联系的激情，适度的应激。稳定、愉快的心境能使人振奋快乐、朝气蓬勃；与理智和意志相联系的激情能激励人们克服艰险、攻克难关、攀登高峰，成为正确行动的巨大动力；适度的应激能使机体具有特殊防御、排险机能，能够使人精力旺盛，激化活动，使思维特别清晰、精确，动作机敏、准确，推动人化险为夷、转危为安，及时摆脱困境。

美国人本主义心理学家马斯洛在描述关于"自我实现者"的情绪特点时，提出了健康情绪的六个特征：①平和、稳定、愉悦和接纳自己；②有清醒的理智；③适度的欲望；④对人类有深刻、诚挚的感情；⑤富于哲理、善意的幽默感；⑥丰富、深刻的自我情感体验。具体来说，大学生良好的情绪主要表现为自信，热情乐观，并保持适度焦虑；对不良情绪具有自我调控能力，情绪反应适度。

致命杀手"生气水"

最近，美国一些心理学家做了一项实验，他们把正在生气的人的血液中所含物质注射到小老鼠身上，并观察其反应。初期，这些小老鼠表现呆滞，整天不思饮食。几天后，它们就默默地死掉了。

美国生理学家爱尔玛为了研究情绪状态对健康的影响，设计了一个很简单的实验：他把一支支玻璃管插在正好是 0 ℃的冰水混合物容器里，然后分别注入人们在不同情况下的"生气水"，即用人们在悲痛、悔恨、生气时呼出的水汽和他们在心平气和时呼出的水汽做对比实验。结果表明，一个人心平气和时呼出的水汽冷凝成水后，水是澄清透明、无杂质的；悲痛时呼出的水汽冷凝后则有白色沉淀；悔恨时呼出的水汽沉淀物为乳白色；而生气时呼出的"生气水"沉淀物为紫色。他把"生气水"注射到大白鼠身上，几十分钟后，大白鼠就死了。由此可见，生气对健康的危害非同一般。

有分析表明：人生气 10 分钟会耗费大量精力，其程度不亚于参加一次 3 000 米的赛跑；而且生气时的生理反应也十分剧烈，分泌物比其他任何情绪状态下的分泌物都复杂，且更具毒性。因此，动辄生气的人很难健康长寿(很多人都是给气死的)。

从阅读材料中可以看到，愤怒对人身心健康的影响不容小觑。在日常的学习和生活中，适当地表达自己的不满和气愤，是非常必要的。但在生活中常常会见到的是，人们往往忽略了一些小的情绪，比如不满，而当不满这种本来微弱的情绪积累到一定程度的时候，一个小小的本来只能引起"不满"情绪的事件引发的却是一场愤怒情绪大爆发。这种爆发常常会让人出现"意识狭隘"状况，把一个理性的人变得不宽容，甚至不可理喻，进而让努力经营的人际关系出现裂痕……

所以，学会恰当地疏导和宣泄诸如"不满"这类的小情绪，对一个人的健康来讲是非常重要的功课。运动、找人倾诉、适当的宣泄和表达等都是很好的排解方式。

三、大学生提升情绪管理能力的途径

（一）合理的认知调控

合理情绪疗法是美国心理学家艾利斯创立的。他认为，每一个人既有合理的思维，又有不合理的思维，人的情绪是伴随思维过程而产生的，由思维产生的认识和信念可以决定情绪的性质。人们大部分的情绪困扰都来自非理性的、不合逻辑的思维与信念。人们长期在内心对自己重复这些不合理信念时，就会导致越来越严重的不良情绪和不适应行为，最终导致心理障碍。艾利斯将人类普遍表现出的不合理信念归纳成三类：①绝对化的要求。它是指人们从自己的主观意愿出发，认为事物“必须”或“应该”。例如，“我必须表现优秀”“别人必须处事公正”“生活必须完美无缺”。一旦现实与个人绝对化的要求不相符合，人就会感到沮丧，从而陷入不良情绪当中。②过分概括化的倾向。这是一种以偏概全的思维方式，只凭个别事实就判定自己或他人的整体价值，每当出现不好的结果时，倾向于把自己或别人评价得一无是处、毫无价值，从而使个人经常陷入不良情绪当中。③糟糕至极的评价。即只要一件不好的事情发生了，就认为此时此刻便是最坏、最可怕、糟糕至极的时候，把自己逼到毫无回旋余地的绝境，陷入不良的情绪状态之中，难以自拔。艾利斯提出了 ABC 理论来解释人的情绪困扰和不适应行为的产生。

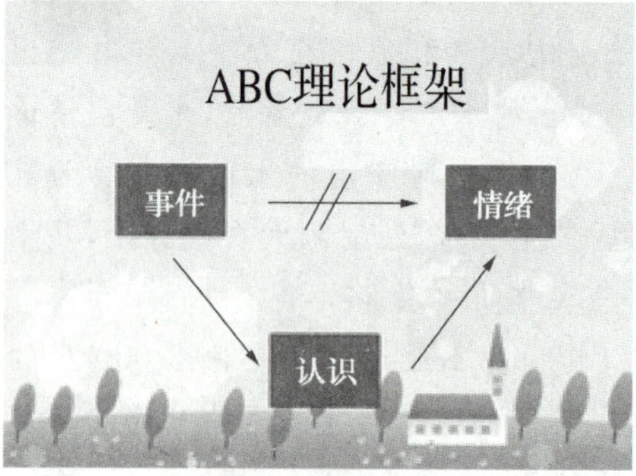

其中，A（Activating-events）指诱发性事件；B（Beliefs）指个人在遇到诱发性事件后产生的相应的信念，也就是他对这件事的看法、解释与评价；C（Consequences）指在特定情境下，个人的情绪体验及行为结果。艾利斯指出，情绪（C）不是由某一个诱发事件本身（A）所引起的，而是由经历了这一事件的个人对这一事件的解释和评价（B）所引起的。因此，A 只是 C 产生的间接原因，B 才是 C 产生的直接原因，是 B 决定了 C 的性质。

在此基础上，艾利斯提出了通过改变信念从而改变情绪与行为的方法，即合理情绪疗法，也被称为 ABCDE 模式。其基本程序是这样的：①找出使自己产生异常紧张情绪的诱发事件（A），如考试、工作压力、人际关系等。②分析自己在遇到诱发事件时对它的解释、评价和看法，即由它引起的信念（B）。从理性的角度去审视这些信念，并且探讨这些信念与所产生的紧张情绪（C）之间的关系，从而认识到异常的紧张情绪之所以发生，是由于自己存在不合理的信念，自己应当为自己失之偏颇的思维方式负责。③扩展自己的思维角度，与自己的不合理信念进行辩论（Disputing），动摇并最终放弃不合理信念，学会用合理的思维方式代替不合理的思维方式。还可以通过与他人讨论或实际验证的方法来辅助自己转变思维方式。④随着不合理信念的消除，异常的紧张情绪开始减少，并产生出更为合理、积极的行为方式。行为所带来的积极效果，又促进着合理信念的巩固与情绪的轻松愉快。⑤最后，个人通过情绪与行为的成功转变，从根本上树立起合理的思维方式，从此不再受异常的紧张情绪的困扰，即达到了治疗的效果(Effects)。概括起来就是：诱发事件(A)→有关的信念(B)→不良情绪和不适当的行为(C)→与不合理信念进行对抗(D)→在情绪和行为上产生积极的效果(E)。情绪反应产生于主体认识到刺激的意义和价值之后，对相同的刺激，不同的评价将会产生不同的情绪反应，所以可以用调整、改变认知的方法调控情绪反应和行为。例如，一些同学因失恋而痛苦不堪，是因为他们把失恋看作一段美好感情的结束，这时如果引导其认识到"失恋可能为下一次美好恋爱提供契机"，其痛苦可能会得到一定程度的缓解。认知调控方法是指当个人出现不适度、不恰当的情绪反应时，理智地分析和评价所处的情境，分析形势，理清思路，冷静地做出应对。认知调控方法的原理在于认知对情绪有整合作用。认知和情绪由大脑不同部位控制，控制情绪的是大脑较原始的部分，控制认知的是大脑在情绪中枢之上发展起来的新皮质部分。情绪中枢控制的情绪反应速度快，但内容较原始；皮质控制的认知反应稍迟于情绪反应，但其内容更显理智，能够整合情绪反应。认知调控方法在应用时可分为以下两步：一是分析刺激的性质与程度；二是寻找多种解决问题的方案，比较选择后择优而行。认知调控的关键是控制与即时情绪反应同时出现的认知和想象。例如，人在非常愤怒时常会做出过激行为，如果此时能够告诫自己冷静分析一下动怒的原因、可能的解决办法，可使过分的反应平静下来，然后找到恰当的方式解决问题。

【心理学小故事】　秀才赶考

甲、乙两个秀才一起去赶考，路上他们遇到一支出殡的队伍，看到那黑乎乎的棺材。甲秀才心想赶考的日子碰到这个倒霉的棺材完了完了，于是心情一落千丈，走进考场后，文思枯竭，最后名落孙山。乙秀才正好相反，心想棺材有"官"有"财"，升官发财，是好兆头，于是十分兴奋，走进考场后，文思泉涌，最后金榜题名。

这个故事告诉我们影响我们情绪的往往不是事物本身，而是我们对事物的看法。

（资料来源：https://www.cswu.cn/xlzx/2019/0227/c1550a36143/page.htm）

（二）适当的情绪宣泄

在我们脑部，有一个重要的存在——杏仁核，它负责处理人所有的情绪。我们情绪的产生、情绪的识别和情绪的调节都离不开杏仁核。杏仁核是情绪的"开关"，也是情绪的"调控器"。

面对激烈的情绪活动，人们的反应一般有以下几种情况：①强压情绪生闷气。心理学研究表明，许多身心疾病，如胃溃疡、高血压、癌症，都与情绪压抑有关。②投向自我，情绪激动又不便发作时，打自己耳光、摔自己的东西，甚至去自残、自杀。③转化为无意识冲突，成为神经症的根源。④报复性发泄，伤害他人或财物，容易造成不可挽回的损失。⑤正常的发泄，不掩饰自己的不满或气愤情绪，在不违背社会伦理的条件下直接表达出来。适当的情绪宣泄方法是指当大学生处于较激烈的情绪状态时，应以社会允许的方式直接或者间接地表达其情绪体验。简而言之，就是高兴就笑，伤心就哭。

实践表明，坦率地表达内心的愤怒、苦闷和抑郁情绪，心情会变得舒畅些，压力会减少一些，与情绪体验同步产生的生理改变也将较快地恢复正常。情绪宣泄方法也有“度”的问题，不能把合理的情绪宣泄理解为疯狂式的情绪发泄。如以暴力或其他不恰当的方式发泄情绪，其后果往往很严重，不仅不利于问题的解决，反而会引发新的问题。例如，大学生之间发生矛盾时，情绪冲动出手打架伤人，即时的痛快可能会招来过后的痛悔。所以情绪宣泄的方法应强调其合理性，情绪的发泄不得损害其他人的利益。合理发泄情绪是指在适当的场合，用适当的方式，来排解心中的不良情绪。发泄是一种情绪表现的方式，它可以防止不良情绪对人体的危害。发泄，应该是合理的，要表现得有理、有度，既不损害自己，也不损害他人。

1. 在适当的场合哭一场

从科学的观点看，哭是自我心理保护的一种措施，它可以释放不良情绪产生的能量，调节机体的平衡，促进新陈代谢。哭是解除紧张、烦恼、痛苦的好方法。许多人哭了一场后，痛苦、悲伤的心情就会减少许多。

2. 向他人倾诉

“一份快乐，两个人分享，就变成了两份快乐；一个痛苦，两个人承担，就变成了半个痛苦。”把不愉快的事情隐藏在心中，会增加心理负担。找人倾诉烦恼、诉说衷肠，不仅可以使自己的心情感到舒畅，而且还能得到别人的安慰、开导以及找到解决问题的方法。

3. 进行剧烈的运动

一个人情绪低落时，往往不爱动，越不动，注意力就越不易转移，情绪就越低落，容易形成恶性循环。因此，可以通过跑步、急走等剧烈活动改变不良情绪。

4. 放声歌唱或大声喊叫

放声歌唱可以提高士气，当受到不良情绪困扰时，不妨痛快地喊一回。通过急促的、强烈的、无拘无束的喊叫，将内心的积郁发泄出来，也是一种方法。它可以使人的心理达到平衡，有助于培养自信心。适当的情绪宣泄不同于放纵自己的感情，不同于任性和胡闹。如果不分时间、场合、地点而随意发泄，不但不能调控好不良的情绪，还会造成不良的后果。

（三）及时的活动转移

活动转移法是指在处于情绪困境时，暂时将问题放下，从事所喜爱的活动以转变情绪体验的性质，达到调控情绪的目的。事实证明，音乐、美术、书法能有效地调控情绪：欢快有力的节奏能使意志消沉者振奋精神，轻松优美的旋律让紧张不安者松弛神经；挥毫舞墨的书画也可陶冶人的情操，化解各种不良的情绪。体育和旅游活动也是转移调控情绪的良好方法。当情绪状态不佳时，游山玩水、打球下棋都是极好的情绪调控手段。体育活动既可以松弛紧张情绪，又可以消耗体力，使消沉者活跃，激愤者平静，实现平衡情绪的目的。活动转移法按其转移的方向可分为两类：消极的转移和积极的转移。消极的转移是指情绪不佳时，转而去吸烟、酗酒，自暴自弃。这是大学生应该避免的转移方向。积极的转移是指把时间、精力从消极情绪体验中转向有利于个人未来发展的方向，如勤奋学习、从事研究。活动转移方法之所以有效，其原因有三：①新的活动是大学生所喜爱的，从事该类活动，大学生马上可以感受到愉悦；②新的活动带来的成功有利于帮助大学生寻找自我价值所在，获得自尊、自信；③每个人的时间、精力有一个限度，用于一件事多些，用于另一件事自然就少些，无暇再陷入负性情绪之中。

（四）建立社会支持系统

大学生陷入较严重的情绪障碍时，有必要向社会支持系统寻求帮助。每个大学生都应该建立自己的社会支持系统，有能够在心理方面给予自己支持、帮助的社会网络，如亲人、朋友，或者是专业的社会工作者、心理医生。社会支持系统的存在有多方面的意义：①可以获得倾诉的对象。苦恼的人将苦恼向他人倾诉之后，会有轻松解脱的感觉，大学生应该经常主动自觉地利用好这种情绪调控手段。②别人可以提供新的视角和思路，帮助当事人走出个人习惯的思维模式，重新评价困境，寻找新的出路。③社会工作者和心理医生可以提供专业性的意见和建议，运用心理学手段和方法帮助大学生更有效地解除情绪障碍。

（五）语言暗示法

当不良情绪要爆发或压抑的时候，可以通过言语的暗示作用来调节和放松情绪。例如，一些容易爆发激情的学生要经常提醒自己不要遇事激动。林则徐写了张“制怒”的条幅挂在墙上，就是为了自我警戒。有的同学陷入忧愁时，提醒自己“忧愁没有用，于事无益”。当有较大的内心冲突和烦恼时，可以用“不要怕，不着急，安下心来，会好的”等语言给自己鼓励和安慰。只要是在松弛平静、排除杂念、专心致志的情况下进行这种自我暗示，往往对情绪的好转有明显的作用。

（六）自我放松训练

无论是哪种克服负性情绪的方法，最终都是为了使身心放松，使生理和心理活动趋于平衡。

自我放松的方法有很多，有深度呼吸训练、肌肉放松训练、静心反思、生物反馈等。下面介绍几种放松训练的实施方法：

1. 深度呼吸训练

这种训练方法简便易行，不受场所、时间等条件的限制，行、坐、站、卧都可以进行，其目的是通过深呼吸，使身体各组织器官与呼吸律发生共振，进而达到放松的效果。

2. 静坐与冥想

有时，你可能觉得自己的思维很混乱，一会儿想到家里，一会儿又想到吃饭，一会儿又想到刚才发生的事件。每个念头之间似乎没有什么联系，从一个想法一下子跃到了另一个毫无联系的想法，不能专心地做自己想做的事情。这是大脑在提醒你，该平心静气地休息一下了，可以静坐的同时进行冥想训练。

3. 自我暗示

自我暗示方法可以用来调节局部紧张，也可以用来调节全身各部位紧张。它不仅对紧张起作用，对其他的情绪问题也同样起作用，并对生理疾病有一定的疗效。

采用自我暗示方法要注意以下几个方面：

① 语言要简洁，不多于 5 个字。

② 暗示的语言要积极、肯定，千万不要采用消极、否定的暗示语言。

③ 暗示时，运用意识要温和，不要带强制性。

④ 暗示后，就不要再去想暗示语了，过一段时间以后再重新进行自我暗示。

⑤ 每次暗示时，暗示语重复 3～5 次为最佳。

⑥ 在一段时间内，最好只用一种暗示语或某一特定的暗示语。

下面就具体介绍一下暗示的自我调节方法：

首先，发现你紧张或不舒服的部位，确定紧张或不舒服的症状反应。然后，针对症状反应，发出良好的信息，如“放松”“清静”等，每次重复 3～5 遍。如果经过一段时间，还感觉到紧张或不舒服，就再重复第二步的过程。

4. 肌肉放松训练

肌肉放松训练是通过从头到脚一步一步放松，并结合自我暗示，达到消除紧张、调节精神状态的目的。

做

【实训一】 控制情绪的角色扮演

【实训目的】 通过角色扮演，能辨认各种情绪并了解它发生的原因，知道各种情绪反应对身心行为的影响，并学习控制情绪、发泄情绪的正确方法。

【活动准备】 10 人一组，准备好角色扮演用的题目、个案和誓词，桌椅安排成几个小组讨论的形式。

【实训程序】

1. 设情景：①有人弄坏了你的自行车；②有个同学告诉你，放学后他要找几个人一起来揍你一顿；③当你正在看你喜欢的电视节目时，有人把它调成了别的节目；④你在公共汽车上被人踩了一脚；⑤同学们喊你的绰号；⑥在某次竞赛或考试中你取得了第一名的成绩。

2. 讨论：在碰到以上各情景时，你会有何种情绪产生？你如果有不适当的情绪反应，会有什么结果？（每组讨论一个情绪）

3. 能就自己在日常生活中因不适当的情绪反应造成不良后果的情形举例吗？

4. 根据各组讨论的情景进行角色扮演表演。

5. 大家逐个观看并进行评论。

总结与分享：

同学们，当你碰到困难时，可能会一时情绪低落，但我相信大家一定能尽快适应并调整好。请大家和我一起满怀激情地朗读一段誓词：我有明确的奋斗目标，决不放弃！我将百折不挠，主动迎战困难！我必须勤奋学习，提高效率，珍惜时间！我要积极行动，勇敢实践！我乐观、自信、自强！我将不断超越自我，走向辉煌！（教师领读一遍，团体成员读两遍，达到暗示作用）

注意事项：

教师要把握好活动的规则，每一个同学都要全身心表演以及参加小组内的感受分享。

【实训二】　情绪评估

一、知识能力评估

请你对自己在情绪管理方面的知识和能力分别做一个评估，如果以 0 分代表无知和能力很差，10 分代表知识渊博和能力很好，那么你会给当下的自己打几分呢？请在下面线段上做出标记。

1. 对自己情绪管理方面的知识储备进行评估：

0　1　2　3　4　5　6　7　8　9　10

2. 对自己情绪管理的能力进行评估：

0　1　2　3　4　5　6　7　8　9　10

二、困扰问题评估

你目前在情绪的认识与管理方面有哪些困扰？请写出最困扰你的 3～5 个问题。

三、心理自测

（一）焦虑自评量表(SAS)

指导语：下面有 20 条文字，请仔细阅读每一条，把意思弄明白，然后根据你最近一周的实际情况，在适当的方格里打"√"，每一条文字后有 4 个方格，表示：A 没有或很少(发生)，B 小部分时间，C 相当多时间，D 绝大部分时间或全部时间，E 由工作人员评定。计分方法及结果分析：正向计分题 A、B、C、D 按 1、2、3、4 计分；反向计分题 A、B、C、D 按 4、3、2、1 计分。

	A	B	C	D	E
1. 我觉得比平时容易紧张或者着急。	□	□	□	□	□
2. 我无缘无故地感到害怕。	□	□	□	□	□
3. 我容易心里烦乱或者觉得惊恐。	□	□	□	□	□
4. 我觉得我可能要发疯。	□	□	□	□	□
5. 我觉得一切都很好，也不会发生什么不幸。	□	□	□	□	□

6. 我手脚发抖打战。	□	□	□	□	□
7. 我因为头痛、颈痛、背痛而苦恼。	□	□	□	□	□
8. 我感觉容易衰弱和疲乏。	□	□	□	□	□
9. 我觉得心平气和，并且容易安静坐着。	□	□	□	□	□
10. 我觉得心跳很快。	□	□	□	□	□
11. 我因为一阵阵头晕而烦恼。	□	□	□	□	□
12. 我有时晕倒发作，或觉得要晕倒似的。	□	□	□	□	□
13. 我吸气呼气感到很容易。	□	□	□	□	□
14. 我的手脚麻木和刺痛。	□	□	□	□	□
15. 我因为胃痛和消化不良而苦恼。	□	□	□	□	□
16. 我常常要小便。	□	□	□	□	□
17. 我的手脚常常是干燥温暖的。	□	□	□	□	□
18. 我脸红发热。	□	□	□	□	□
19. 我容易入睡并且一夜睡得很好。	□	□	□	□	□
20. 我做噩梦。	□	□	□	□	□

以上 20 个项目中，第 5、9、13、17、19 五个项目，为反向计分题。例如，"9.我觉得心平气和，并且容易安静坐着"，按正向计分，选择"A"应计 1 分，但它属于反向计算项目时，则必须计为"4"。由自评者评定结束后，将 20 个项目的各个得分相加，得出初分，再用初分乘以 1.25 以后取整数部分，就得到标准分。经我国有关心理专家测验：标准分 50 分以下，属于正常范围；51～59 分，轻度焦虑，需警觉；60～69 分，中度焦虑，需调整；70 分以上，重度焦虑，需心理咨询。

（二）抑郁自评量表（SDS）

指导语：每一个条目均按 1、2、3、4 四级评分。请受试者仔细阅读每一条陈述句，根据最适合自己情况的时间频度圈出一个分数。20 个项目中有 11 项（第 2、5、6、10、11、13、15、16、17、19 和 20）是用正性词陈述的，为反序计分（如偶尔计 4 分，有时计 3 分，经常计 2 分，持续计 1 分），其余 9 项是用负性词陈述的，按上述 1～4 顺序评分。

	偶尔	有时	经常	持续
1. 我感到情绪沮丧，郁闷。	1	2	3	4
2. 我感到早晨心情很好。	4	3	2	1
3. 我要哭或想哭。	1	2	3	4
4. 我夜间睡眠不好。	1	2	3	4
5. 我吃饭像平时一样多。	4	3	2	1
6. 我感觉到体重减轻。	4	3	2	1
7. 我为便秘烦恼。	1	2	3	4
8. 我的心跳比平时快。	1	2	3	4
9. 我无故感到疲劳。	1	2	3	4
10. 我的头脑像往常一样清醒。	4	3	2	1

11. 我做事情像平时一样不感到困难。	4	3	2	1
12. 我坐立不安，难以保持平静。	1	2	3	4
13. 我对未来感到有希望。	4	3	2	1
14. 我比平时更容易被激怒。	1	2	3	4
15. 我觉得决定什么事情很容易。	4	3	2	1
16. 我感觉自己是有用的人。	4	3	2	1
17. 我的生活很有意义。	4	3	2	1
18. 假若我死了，别人会过得很好。	1	2	3	4
19. 我很喜好我平时喜好的东西。	4	3	2	1
20. 我很念旧。	4	3	2	1

抑郁状况也可用抑郁严重度指数表述。抑郁严重度指数＝各条目累计分÷80（最高总分）。指数范围为0.25～1.0，指数越高，抑郁程度越重。一般认为，SDS测验指数在0.5以下者为正常范围；0.5～0.59为轻度抑郁，需警觉；0.6～0.69为中至重度抑郁，需调整；0.7以上为重度抑郁，需心理咨询。

资源拓展

【拓展阅读】

踢猫效应

因为业务不好，公司董事长很生气。第二天一大早，他就找来销售经理狠狠训斥了一顿。销售经理回到自己的办公室，把自己的秘书说了一通。秘书没有办法，只好忍着，一天终于结束了。回家之后的秘书，把气都撒到了老婆身上。秘书的老婆莫名其妙，这时儿子又吵着要吃零食，于是她把儿子骂了一顿。儿子生气地出去玩，看到路边一只小猫趴在那里，上去就狠狠地踢了一脚……一个人受到了不公平的待遇，总会把这些情绪发泄出去，弗洛伊德将这种情绪的转移称为移情。强势的人往往会把自己的情绪转移给弱势的人，这就是心理学上的"踢猫效应"。

拿破仑常说的一个故事

塞尔玛陪伴丈夫驻扎在一个沙漠的陆军基地里。丈夫奉命到沙漠里去演习，她一个人留在陆军的小铁皮房子里，天气热得受不了——在仙人掌的阴影下也有华氏125度。她没有人可谈天——身边只有墨西哥人和印第安人，而他们不会说英语。她非常难过，于是就写信给父母，说要丢下一切回家去。她父亲的回信只有两行，这两行字却永远留在她心中，完全改变了她的生活：两个人从牢中的铁窗望出去，一个看到泥土，一个却看到了星星。塞尔玛一再读这封信，觉得非常惭愧。她决定要在沙漠中找到星星。塞尔玛开始和当地人交朋友，他们的反应使她非常惊奇，她对他们的纺织、陶器表示兴趣，他们就把最喜欢但舍不得卖给观光客人的纺织品和陶器送给了她。塞尔玛研究那些引人入迷的仙人掌和各种沙漠植物，又学习了有关土拨鼠的知识。她观看沙漠日落，还寻找海螺壳，这些海螺壳是几万年前这沙漠还是海洋时留下来的……原来难以忍受的环境变成了令人兴奋、流连忘返的奇景。沙漠没有改变，天气没有改变，印第安人没有改变，是什么使塞尔玛改变了呢？

书籍推荐

1.《情绪的奥秘》(曾仕强，北京联合出版公司，2014 年 10 月)。曾仕强教授深谙中国传统文化，对中国人的心性颇有研究。曾教授认为，生气、抑郁、焦虑等情绪只是人对环境的一种反应，没有好坏之分，但却深深地影响着我们的生活。因此，我们要了解情绪、接受情绪，并适度地调节情绪，才能更好地生活并与他人和谐相处。曾教授通过生动的语言、鲜活的案例，从情绪入手，分析了影响情绪的诸多因素。在仔细分析情绪产生的因素及表现状况后，针对不同类型的情绪进行相应解读，对症下药，从意识、信念等方面告诉我们管理自己情绪的方法。本书旨在探索中国人情绪的奥秘，内容直指人心，有“醍醐灌顶”之效。

2.《情绪自控》(李筱懿，上海文艺出版社，2021 年 12 月)。“大疫情时代”的到来，如何控制好自己的情绪，尽可能减少焦虑与崩溃，越来越成为我们每个当代人的刚需。解读 10 位经典女性形象映射出的情绪问题。解读 10 位经典文学著作里的女性形象，并运用心理学的理论方法深入剖析敏感、善妒、焦虑、选择困难等 10 种情绪困境。

3.《改变，从心开始：学会情绪平衡的方法》[(荷)罗伊·马丁纳，华文出版社，2018 年 6 月]的作者罗伊·马丁纳是另类医学专家，是真正懂得身心平衡的实修者。每天花费短短的 15 或 20 分钟，持续练习情绪平衡技巧，你的生活会变得更轻松、更平衡，并且开始吸引不同类型的人和新的情境。幸福快乐是一种选择，情绪平衡是一种能力。

4.《我的情绪为何总被他人左右》[(美)阿尔伯特·埃利斯(Albert Ellis)、阿瑟·兰格(Arthur Lange)，张蕾芳译，机械工业出版社，2015 年 10 月]，生活中，我们经常遇到使我们倍感焦虑、抑郁、内疚的事情，当这些事情发生在我们身上，或者当那些糟心的场景一再回访，我们该如何避免自己的不良反应呢？我们又该如何在碎片化的生活中保持那个积极、健康、阳光、有为的自我呢？理情疗法创始人埃利斯教你如何避免别人触动你情绪爆发的底线，教你成为自己情绪的主人，以成功赢得生活的主导权。

影视推荐

1.《头脑特工队》由彼特·道格特执导，艾米·波勒、比尔·哈德尔、敏迪·卡灵等联袂献声配音。影片于 2015 年 6 月 19 日在美国上映。主人公莱莉因为自己爸爸工作的原因全家搬到了陌生的旧金山。在陌生的地方，莱莉开启了全新的生活，因为一些事情“乐乐”和“忧忧”都被挤出了莱莉的大脑控制中心，它们迷失在脑海中，大脑控制中心只剩下“怒怒”“惊惊”和“厌厌”。这使得原本乐观开朗的莱莉变得脾气不那么好，甚至开始愤世嫉俗,“乐乐”和“忧忧”得尽快地回到大脑控制中心才能让莱莉重新变得开朗。从这部影片中我们可以感受到情绪有时候会失去控制,甚至我们会无法感受到情绪。但是我们得学会接纳每一种情绪,并能够合适地转化。成长是伴随着快乐和痛苦的,如果能够很好地转化、控制它,那么我们就会更好、更快乐地成长。

2.《别对我撒谎》是由美国福克斯广播公司出品,罗伯特·斯文克导演,Tim Roth、Kelli、Brend 等人主演的电视剧。该剧的灵感来源于行为学专家 Paul Ekman 博士的真实研究以及畅销书 *Telling Lies*,每集剧情为一个简短的故事,卡尔·莱特曼(主角)通过对人的面部表情和身体动作的观察以探测人们是否在撒谎来还原事件真相。

3.《当幸福来敲门》是由加布里尔·穆奇诺执导,威尔·史密斯等主演的美国电影。影片取材真实故事,主角是美国黑人投资专家 Chris Gardner。影片讲述了一位濒临破产、老婆离家的落魄业务员,如何刻苦耐劳地善尽单亲责任,奋发向上成为股市交易员,最后成为知名的金融投资家的励志故事。影片获得 2007 年奥斯卡金像奖最佳男主角的提名。

我的情绪我做主

项目六 学会交往之术——温暖你我他

名人名言

在现代社会中，一个人事业的成功，只有15%靠自己的知识，而85%取决于人际交往能力。

——卡耐基

故事导读

小江是某师范大学语文教育专业一年级学生。他来自农村，父母均是农民，家里有五个姐姐，他是唯一的男孩，因此全家人都对他加倍疼爱。他从小性格内向，不善言语，很少与同龄人玩耍。但他比较聪明，学习踏实用功，成绩一向很好，从小学到高中毕业期间的十几年成长还算顺利。然而自上大学之后，他开始感到许多事情不顺心。入学以来，他和班上同学相处很不融洽，跟同宿舍人发生过几次不小的冲突，关系相当紧张。后来他竟擅自搬出宿舍，与外班的同学住在一起。从此，他基本上不和班上同学来往，集体活动也很少参加，与同学的感情淡漠，隔阂加重。他没有一个能谈得来的知心朋友，常常感到特别孤独和自卑，情绪烦躁，痛苦至极。最近，他开始厌倦学习，厌恶同学，一天也不愿在学校待下去。他不顾老师的劝告，也听不进家长的来信劝阻，坚持要求退学。

学习思考：

1. 你身边有这样的同学吗？
2. 如果小江是你的同学，你会怎样帮助他呢？

从踏入大学的那一时刻起，我们离开家庭，住宿学校，就迈出了我们独立生活的第一步。同学之间、师生之间、室友之间、个人与班级以及学校之间等错综复杂的社会交往成为大学生的基本生活内容之一。良好的人际交往会使我们的大学生活充满情趣，使我们心情舒畅、积极乐观，而不良的人际交往会带给我们烦恼、悲伤，甚至绝望，所以我们要积极掌握人际交往的技巧和方法，提高自身的人际交往能力。

内容简介

通过本章的理论学习，你将了解人际交往的含义和功能，掌握大学生人际交往的技巧和方法。结合大学生人际交往的实际，讨论大学生人际交往中的心理调适，能够通过积极有效的途径和方法促进大学生心理健康。

教与学

一、大学生人际交往概述

人能承受多少孤独?

1954 年，美国一个学者做了这样一项实验。这项实验以每天 20 美元的报酬(在当时是很高的金额)雇用了一批学生作为被测者。为了制造出极端的孤独状态，实验者将学生关在有防音装置的小房间里，让他们带上半透明的保护镜以尽量减少视觉刺激，又在其头部垫上一个气泡胶枕。除了进餐和排便外，实验者要求学生 24 小时都躺在床上，营造出一个所有感觉都被剥夺了的状态。

结果，尽管报酬很高，却几乎没有人能在这项孤独实验中忍耐 3 天以上。最初的 8 个小时还能撑住，之后，学生就吹起了口哨或自言自语、烦躁不安起来。在这种状态下，即使实验结束后让他们做一些简单的事情，他们也会频繁出错，精神也集中不起来。实验后需要 3 天以上的时间才能恢复到原来的正常状态。实验持续数日后，学生会产生一些幻觉。到第 4 天时，学生会出现双手发抖、不能笔直走路、应答速度迟缓以及疼痛敏感等症状。

(资料来源：https://kjxy.jxnu.edu.cn/content.aspx? id=32ca9fbd - e576 - 4510 - 9f9b - 6cd4fe555936)

人类有与人交往的需要。我们害怕寂寞，渴望与人分享。人的本性要求我们与其他个体交往，形成各种各样的人际关系，构成各种群体，由此构建整个复杂的社会。

习近平总书记指出："在现实生活中，必要的人际交往是不可避免的，工作生活中都会发生大量人际交往，但交往要有原则、有界线、有规矩，低调为人、谨慎交友，自觉净化自己的社交圈、生活圈、朋友圈。"

(一) 人际交往的定义

人际关系是人们为了满足某种需要，通过交往而形成的彼此间比较稳定的心理关系，它代表了人与人之间的心理距离，反映了个人或团体寻求满足其社会需求的心理状态。

青少年时期是人际关系走向社会化的一个重要转折时期，会遇到各方面的人际关系，主要包括家庭关系、师生关系、同学关系、朋友关系。

(二) 人际交往的功能

一位阿拉伯哲人说过："一个没有交际能力的人，犹如陆地上的船，是永远不会漂泊到壮阔的大海中去的。”人的社会交往，是个体适应环境，适应社会生活，担当一定社会角色，形成丰富健全个性的基本途径。具体来说，主要有以下功能。

1. 信息沟通功能

在现代经济条件下，社会信息量剧增，由于人们所处地位的局限性，个人永远无法获取完全的信息。一般来说，通过人际交往传播的信息要比从公开渠道获得的信息更为重要，因为信息的价值与其传播的范围成反比。无论是了解他人还是认识自己，都需要信息沟通，而稳定可靠的人际关系是获取有效信息的重要途径。

人们通过交往形成各种联系，为了协调共同活动的需要，使社会成员有秩序地生活，避免各种矛盾和冲突，人们在交往团体中制定了一系列团体规范和社会准则。而这些规范和准则作用的发挥必须通过人际交往，把信息传达给社会中的每个成员，促使人们行为保持一致。

所以说，人际交往利于信息沟通。

2. 心理保健功能

人际交往对个人的心理健康有着极其重要的作用，它是人们同外界保持联系的重要途径，是人赖以生存的重要条件之一。通过交往可以保证个人的安全感，增进情感交流，满足人们爱与归属的需要。事实表明：“交往的剥夺”同“感觉的剥夺”一样，对人的心理损害是极其严重的。例如，长期关押在单人牢房的囚犯，由于交往被剥夺从而导致精神失常的事例并不少见。

人际交往的时间和空间越大，人的精神生活就越丰富，得到支持与帮助的机会就越多，越能保持心理平衡。特别是大学生，通过交往获得友谊、支持、理解，得到内心的慰藉，提高其自信与自尊，增强自我价值感和效能感，有助于降低挫折感，缓解内心的冲突与苦闷，宣泄愤怒、压抑与痛苦，减少孤独感、失落感。

3. 自我完善功能

通过人际关系的现状评估，可以更清楚地了解自己，明确自身的缺陷与不足，为完善自我提供一个明确的方向。

比如一个人长期生活在友好和睦的人际关系中，人的个性就会变得乐观、开朗、主动和积极。在与人交往的过程中，我们会不断成长，用大众的标准来约束自己，促进自我社会化的发展和道德品质的提高。

（三）人际关系的建立过程

社会心理学家奥尔特曼和泰勒认为，人际关系的建立一般需要由浅入深地经过定向、情感探索、感情交流和稳定交往四个阶段。大学生要建立良好的人际关系，需要把握好这四个阶段。

1. 定向阶段

定向阶段包含对交往对象的注意、抉择和初步沟通等多方面的心理活动。人与人之间的交往最初总是从对交往对象的注意开始的。只有当双方的某些特质能引起自己情感上的共鸣时，才会引起互动，从而把对方纳入自己交往对象的范围。当交往双方互相注意时，说明双方进行了互相选择，处于一致性互动状态中。这为双方建立更深、更好的人际关系创立了条件。因此，在此阶段大学生应增强自身人际吸引力，引起别人的交往兴趣，在初步沟通过程中给对方留下良好的第一印象，为以后关系的发展获得一个积极的定向。

2. 情感探索阶段

此阶段是交往双方在探索彼此有无共同的情感领域。经过一定的情感探索、情感沟通，交往双方开始了角色性接触，如打招呼、聊天、工作上的联系、学习上的帮助及生活上的照顾等，目的是使双方交往有所加深，具有正式交往的某些特征；但仍未进入对方的私密性领域或隐秘敏感区，双方都遵守交往法则，不涉及对方牢牢守护的根本方面。此时，双方在一起能友好相处，离开对方也无关紧要，彼此没有强烈的吸引力。在此阶段，双方应不断发现和挖掘各自的特长和共性，向对方逐步表露自我。

3. 感情交流阶段

此阶段双方关系的性质开始出现实质性变化，人际关系的信任感、安全感已得到确立，沟通交流的范围开始广泛涉及自我的多方面。有较深的情感依赖，相互间会提供真实的、评价性的反馈信息和建议，彼此进行真诚的赞赏和批评。如果在这一阶段交往关系破裂，将会给人带来相当大的心理冲击。此阶段，彼此要保持真诚、相互理解，善于换位思考，克服以自我为中心的不良人格，才能维系良好的交往关系。

4. 稳定交往阶段

在这一阶段，随着交往双方接触频率的增加，彼此了解不断加深，情感联系越来越密切，心理距离越来越小，在心理上逐渐有了依恋和融合，人际关系性质已发生了实质性变化。此时，彼此可以允许对方进入高度私密性的个人领域，分享各自的精神、物质空间，情感上也容易高度共鸣，成为我们常说的“知己”。

在实际生活中，人际关系的融合阶段是个需要逐渐深化的过程。浅层次的人际交往主要表现为双方的适应与合作，即求同存异；深层次的交往是知交和融合，心心相印，像“知己”一样，交往双方应彼此以心灵深处的情感进行交流，共享欢乐、忧愁、幸福和痛苦。俗话说：“人生难得一知己。”在现实生活中，能够达到深层次的人际关系并不多。从另一个角度来讲，好的人际关系是需要时间发展以及耐心培养的。

二、大学生人际交往的特点及条件

人际交往是一把“双刃剑”。当人际交往和谐、有效时，它给人以愉悦、满足和幸福；当人际交往失调、受挫时，它给人以烦恼、失望和痛苦。与中学相比，大学是一种全新的学习、生活和交往模式。同学来自五湖四海，各有各的个性，交往的难度增加了，由于远离亲人和父母，需要自己独立与人交往。

（一）大学生人际交往的特点

处于青年期的大学生，思想活跃，精力充沛，兴趣广泛，人际交往的需要极为强烈。

他们力图通过人际交往去认识社会、认识自我，满足自己物质上和精神上的各种需要。在这个时期，大学生的人际交往主要呈现出以下特点。

1. 平等性

随着自我意识的不断完善，大学生表现出越来越强烈的"成人感"，对交往的平等要求越来越高。他们既力求平等地对待他人，也希望得到他人平等的对待，尤其渴望得到家长和老师的理解和尊重。一旦这种要求得不到满足，往往会引发冲突。

2. 理想性

大学生思想单纯，对人际关系的追求往往带有较多的理想化色彩。无论是对同龄朋友，还是对师长，往往希望交往中不带任何杂质。同时，他们也常常以理想的标准要求对方，一旦发现对方某些不好的品质就深感失望。

3. 开放性

首先，大学生的交往范围进一步扩大了。大学生的交往范围由原来的家庭、班级、宿舍扩展到了不同院系、不同学校、不同地区甚至不同国家，由原来的亲戚、同班同学、室友延伸到校友、社(团)友、老乡等多种新型的人际关系，使交往对象不断丰富、范围不断扩大。其次，大学生的交往方式更加多样。除了传统的面谈、通信等交往方式以外，现代化的通信设备(如手机、网络等)使大学生的交往方式变得更加便捷了。

4. 独立性

大学生之间的个性差异很大，在交往中呈现出较强的个性色彩。他们相互影响又互为独立个体，在心理上存在较强的独立感。另外，过去的人际交往常常受情绪的影响，随着社会经验以及心智的成熟，大学生不但学会了控制交往过程中的情绪，而且个人自由选择的能力增强，强迫或被动的成分很少。

(二) 大学生人际交往的条件

人际交往最直接的目标就是要在交往的对象之间产生积极而肯定的亲和倾向，也就是要产生相互吸引。而人际吸引是有其基本规律的，如果违背了这些规律，就不能达到交往的直接目标。一般来说，人际吸引除了客观的社会政治、经济、文化因素影响之外，还受到生活中一些具体因素影响。这些具体因素的影响概括起来有以下几种规律。

1. 相互吸引律

它是指交往双方在年龄、性别、职业、社会地位、态度、兴趣爱好等方面的一致或相似，容易产生相互吸引。人们倾向于喜欢在某方面或多方面与自己相似的人。"物以类聚，人以群分"，言简意赅地表明了人际吸引中的相似性的作用。"同是天涯沦落人，相逢何必曾相识"，讲的就是这种心理机制。因此，初次交往时应多谈些双方都感兴趣的话题，努力找寻双方的相似性，以深化关系，促进交往。

2. 对等吸引律

它是指人们都喜欢那些同样喜欢自己的人，这就是"敬人者，人恒敬之；爱人者，人恒爱之"的道理。心理学研究发现，人们最喜欢那些对自己喜欢不断增加的人，最讨厌那些对自己喜欢显得不断减少的人。这是因为，没有渐进过程地喜欢一个人，往往使人感到轻率、唐突；喜欢逐渐增加，使人感到成熟、可靠。根据这个规律，我们在人际交往中，首先要懂得，要获得他人的喜欢，就必须真心喜欢他人；其次，与人交往要留有发展余地；最后，良好关系一旦建立，就要用热情去浇灌，用真诚去培育，用谅解去呵护。

3. 邻近吸引律

它是指距离近的交往双方容易产生相互吸引。这是因为离得越近，双方交往接触的机会就越多，彼此之间就越容易形成亲密关系。“远亲不如近邻，近邻不抵对门”的俗话说的就是这个道理。美国心理学家费斯廷格(L.Festinger)等人调查研究了一个区域里的友谊模式，他们向17座独立的二层楼房里的住户提出询问：“在该社交活动中，你最亲近的是哪三个人?”结果发现，居民与住得最近的人亲近，最容易建立密切的友谊关系。其中有41%的人选择了隔壁的邻居为朋友，22%的人选择了隔一个门的邻居为朋友。由此可见，时空的邻近性是密切人际关系的一个非常重要的条件。

4. 诱发吸引律

它是指自然的或人为的环境的某一因素而引发的吸引。在人际交往过程中，如人们受到某种诱因的刺激，而这种刺激正好投其所好，就会引起对方的注意和交往兴趣，也会由感情而诱发吸引。例如，通过得体的打扮、妙语惊人的谈吐、风趣幽默的故事等来增强自己的吸引力。但是，如果是有准备地设置诱发因素就应该注意做到适度、恰当、含蓄、自然，要投别人所好；同时还要用真诚、关怀、帮助、信任、容忍等因素诱发对方的情感，缩小双方心理距离，从而相互吸引。

5. 互补吸引律

它是指双方的个性、需要及满足需要的途径正好为互补关系时，就会产生强烈的吸引力。互补的范围包括能力特长、人格特征、需要利益、思想观点等多个方面。互补吸引律在地位不等、角色不同的上下级关系和家庭关系中体现得最为突出。例如，两个性格很不同的人相处很好，并成为好朋友，这就是由于双方都知道自己的长处和短处，这是一种心理上的需要。

6. 光环吸引律

它是指一个人在能力、特长、品质等某些方面比较突出或社会知名度高，于是这些积极的特征就像光环一样使人产生晕眩效应，感到他的一切品质特点都富有魅力，从而愿意与他接近交往。光环吸引律突出地体现在能力、成就和品质品格等方面。如果一个人的品质优秀，为人真诚热情，就会使人产生钦佩感、尊重感、亲切感，从而产生人际吸引力。

7. 异性吸引律

它是指男性和女性，由于性别和个性能相补相悦，因而易于产生相互吸引。男女之间的吸引是由三种因素构成的。首先是性别相悦，男女在一起，尤其是和美丽潇洒、整洁的异性在一起，能自然地产生一种轻松愉快、互为接纳的感受。这种愉快的感受能焕发人的精神，提高工作效率，正所谓“男女搭配，干活不累”。其次是个性互补。男性与女性在个性上的差异极大，他们在交往中可以得到平衡和升华，满足人们自我完善的需要。再次是寻求肯定的同等条件下，人们更需要得到异性的评价和肯定。这种心理需要在与异性交往特别是与性格相似的异性交往中得到满足。

三、大学生人际交往的常见问题

孤独的校园

小李从北方来到南方一所省城高职院校读书，临行前在一家企业做人事主管的父亲反复告诫儿子，在大学里首先要和寝室的同学搞好关系，这样你在学校的生活才会愉快，心理上才有归属感。进校后，小李时刻告诉自己父亲的话肯定有一定的道理，但是由于和同寝室的一名南方同学在对爱情的看法上相差甚远，经常斗嘴，导致彼此不服气，互相看不起，矛盾时有发生，而那位南方同学比小李更会处理人际关系，到最后同寝室的其他同学都站到了小李的对立面，寝室同学关系开始变得紧张起来，其他人都不理解他、信任他，少数同学甚至奚落他。小李对他们也充满怨恨和不信任，进而猜疑和反感，只要有两位同学当着他的面嘀咕几句，就认为他们是在说他的坏话，心里十分苦闷；而那位南方同学整天都过得很开心、很快乐，看到这一切，小李感到无能为力的同时又十分伤心，心胸开始变得狭窄，一度产生了退学的念头。

【分析】小李因为人际交往紧张，内心充满了猜忌、嫉妒和对他人的不信任。如果能掌握一定的人际交往技巧和艺术，试着宽容地对待南方同学，并改善和寝室其他同学的关系，那么他在校园里将不再感到孤独。

从内心来说，大学生普遍渴望与他人交往，但是在实际交往活动中，许多同学常常不能如愿以偿，有的甚至产生严重的失败感。分析这其中的原因，既有个体自身的认识、情绪、人格等方面的原因，也有技巧方面的原因。

（一）常见的人际交往心理困扰

1. 自卑心理

在交往中，自卑表现为内心脆弱、缺乏自信，不敢主动与人交往，害怕失败，害怕别人看不起自己。自卑者的浅层感受是别人看不起自己，深层感受是自己看不起自己。自卑者的情形有两种，有些人是因为自己具有某种特点，如个子矮小、长有六指或其他生理缺陷，过于关注自己的形象好坏，总觉得自己不如他人。在这种消极的自我暗示下，他们对别人的表情、目光、一举一动都十分敏感，以至于最后拒绝与人交往。而另一种人则是因为凡事期望过高，不切实际，给自己太大压力，而导致自卑。这种人在交往中总想使自己形象理想完美，特别害怕丢丑、受挫或被人耻笑与拒绝。自卑者常觉得自己不得志，不及别人，因此不愿意与人交往，特别是不愿意与比自己优秀的人交往，严重的甚至会发展到自我封闭、冷漠狭隘、人格扭曲。

2. 自恋心理

自恋的人最典型的表现是自高自大，目中无人，对自己的才能夸大其词，渴望得到别人的关注。由于对自己评价过高，往往看不起别人，在旁人眼里，这种人常常显得孤傲清高。在交往中，他们经常得罪了别人，自己还浑然不知。自恋的人大多表现为自我重视、夸大、缺乏同情心、对别人的评价过分敏感，当他们受到别人的批评时，反应通常是愤怒、羞愧或者感到耻辱，相反一听到别人的赞美之辞，就沾沾自喜，乐不可支。他们有相当强烈的嫉妒心，对别人的才华极为嫉妒，有一种"我不好也不让你好"的心理。他们渴望持久的关注与赞美，认为自己应该享受别人不能享受的特权。由于自恋者很少设身处地地去了解与关心他人，所以人际关系很淡薄，容易产生孤独和抑郁的心情。而且他们不切实际的高目标和高期望，常会使他们在各种事情上遭遇失败，然后心理受挫。

3. 嫉妒心理

嫉妒是在人际交往中对强过自己的人或将要超过自己的人的一种不服、不悦、失落、仇视、担心、害怕、愤怒，甚至带有破坏性的情感体验。自从人类进入文明时代以来，嫉妒就从来没有绝迹。一般的嫉妒人皆有之，掌握得好，嫉妒可以促使人去奋斗、进取，焕发出一种勇于超过别人的力量。然而，恶性的嫉妒却会给别人带来危害。比如，有嫉妒心的人怕别人超过自己，一旦同行出了名，冒了尖，成了才，心里就不舒服，于是轻者冷嘲热讽、恶语中伤，重者挑拨离间、搬弄是非，在朋友同事之间制造种种矛盾。这不仅影响自己的交际范围，而且使得众人之间关系紧张。

4. 猜疑心理

猜疑是指在人际交往中凭主观推测而怀疑他人的不信任的复杂情感体验。有猜疑心理的人总觉得别人都在注意他，时刻在挑剔他、议论他、说他坏话、跟他过不去，专门与他作对。如果说在与陌生人初次交往时，保持必要的戒备心，那是正常人都会有的。但有的大学生猜忌心理很重，对别人的言语行为常疑神疑鬼，以"小人之心度君子之腹"，时常引起不必要的人际冲突。这样的同学喜欢对人际交往做出悲观的推测，似乎天下人都不可信任，因而顾虑重重，甚至郁郁寡欢。

5. 恐惧心理

恐惧心理是指在社会交往中带有恐惧色彩的情绪体验，严重者会表现为社交恐惧症。有社会交往恐惧心理的人在与他人交往时会感到紧张、害羞、拘谨及尴尬、害怕，同时会伴有外部的生理反应，如面红耳赤、语无伦次、冒冷汗、身体发抖等。这种心理障碍，会妨碍与他人的交往，影响人际关系的建立和健康的个性发展。交往中的紧张，使得个体的才能不能得以正常发挥，容易导致个体产生沮丧、抑郁等不良情绪。

（二）产生人际交往心理困扰的原因

1. 认知偏差与心理效应

（1）首因效应

心理小实验：吉姆是怎样的人？

国外心理学家曾做过一个实验，编了两段描写一个叫吉姆的学生的材料。第一段说吉姆外出买文具，邀请了两个同学做他的参谋，一路上有说有笑，还不时地与遇见的同学打招呼，尽管其中有些同学他甚至连名都叫不出。第二段则说吉姆放学后独自回家，不愿和同学结伴而行，路上遇见了同学，因怕交往，就躲到一边去了。这位心理学家选择了一百名中学生，分成四组。第一组学生只看第一段材料，他们一致认为吉姆是个性格外向、好交往的人；第二组学生只看第二段材料，他们一致认为吉姆是个性格内向、不好交往的人；第三组学生先看第一段材料，再看第二段材料，结果78%的人认为吉姆是个性格外向的人；第四组学生先看第二段材料，再看第一段材料，结果82%的人认为吉姆是个性格内向的人。

（资料来源：http://www.wherzhong.cn/contents/58/734.html）

首因效应也叫第一印象效应，是指人与人在第一次交往中给对方留下的印象，在对方的头脑中形成并占据着主导地位的现象，即我们常说的“先入为主”。第一印象不管正确与否，总是最鲜明、最牢固的，往往会左右着对对方的评价，影响着以后的交往。所以首因效应会对人的认知产生偏差。若第一印象良好，那么此后就容易被人从好的方面来看；如果第一印象不好，那么就容易被人从坏处想。如果有人在第一次交往时就撒谎，那么他会给其他同学留下“不诚实”的第一印象。此后的交往中，同学们就会对其心怀戒备，抱有不信任的态度。

一般首次交往时，外部因素在印象中起着主要作用，如长相、身材、穿着打扮、语言谈吐和行为举止等。那么，如何在别人心目中留下一个良好的第一印象呢？社会心理学家艾根于1977年提出了与陌生人相见时的SOLER技术。

S——坐或站要面对别人。

O——姿势要自然开放。

L——身体要微微前倾。

E——目光接触。

R——放松。

这一模式会传达这样的信息：“我很尊重你，我对你很有兴趣，我的内心是接纳你的，请随便。”如果我们能有意识地运用这一技术，就可以有效地给他人留下良好的印象。

（2）近因效应

近因效应是指交往中最后一次见面给人留下的印象，这个印象会在对方的头脑中保持很长的时间。最后留下的印象往往是最深刻的印象，这也就是心理学上所阐释的后摄作用。例如，多年不见的朋友，在自己脑海中印象最深刻的，往往是最后一次见面的情景。一般情况下，在对陌生人的认知中，首因效应比较明显；在面对熟人的认知中，近因效应比较明显。

在人际认知活动中，最后的印象对人的评价起着重要作用。我们最近给别人留下的印象，容易使别人改变对我们的看法，如别人会因我们最近一次的失误而否定之前的成绩。这种偏差的产生，客观上是由于最近获得的信息刺激强，给人留下的印象清晰，冲淡了过去所获得的有关印象。所以在认识他人时，不能只看一时一事，而要历史地、全面地看待，这样才能消除由于近因效应而产生的认知偏差。因此，在与人交往的过程中，我们不仅要注意自己给别人留下的第一印象，还要关注最后留给他人的印象。

(3) 刻板印象

《三国演义》中曾与诸葛亮齐名的庞统去拜见孙权，“权见其人浓眉掀鼻，黑面短髯、形容古怪，心中不喜”；庞统又见刘备，“玄德见统貌陋，心中不悦”。孙权和刘备都认为庞统这样面貌丑陋之人不会有什么才能，因而产生不悦情绪。

刻板印象是社会对于某一类事物或人物的一种比较固定、概括而笼统的看法，如在人们的印象中，知识分子书生气十足，会计师必是精打细算，教授都是白发苍苍。刻板印象在人际交往中有利有弊。一方面，它会导致在认识别人过程中的某种程度的简化，有助于人们对他人做出快速而概括的了解；另一方面，倘若在非本质方面做出概括而忽视了人的个别差异，就会形成偏见，做出错误的判断。因为有时刻板印象就像一副有色眼镜，让我们不能正确地认识他人，所以我们要辩证地、发展地、客观地、全面地、历史地去观察了解一个人，提高对人对事的认识的广度和深度，从而提高交往水平。

消除刻板印象有以下两种基本方法：

第一，广泛深入群体，加强与群体中有代表性的成员的沟通。

第二，有意识地去寻求与刻板印象不相一致的信息。

(4) 晕轮效应

俄国著名的大文豪普希金狂热地爱上了被称为“莫斯科第一美人”的娜坦丽，并且和她结了婚。娜坦丽容貌惊人，但与普希金志不同道不合。当普希金每次把写好的诗读给她听时，她总是捂着耳朵说：“不要听！不要听！”相反，她总是要普希金陪她游乐，出席一些豪华的晚会、舞会，普希金为此丢下创作，弄得债台高筑，最后还为她决斗而死。在普希金看来，一个漂亮的女人也必然有非凡的智慧和高贵的品格，然而事实并非如此。

(资料来源：https://xljk.snnu.edu.cn/info/1019/1443.htm)

晕轮效应，又叫成见效应或概面效应，它是指对人的看法。人们常有一种以点代面、以偏概全的倾向，犹如大风前的月晕逐渐扩散，形成一个巨大的光环，这种现象就称为晕轮效应。一个樵夫丢了斧子，他怀疑是邻人偷了，于是，他看邻人的一举一动，都像是偷了斧子的人。后来，他上山打柴时找到了丢失的斧子，以后再看邻人，一举一动都不像是偷了斧子的人。

晕轮效应分为积极和消极两种。积极的晕轮效应也叫作光环效应，是指一个人的优点一旦成为光环，其缺点就会隐退到光环背后被别人视而不见。消极的晕轮效应也叫作扫帚星效应，在这种情况下，如果认识到某人具有某个突出的缺点，这个人就被一种消极否定的光环笼罩，认为他在其他方面都不好。例如，在一个集体里，你对某人印象好时就觉得他处处顺眼，“爱屋及乌”，甚至他的缺点错误也显得相当可爱；你对某人印象不好时，就觉得他处处不顺眼，“憎人及物”，对他的成绩也视而不见。产生晕轮效应是在人际交往中对对方信息资料掌握很少的情况下做出总体判断的结果。晕轮效应也是一种人际认知偏差，它必然会影响到人际关系的和谐与融洽，必须加以预防和纠正。

2. 理想化与过分期待

大学生大多都处于青少年时期，这个年龄阶段的人还未完全踏入社会，他们对外界还保留着单纯的认识。人际交往中，大学生为自己设置的人际关系目标往往过高，在难以达到时，常常自责或苛求他人。例如，有些人期望人人都喜欢自己，赞美自己，这本身就是不现实的。请记住，在这世界上，有喜欢你的人，就一定有不喜欢你的人。能得到大多数人的认可，就已经很不错了。

3. 自我中心与控制他人的愿望

自我中心是人的一种个性特征，在交往中是一种严重的心理障碍。自我中心者为人处世以自己的需要和兴趣为中心，只关心自己的利益得失，而不考虑别人的兴趣和利益，完全从自己的角度，从自己的经验去认识和解决问题，似乎自己的认识和态度就是他人的认识和态度，盲目地坚持自己的意见。自我中心的人主要表现为：少关心别人，与他人关系疏远；固执己见、唯我独尊；自尊心过强、过度防卫，有明显的嫉妒心。

4. 自我封闭与过分自卑

当今大学生绝大多数是独生子女，他们在家没有同层次、同辈分的交往伙伴，如果在学校里也没有朋友，那么就没有机会学习和训练参与群体活动的能力及方式。长期生活在自我封闭的环境里，由于没有机会向外释放身心成长的能量和情感，也没有机会接受外来的冲击和考验，自然就会变得孤僻和不合群。于是有的孩子就只好以电视机和游戏机为亲密伙伴，甚至以小猫小狗为其感情和语言交流的对象。这种办法为他们日后的人际交往埋下了隐患。而他们在这种不正常的环境中，会逐渐变得郁郁寡欢，失去了青少年应有的热情与朝气。闭锁心理的表现为：坚守“内心秘密”；拒绝与他人交往；对异性的疏远；自卑心理的出现。

四、大学生人际交往的原则及技巧

马克思曾经说过：“人生离不开友谊，但要得到真正的友谊不容易；友谊总需要忠诚去播种，用热情去灌溉，用原则去培养，用谅解去护理。”2014 年 4 月 20 日，新华网刊登了一篇题为《朋友——习近平与贾大山交往纪事》的纪实文学，文章用朴实真诚的语言、清新质朴的风格讲述了习近平同志与贾大山同志从素未谋面到成为知己好友的全过程。

用忠诚播种。士为知己者死。大山是一个文化人，却又是一个血性汉子。当年习近平同志在选择文化系统的领军人物时，选出了最适合的人选贾大山。而贾大山同志果然不负众望，“下基层、访群众、查问题、定制度，几个月下来，便把原来比较混乱的文化系统整治得井井有条”。可以说，贾大山同志是用忠诚在“回报”这份友谊。当忠诚的“种子”被播撒，我们毫不怀疑这份友谊可以开出最美丽的“花朵”。

用热情灌溉。习近平和贾大山从文学艺术、戏曲电影到古今中外、社会人生，无所不及，无话不谈，有一次他们在县委大院聊天到凌晨三点，大门已经关闭，于是习近平蹲下身去，像是一台坚实的起重机，托起了大山……可以想象，若没有用真正的热情对待友谊,怎能如此有说不完的话题,表不尽的情谊,又怎能如此诚心相待让他踏在肩上,把他顶起。因此,必须懂得真正的热情如水一般清澈,不掺任何杂质;真正的热情如火一般温暖,会在你最需要的时候出现。如此,友谊才能天长地久。

用原则培养。君子之交淡如水。作为地主,贾大山总是自责。因为习近平同志从没有去他家吃过一次饭,虽然邀请过几次,习近平总是笑笑说,我们每次都喝茶水,已经够奢侈了,何必要喝酒呢。同样,贾大山同志也从没有因为私利而"打扰"过习近平。这样的君子之交让我们看到了一种"原则"在里面。这种原则是自我约束,并不把"友谊"庸俗化;这种原则是头脑清醒,注重的是心灵的沟通;这种原则是时刻保鲜,不让友谊变质。因此,用这种原则培养出的友谊自然是绝对纯粹的,不尚虚华的。不论结交什么朋友,原则是关键,必不可忘。

用谅解去护理。习近平和贾大山的第一次见面可以说颇具"戏剧性"。面对这位高高大大、清清瘦瘦、新来的县委副书记,贾大山同志扭头一转就说:"来了个嘴上没毛的管我们!"但是,习近平并没有介意,依然笑容满面。甚至过了一会,主人和客人,已经握手言欢了。可以想象,若是习近平同志心存芥蒂甚至扭头而去,便没有了这份脍炙人口、肝胆相照的真挚友谊。因此,谅解,是友谊最好的"护理液",唯有谅解,才能在豁达中找到真正的知己;唯有谅解,才能在宽容中换取真心的接受;唯有谅解,才能在时间的考验中看清楚谁是名副其实的朋友。我们要明白,所需要的是帮自己认清自己的"诤友",诚信广博的"益友",而非表面奉承背后诽谤的"损友"。

(一)大学生人际交往的原则

人的行为都是在一定的观念指导下进行的。积极、全面而良好的交往认知是健康交往的基础。为了使自己的交往行为引起交往对象良好的反应,引发积极的交往行为,在交往中应该遵循以下原则。

1. 平等原则

英国大文豪萧伯纳有一次写作休息时与邻居家的小女孩一起玩耍,当送小女孩回家时,他对小女孩说:"知道我是谁吗?回家告诉你妈妈,就说和你一起玩的是萧伯纳。"小女孩天真地回答说:"知道我是谁吗?回家告诉你妈妈,就说和你一起玩的是克里·佩丝莱娅。"大文豪不禁感到惭愧。后来萧伯纳对朋友谈起此事,感慨道:"一个七岁的小女孩给我上了人生中最好、最重要的一课,一个人不论有多大的成就,他在人格上与其他人都是平等的,这个教训我一辈子也不会忘记。"

(资料来源:http://www.360doc.com/content/17/0201/22/40043073_625893385.shtml)

生活在现实中的每一个人,无论职务高低、知识多寡、贫富差距多大、身体强弱、年龄长幼、性别不同,在人格上都是平等的。因此,在人际交往中,我们绝不能把自己高抬一寸,把别人低放一尺,有意与对方"横着一条沟,隔着一堵墙",给别人一种"拒人于千里之外"的感觉。如果在交际中出现以权压人、以势压人、以强凌弱,把自己看得高人一等,把别人看得一钱不值,那就根本不可能有人人平等,不可能有和谐相处的人际关系。

2. 尊重原则

俄国大作家屠格涅夫有一天走在街上，一个年迈体弱的乞丐向他伸出发抖的双手。大作家找遍所有的衣袋却分文没有，他深感不安，于是走上前去握住乞丐的那双脏手，深情地说："对不起，我没有带钱，兄弟！"哪里知道，大作家一声"兄弟"超过了金钱的作用，老乞丐立刻为之动容，热泪盈眶地说："哪儿的话，我已经很感恩了，这也是恩惠啊！"

（资料来源：https://jgxy.usc.edu.cn/info/1077/1503.htm）

渴望受到尊重是每个人的基本心理需求。在人际交往中，我们对所有的人，不管其地位高低，都应该给予应有的尊重。我们不仅要尊重他人的人格、个性习惯、地位、情感兴趣和隐私，还要尊重彼此存在的外显或内在的心理距离，不要轻易地去突破它、破坏它，否则就是对对方的冒犯，势必造成对方的戒备、反感和疏远。自尊心是人的心灵里最敏感的角落，一旦挫伤一个人的自尊心，他就会以十倍的疯狂、百倍的力量来与你抗衡。其实，做到尊重别人并不难，有时只需一个微笑、一句问候、一声敬称、一对善于倾听的耳朵、一张不刨根问底散布流言蜚语的嘴巴，就会给别人带来阳光和温暖；当然也会为自己带来真挚的友谊与和谐的交际。

3. 诚信原则

小李和小王是好朋友，两个人的衣服、饭卡经常混在一起使用，两人都不太计较。有一次，小李来了几个老同学，一下子把两人当月的饭卡都刷完了，小李一时来不及补上，就谎称自己不小心把饭卡弄丢了。小王信以为真，并没有怪他。几天以后，小王偶然发现小李说的是假话，十分生气，认为小李内心里觉得自己小气，才会对自己说谎。以后两个人的关系就开始变得若即若离了。

（资料来源：摘选自《大学生心理健康》，曾凡龙、谌海燕主编，上海交通大学出版社，2004 年，第 112 页）

孔子说："人而无信，不知其可。"诚信是无形的"名片"，关乎一个人的形象和品质。在现实生活中，不少人"一切向钱看"，不讲诚信，连自己的亲朋好友都蒙骗，由此使得人们之间的信誉度降低，严重损害了人与人之间关系的和谐。面对诚信的缺失，光是呼唤是不够的，我们每个人都是建设诚信大厦的砖瓦，需要我们从自身做起。从身边的一件件小事做起。例如，不要失信于人，对别人有求于我们的事，我们一旦答应了就要尽全力去办，如果确因客观原因无法完成，就应向人家解释清楚，求得对方的谅解；要尽可能"本色"地做人，不要总是戴着一副假面具与人交往、虚与委蛇；不要抱着"没有永远的朋友，只有永远的利益"的想法，以一种"利用"的心态与人交往，甚至做出"过河拆桥"的卑鄙之举；防人之心固然不可无，但也不必处处设防，总是用一种怀疑的眼光来看人，须知猜疑是人际关系的暗礁。只要我们每个人都以自己的实际行动恪守诚信，相信诚信之火定能成燎原之势，到那时，和谐的人际关系何愁不能建立？

4. 宽容原则

清朝宰相张英（1637—1708）的邻居建房，因宅基地和张家发生了争执，张英家人飞

书京城，希望相爷打个招呼"摆平"邻家。张英看完家书淡淡一笑，在家书上回复："千里家书只为墙，让他三尺又何妨；万里长城今犹在，不见当年秦始皇。"家人看后甚感羞愧，便按张英之意退让三尺宅基地，邻家见张英如此豁达谦让，深受感动，亦退让三尺，遂成六尺巷。这条巷子现存于安徽省桐城市城内，成为中华民族宽容礼让传统美德的见证。

（资料来源：摘选自《大学生心理健康》，戴朝护主编，北京大学出版社，2011 年，第 108 页）

《尚书·陈君》上说："有容，德乃大。"苏轼说："匹夫见辱，拔剑而起，挺身而出，此不足为大勇也。天下有大勇者，猝然临之而不惊，无故加之而不怒，此其所挟持者甚大，而其志甚远也。"雨果说："世界上最广阔的是海洋，比海洋更广阔的是天空，比天空更广阔的是人的心灵。"

天下没有两片相同的树叶，也没有两个完全相同的人。俗话说："尺有所短，寸有所长。"人的性格、特长各有差异，在处理人际关系中不能强求一致。人与人要和谐相处，就要有求同存异、相互谅解，不求全责备的宽广胸怀。既然我们自身都不完美，我们又怎能苛求他人完美无缺呢？在人际交往中，我们对他人的要求不要过分，不要强求于人，而要能让人时且让人，能容人处且容人。人非圣贤，孰能无过？一旦对方犯了错误，我们也不要嫌弃，应给他提供改过的宽松条件，原谅别人的过失，帮助别人改正错误。古语说，"海纳百川，有容乃大""水至清则无鱼，人至察则无徒"。在工作和生活中，人们总是喜欢和那些宽容厚道的人交朋友，正所谓"宽则得众"。

5. 理解原则

理解原则，即学会"换位思考"。在现实生活中，我们总是习惯于从自己的主观判断出发为人处世，因而常导致一些误会的发生。所以，要达到彼此的认同和理解，避免误会和偏见，我们就要学会"换位思考"。所谓"换位"，即俗话说的"板凳调头坐"，就是要善于从对方的角度和处境认知对方的观念，体会对方的情感，发现对方处理问题的个性方式。只有设身处地地多为别人着想，才能够最大限度地理解别人，从而找到相处的最佳途径以及解决问题的恰当方法。孔子有言："己所不欲，勿施于人。"意思是自己所不想要的，不要施加到别人身上。也正如一位哲人所说："你希望别人怎样对待你，你就先怎样对待别人。"因此，交际中只要少一点自以为是，多一点换位思考，就会少一些误解和摩擦，多一些理解与和谐。

【情景 1】　在学校里碰到班级同学，当你和他打招呼时，他却视若无睹，这时你会怎么办？

自我中心的理解：

"你怎么这么傲慢啊，有什么了不起的，下次见面，我也不搭理你了。""他太没礼貌了，一点都不尊重我！"

结果：从此不再理对方，好像陌生人一样，可心里又感觉很别扭。

换位思考的理解：

"他可能忘了戴眼镜，没有看清楚是我吧。""也许他正在想着什么事情呢。"

结果：内心感到释然，下次见面和他还是朋友。

【情景2】 在一次聚会中，一个朋友迟到了，这时你会怎么办？

以自我为中心的理解：

“他怎么这样啊，让我等了这么长时间。”“连我们的聚会都迟到，这人根本不值得我交往。”

结果：不等对方解释，就对对方大加指责，从此疏远对方，失去了一个朋友。

换位思考的理解：

“可能他临时有什么急事吧。”“也许是他来的路上堵车严重，把时间给耽误了。”

结果：心平气和地听对方解释，然后愉快地开始聚会。

（资料来源：摘选自《大学生心理健康》，夏小林、李晓军、李光主编，浙江大学出版社，2011年，第129页）

可见，换位思考能够让我们有更广阔的视野、更宽容的胸怀、更平和的心态，在交往中能很好地理解他人。

6. 互利原则

小王和欣欣是大学同学，欣欣是外地来的学生，刚进大学时，在大学里人生地不熟，作为本地人的小王对她照顾有加，带着她到超市里去购买生活用品，领略本地的风土人情，周末还经常请欣欣到自己家吃饭。有一次，欣欣发烧，小王整整陪了她一晚上……

有一次小王的父亲生病住了院，小王中午要给父亲送饭，但又要加紧做一份奖学金申请材料，她对欣欣说：“我爸生病住院了，我现在要赶过去给她送饭，你能帮我把这份申请材料打出来，交给班主任吗？”但欣欣以要午休拒绝了。小王很难过，我爸生病住院了，你不但问都不问一句，连这点小忙都不帮。从此，她们之间的朋友关系渐渐降温了。

（资料来源：摘选自《大学生心理健康》，夏小林、李晓军、李光主编，浙江大学出版社，2011年，第137页）

在现实生活中，人与人的关系之所以会出现不和谐的音符，产生一些矛盾和摩擦，其中就与一方某方面的利益受损有关。因此，要有效地化解矛盾，消除摩擦，就不能太自私、“吃独食”，而应坚持“互惠”，追求“双赢”。比如在交际心态上，不要只想自己享受，不让别人舒服，更不能以置对方于死地为快乐；考虑问题时不能只为自己着想而不为他人考虑，只顾眼前的利益而不考虑长远的利益；在双方意见不能统一时，可跳出“思维定势”，谋求一个折中方案；对利益有争议时，双方要坐下来诚恳地协商，必要时不妨都做出一定的妥协。人际关系要达到和谐，必须保持一定的平衡，任何一个好的关系都是双方受益，如果一方长期受损，这种关系是长久不了的。在交际中，只要我们肯让自己先退一步，肯为对方着想，肯在自己的底线上留有一定的弹性，肯与对方利益共享，共谋发展，那么，就一定能取得沟通的最佳效果，也一定能使人际关系变得更加和谐。

7. 适度原则

一个人的人际关系不和谐，原因可能是多方面的，其中往往与其交际方式太死板、不留余地有关。因此，我们需要在交际中建立一个“弹性隔离带”，使自己、对方甚或双方都能获得更大的回旋空间，以减少或避免一些不必要的摩擦或伤害，这也就是我们平时所说的"适度"。适度原则主要包括以下三方面的内容。

(1) 交往的时间要适度

人的社会性需要中，除了交往、友谊之外，还有工作、劳动、学习、事业等内容。学生的主要任务是学习，应把主要精力和时间放在学习上，防止过于重视交往而投入太多的时间和精力。

(2) 与异性交往要适度

正常的异性交往有助于学生的身心健康、人格发展，能促进学习进步，而过分沉迷于与尚不成熟的异性交往，则会给学习和生活带来不良的影响。因此，与异性的交往要适度。

(3) 交往的程度要适度

有的同学在交往中，关系好时形影不离，不分你我，一朝不和，即互相攻击，老死不相往来，这对双方的心理健康和人际关系都不利。对于人际交往，不必短期全线出击，炙热烫人；也不必利益稍有冲突，霎时势成水火。应该疏密有度，在交往中要保持一定的距离，把握一定的交往程序，发展健康良好的人际关系。

人际距离

大量实践表明，为自己的交往增加些弹性，给自己和他人都留些余地，有助于你的人际关系更加和谐。

【拓展学习】

社会心理学家舒茨(W.Schutz)于1958年提出人际需要的三维理论。舒茨认为，每一个个体在人际互动过程中，都有三种基本的需要，即包容需要、支配需要和情感需要。这三种基本的人际需要决定了个体在人际交往中所采用的行为，以及如何描述、解释和预测他人行为。三种基本需要的形成与个体的早期成长经验密切相关。

包容需要指个体想要与人接触、交往、隶属于某个群体，与他人建立并维持一种满意的相互关系的需要。在个体的成长过程中，若是社会交往的经历过少，父母与孩子之间缺乏正常的交往，儿童与同龄伙伴也缺乏适量的交往，那么，儿童的包容需要就没有得到满足，他们就会与他人形成否定的相互关系，产生焦虑，于是就倾向于形成低社会行为，在行为表现上倾向于内部言语，倾向于摆脱相互作用而与人保持距离，拒绝参加群体活动。如果个体在早期的成长经历中社会交往过多，包容需要得到了过分的满足的话，他们又会形成超社会行为，在人际交往中，会过分地寻求与人接触、寻求他人的注意，过分地热衷于参加群体活动。相反，如果个体在早期能够与父母或他人进行有效的适当的交往，他们就不会产生焦虑，就会形成理想的社会行为，这样的个体会依照具体的情境来决定自己的行为，决定自己是否应该参加或参与群体活动，形成适当的社会行为。

支配需要指个体控制别人或被别人控制的需要，是个体在权利关系上与他人建立或维持满意人际关系的需要。个体在早期生活经历中，若是成长于既有要求又有自由度的民主气氛环境里，个体就会形成既乐于顺从又可以支配的民主型行为倾向，他们能够顺利解决人际关系中与控制有关的问题，能够根据实际情况适当地确定自己的地位和权利范围。而如果个体早期生活在高度控制或控制不充分的情境里，他们就倾向于形成专制型的或是服从型的行为方式。专制型行为方式的个体，表现为倾向于控制别人，但绝对反对别人控制自己，他们喜欢拥有最高统治地位，喜欢为别人做出决定。服从型行为方式的个体，表现为过分顺从、依赖别人，完全拒绝支配别人，不愿意对任何事情或他人负责任，在与他人进行交往时，这种人甘愿当配角。

情感需要指个体爱别人或被别人爱的需要，是个体在人际交往中建立并维持与他人亲密的情感联系的需要。当个体在早期经验中没有获得爱的满足时，个体就会倾向 于形成低个人行为，他们表面上对人友好，但在个人的情感世界深处，却与他人保持距离，总是避免亲密的人际关系。若个体在早期经历中，被过于溺爱，他就会形成超个人行为，这些个体在行为表现上，强烈地寻求爱，并总是在任何方面都试图与他人建立和保持情感联系，过分希望自己与别人有亲密的关系。而在早期生活中经历了适当的关心和爱的个体，则能形成理想的个人行为，他们总能适当地对待自己和他人，能适量地表现自己的情感和接受别人的情感，又不会产生爱的缺失感，他们自信自己会讨人喜爱，而且能够依据具体情况与别人保持一定的距离，也可以与他人建立亲密的关系。

舒茨的三维理论在解释群体形成与群体分解中提出群体整合原则，即群体形成的过程开始是包容，而后是控制，最后是情感。这种循环不断发生。群体分解的原则是反其序，先是感情不和，继而难于包容，最后失控，导致群体分解。

（二）大学生人际交往的技巧

沟通是人际关系中最重要的一种形式，它是人与人之间传递情感、态度、事实、信念和想法的过程。事实证明，拥有超群口才的人更容易获得成功。20 世纪 90 年代，斯坦福大学哈勒尔教授对毕业 10 年的企业管理硕士做研究，试图找出成就显赫人士的共同特质。通过研究，他发现学习成绩好坏与成就无关，语言表达能力非凡几乎是功成名就的共同点。美国哈佛大学前校长伊利特认为："在造就一个有教养的人的教育中，有一种训练必不可少，那就是优美高雅的谈吐。"

1. 语言艺术

南风效应

北风和南风比赛威力，看谁能把行人身上的大衣脱掉。北风首先发威，来了一个呼啸凛冽、寒冷刺骨，结果行人为了抵御北风的侵袭，把大衣裹得紧紧的。而南风徐徐吹动，行人顿觉风和日丽，春暖上身，于是始而解开纽扣，继而脱掉大衣。南风获得了胜利。

"良言一句三冬暖，恶语伤人六月寒。"这两句话告诉我们交往时要注意运用语言的艺术。语言艺术运用得好，就能优化人际交往；反之，易在无意间出口伤人或产生矛盾。语言艺术首先表现为称呼得体。在交往过程中，要根据对方的年龄、身份、职业等具体情况及交往的场合、双方关系的亲疏远近来决定对方的称呼。对长辈的称呼要尊敬，对同辈的称呼要亲切、友好，对关系密切的人可直呼其名，对不熟悉的人要用全称。其次，语言表达要清楚、准确、生动、有感染力、逻辑性强，语速要恰当，说话要分场合、对象，注意分寸、适度地称赞对方，让人很乐意与你多交往。尽可能避免争论，对有分歧的问题可通过讨论、协商的途径解决。总之，语言要服从交往的需要。从内容到形式要适应对方的心理需求、知识经验、双方关系及交往场合，使交往关系密切起来。

2. 非语言艺术

言语在沟通中表达不超过30%～35%的信息，非语言是获得沟通信息的重要线索。非语言一般包括眼神、手势、面部表情、姿态、位置、距离等。人的表情、肢体动作常可表达思想和情感，如"眼睛是心灵的窗户"，眉飞色舞表示内心喜悦，怒目圆睁表示愤怒；当讨厌某人时，你的身体语言早已昭然若揭。正确运用非语言艺术，巧妙地表达自己，在交往中能起到"无声胜有声"的效果。所以，"察言观色"是大学生建立良好人际交往的必修课。此外，要学会有效地聆听。人际关系学者研究表明，几乎所有的人都喜欢听他讲话的人，所以，有效地聆听是人际交往必不可少的技巧。听，要尽量表现出聆听的兴趣；听，要正视对方，切忌做小动作；听，不要轻易地与对方争论或妄加评论。

3. 学会真诚地微笑与赞扬

在所有的交际语言中，微笑是最有感染力、放之四海而皆准的"人际交往的高招"。微笑往往能很快缩短你与他人间的距离，表达出你的善意、愉悦，给人春风般的温暖。一个微笑，邻座的人就可能成为你的朋友。一个微笑会燃起一对青年男女的爱慕之情。笑暖人心，可建立人与人之间的好感。微笑使疲倦者休息，拘束者放松，悲哀者节哀，是一种情绪的调和剂，更是人际关系的润滑剂。

如何微笑？它必须是发自内心的、真诚的，使人感到亲切自然、相互悦纳之情。人性最本质的愿望就是希望得到赞扬，适时适度、真诚赞扬是人际关系的润滑剂。如何赞扬？赞扬别人需要有针对性和指向性，需赞扬对方身上潜在的优点、以情动人，还应善于以赞事达到赞人的效果。

4. 学会幽默

古希腊哲学家苏格拉底，其太太脾气非常暴躁。有一天，苏格拉底正在家里为一群学生讲学，对他老是高谈阔论早就不满的太太正逢心情不好。开始她还只是唠唠叨叨，继而指桑骂槐，后来暴跳如雷，苏格拉底对此不予理睬。太太见他满不在乎的神情，气得将一盆洗碗水泼在了他身上。学生们十分尴尬，不知如何是好。这时，苏格拉底风趣地说："我早就料到，雷鸣过后，定有大雨。"本来很难堪的场面，由于苏格拉底的幽默，一笑了之。

（资料来源：http://www.360doc.com/content/20/0116/09/33745270_886457387.shtml）

幽默使世界充满快乐和笑声，是男人的风度、女人的魅力，是美德和智慧的结晶，是一种高超的语言艺术。幽默使人放松心情，减轻压力，提高愉悦，增强他人的悦纳和满意度，是人际交往中不可缺少的技巧。

做

【实训一】 优点“轰炸”

【实训目的】 通过叙述自己的优点和同伴的优点，增加彼此之间的了解和感情。

【活动准备】 准备 20 张白纸和笔以及相应数量的精美卡片。

【实训程序】

1. 找优点

单排位置上的同学向你的同桌讲述自己身上的优点，旁边的同学帮着数一数他共讲了几条优点。一分钟后，两人交换。同桌在讲述优点时，请仔细听，认真数，做到不插嘴。

2. 全班交流

(1) 数一数你讲了几条优点。

(2) 教师小结：通过刚才的游戏，我们知道，在较短的时间里发现自己的优点是一件不容易的事。每个人都有优点，只是有些优点自己没有发现而已。

3. 揭示课题

刚才每一名同学都讲述了自己的优点，但是还有很多优点没有被发现。比如在品德方面、学习方面、待人接物方面、劳动方面等，接着就请同伴来帮你们找一找。

总结与分享：每个人都有许多的优点，我们应该正确地了解自己的优点，积极地发掘它，增强对自己的信心。也希望同学们在今后的学习和生活中能够不断地发掘身边朋友的优点，收获一份和谐的人际关系。

注意事项：①小组成员发言要有秩序，不发言的成员要认真听别人发言；②在别人讲述你的优点时，只听就行了，不必表示感谢，也不可因为别人叙述得不够准确而做出不应有的行为。

【实训二】 心理测试：大学生人际关系的心理诊断

下面是一份大学生人际关系行为困扰的诊断量表，一共有 28 个问题，请根据自己的实际情况，逐一对每个问题做“是”或“否”的回答。为了保证测验的准确性，请认真作答。

(1) 关于自己的烦恼有口难开。

(2) 和生人见面感觉不自然。

(3) 过分地羡慕和忌妒别人。

(4) 与异性交往太少。

(5) 对连续不断的会谈感到困难。

(6) 在社交场合，感到紧张。

(7) 时常伤害别人。

(8) 与异性来往感觉不自然。

(9) 与一大群朋友在一起,常感到孤寂或失落。

(10) 极易受窘。

(11) 与别人不能和睦相处。

(12) 不知道与异性如何适可而止。

(13) 当不熟悉的人对自己倾诉他(她)的生平遭遇以求同情时,自己常感到不自在。

(14) 担心别人对自己有什么坏印象。

(15) 总是尽力使别人赏识自己。

(16) 暗自思慕异性。

(17) 时常避免表达自己的感受。

(18) 对自己的仪表(容貌)缺乏信心。

(19) 讨厌某人或被某人所讨厌。

(20) 瞧不起异性。

(21) 不能专注地倾听。

(22) 自己的烦恼无人可倾诉。

(23) 受别人排斥,感到冷漠。

(24) 被异性瞧不起。

(25) 不能广泛地听取各种意见和看法。

(26) 自己常因受伤害而暗自伤心。

(27) 常被别人谈论、愚弄。

(28) 与异性交往不知如何更好地相处。

评分方法:

选择"是"的加 1 分,选择"否"的给 0 分。

总分为 0~8 分:你在与朋友相处中困扰较少。你善于交谈,性格比较开朗,主动关心别人;你对周围的朋友都比较友好,愿意和他们在一起,他们也都喜欢你,你们相处得不错;而且,你能从与朋友的相处中得到许多乐趣;你的生活是比较充实而且丰富多彩的,你与异性朋友也相处得很好。一句话,你不存在或较少存在交友方面的困扰,你善于与朋友相处,人缘很好,能获得许多人的好感与赞同。

总分为 9~14 分:你与朋友相处存在一定程度的困扰。你的人缘一般,换句话说,你和朋友的关系并不牢固,时好时坏,经常处在一种起伏之中。

总分为 15~28 分:你同朋友相处的行为困扰比较严重。分数超过 20 分,则表明你的人际关系行为困扰程度很严重,而且在心理上出现较为明显的障碍。你可能不善于交谈,也可能是一个性格孤僻的人,不开朗,或者有明显的自高自大、讨人嫌的行为。

(资料来源:https://www.renrendoc.com/paper/90631996.html)

资源拓展

【拓展阅读】

一只蝼蛄里的尊重

东汉时期的邓禹见解不凡,才华过人,曾有很多豪杰邀请他,他都不肯相从。有一次,绿林军领袖刘秀亲自拜谒邓禹,想要把他招致麾下。出发之前,刘秀就有耳闻,不久前另一起义军的领袖刘玄曾前去力邀,最后无功而返,自己此次前去,胜算可能也不是太大。果然,刘秀说明来意之后,同样遭到了邓禹的拒绝。

就在邓禹准备闭门逐客之时,刘秀笑着问:"听闻仲华兄喂养的蝼蛄举世无双,百战百胜,可否拿出来观赏一下?""大王也喜欢斗蝼蛄?"邓禹顿时面露喜色,请刘秀坐下,并拿出喂养的蝼蛄给他欣赏。刘秀告辞时,邓禹还取来自己的蝼蛄罐赠予刘秀:"这里面是一只非常强壮的蝼蛄,百战百胜,从未畏惧。今赠予你,愿你所向披靡。"刘秀小心翼翼地接过蝼蛄罐并感激地致谢。回去的路上,刘秀的手下问:"大王不是一向讨厌斗蝼蛄的行为吗?什么时候开始关注起来了?"刘秀听完只是笑而不言。后来,刘秀又陆续地给邓禹修书几封,向他详细汇报那只蝼蛄的情况,包括自己精心喂养的过程。几个月后,那只蝼蛄死掉,刘秀又专门托人告诉邓禹,并告诉他那只干枯的蝼蛄用来给一个受伤的副将治病用了。至此,邓禹非常感动,随即策马扬鞭,追随刘秀而去。刘秀的手下对邓禹如此巨大的改变都惊叹不已,刘秀笑着说:"想要招纳人才,首先要学会了解和尊重。了解他的喜好,尊重他的行为。虽然他只是赠予我一只小小的蝼蛄,却是我表现尊重最好的机会。"

哲思启示:我们常说,尊重他人是赢得他人尊重的开端。其实尊重更是各种人际交往的开端。我们在日常的学习和生活中,要有意识地去了解他人的喜好,并给予充分的尊重。如此,才能在人际交往中游刃有余,获得更好的人缘。

(资料来源:https://www.163.com/dy/article/C1O8DU100520B45Q.html)

书籍推荐

1.《新时代大学生人际交往指南》(倪佳琪,科学出版社,2021 年)聚焦于新时代大学生人际交往这一核心主题,以同学关系、室友关系、亲密关系、师生关系、亲子关系、网络社交、伙伴关系等 7 类交往对象为主要章节划分,构建起新时代大学生人际交往的圈层,帮助大学生澄清认识、平和情绪、改善行为。

2.《春风化雨》(马小荣,吉林文史出版社,2019 年)以进入大学的新生为起点,根据大学生每个阶段的差异性,剖析其各阶段的生涯发展特点和方向,探究职业生涯管理能力的递进式提升。

影视推荐

1.《穿普拉达的女王》——教你如何与挑剔的领导相处，讲述一个刚离开校门的女大学生，进入了一家顶级时尚杂志社当主编助理的故事，她从初入职场的迷惑到从自身出发寻找问题的根源，最后成了一个出色的职场与时尚达人。

2.《杜拉拉升职记》讲述了杜拉拉通过努力从一名普通员工蜕变到管理层的故事。有人说，职场的女人，最终只有两条路可以选择：成为女强人，没有男人敢要；或者找个男人随便嫁了，放弃职业生涯。杜拉拉从来不相信这句话。DB就像一座阶级森严的金字塔，大部分人都在奉献并收获着自己的职业梦想。杜拉拉知道，在这里，一切只能靠自己。

人际沟通交互分析理论

项目七 学会爱中成长——体验幸福生活

名人名言

在我看来，真正的爱情是表现在恋人对他的偶像采取含蓄、谦逊甚至羞涩的态度，而绝不是表现在随意流露热情和过早的亲昵。

——马克思

故事导读

我们是初恋，刚开始的时候我们都饱含着热情。我们几乎形影不离，天天一起自习，一起去吃饭，一起度过了许多开心的时光。但是，慢慢地，我和他的课都比较多，我们之间的联系没有其他情侣那么多。有时，晚上我想给他打电话，又怕打扰他休息。渐渐地，我们之间的距离似乎变远了，我好担心害怕这份感情很难维持下去，我是那么爱他！

有一天，他真的说要和我分手，他说谈恋爱之后，他感觉自己和寝室兄弟之间的关系变浅了，和朋友的关系也淡了，觉得自己生活得比较压抑。我现在好后悔，我该听爸爸妈妈的话，不应该谈恋爱，当初做事情不动脑筋，现在后悔都来不及了。如果他真的要和我分手，我该怎么办？

内容简介

通过本章的理论学习，你将了解到爱情对人的生活具有的重要意义。通过了解爱情的定义、内涵、实质，爱情的形式，大学生恋爱中常见的心理困惑，培养爱的能力。

教与学

关关雎鸠，在河之洲。窈窕淑女，君子好逑。2014 年 10 月 15 日，习近平在文艺工作座谈会上发表讲话，提到了这首反映青年爱情生活的古诗《关雎》。《关雎》以大胆、直白的用词，唱出了渴望爱情的青年男女的心声。这一种爱恋，既有真实深厚的情感，又表达得含蓄而有分寸。

习近平总书记曾在不同场合多次讲述爱情故事：马克思与妻子燕妮之间的伟大爱

情、霸王别姬的爱情悲剧、阿拉伯商人的义乌情缘……这些故事有的关乎信仰，有的关乎作风建设，有的关乎国与国的友好交往。

一、爱情概述

（一）爱情的定义

爱情是男女之间基于一定的客观物质基础和共同的生活理想，以爱为前提，以互相倾慕为基础，并渴望对方成为自己终身伴侣的最强烈、稳定、专一的感情。它是人类最高级的精神生活。爱情是人类永恒的话题，人们把最美的赞誉赋予她。莫里哀称"爱情是一位伟大的导师"，巴尔扎克说"爱情是人生最难的学校"。

（二）爱情的实质

1. 爱的对象

现代爱情被视为在身心发展的异性之间产生的情感体验，最恰当的爱的对象应该是一个成年的异性。在某种情况下，爱情也会产生于同性的成年人之间。

2. 伴随爱情所产生的感情

美国心理学家罗伯特·斯滕伯格认为亲昵是爱情中最为重要的情感。亲昵是恋人在频繁的相互联系和交往中逐渐建立起的一种亲密感。恋爱双方都感到对方在自己的生活中最重要，和对方在一起十分幸福。双方在精神上息息相通，在感情上相互支持，在艰难时刻相互依靠，在美好时刻共同分享。如果一方暂时离开，另一方会十分思念和牵挂，甚至会觉得生活变得暗淡无光。

3. 伴随爱情所产生的思想

"情人眼里出西施"，对于沉浸在恋爱中的人来说，世界上没有什么比他们的恋人更理想、更完美。他们只看到甚至无限放大恋人身上的优点和美好特质，对其存在的缺点视而不见或浑然不觉。这也是恋爱中普遍存在的一种认知偏差，即一好百好的光环效应。

恋爱双方往往十分渴望和对方在一起。和对方在一起，即使什么都不做，也觉得十分愉快。分离是恋人们最难以忍受的折磨，所谓"一日不见，如隔三秋"。

不仅在一起的时候感到十分幸福，恋爱双方还总是渴望能促进对方的幸福。他们希望恋人能远离痛苦、疾病与烦恼，能得偿所愿，甚至在必要的时候，他们能以牺牲自己的幸福为代价，帮助恋人获得幸福。

4. 爱者与被爱者之间的关系

爱情是一种特殊的人际关系，但爱情关系以及爱情中出现的行为明显不同于一般的人际关系。在爱情中，双方相互支持、相互理解、相互保护，对彼此有着高度的责任感。但在实际生活中，有时我们往往难以区分爱情与友谊、喜欢等关系。

（三）爱情的形式

美国心理学家罗伯特·斯滕伯格经过大量实证研究，认为亲昵、激情、责任感三个基本成分在爱情中起着十分关键的作用。其中，亲昵意味着彼此的珍视、理解与期待。激情意味着外表的魅力和性吸引力。责任感从短期方面来讲就是做出爱某个人的决定，从长期方面来看意味着愿意坚持这段感情或坚持不与对方分手并对她/他负责到底的承诺。三个成分的不同组合，可以产生七种不同的爱情，如下图所示。

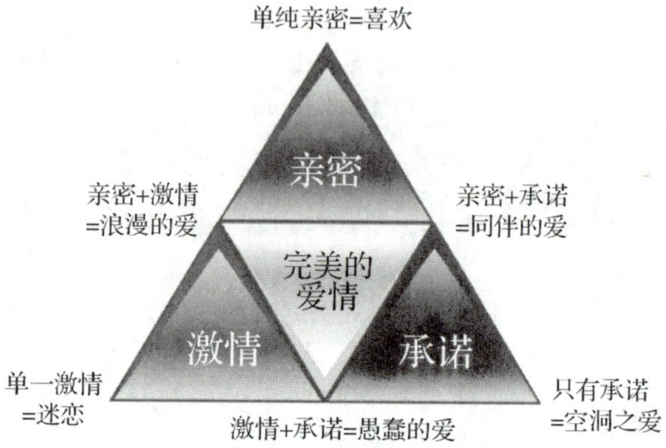

罗伯特·斯滕伯格爱情三角形理论

1. 喜爱

只有亲昵的爱情。你和恋人亲密无间，关系和谐而温暖。但它并不会让你产生热血沸腾、如痴如醉的感觉，也不会激发你想和对方相守一生的承诺。喜爱一般产生于长久而深厚的友谊。

2. 迷恋

纯粹的激情。只看她/他一眼，便疯狂地迷上了她/他，着了魔一般，即一见钟情式的爱情。但迷恋的热度难以持续存在，迷恋的感觉如昙花一现般很容易烟消云散。迷恋一般伴随着高度的心理生理激发和身体上的症状，如一想到对方就呼吸加速、心跳加剧甚至心脏悸动。迷恋之爱在旁人的眼里更容易看出，而当事人自己往往不明白究竟怎么回事。

3. 空洞的爱

只有责任感的爱情。常见于封建社会的包办婚姻或某些已维持多年，但亲密感消退、激情消失的关系。在现代社会，空洞的爱情不多见。

4. 浪漫式爱情

亲昵与激情两个成分组成的爱情，也是很多女性为之憧憬和追求的浪漫之爱，双方在一起时感觉特别好，享受着每一分钟。但由于双方都缺乏对爱情的承诺，浪漫之爱往往难以经受现实的考验，当遭遇到工作、金钱等现实问题时，很可能各奔东西。

爱情三角理论

5. 伙伴式爱情

亲昵和责任感两个成分组成的爱情。一种长期的具有高度责任感的友谊式爱情。虽然缺乏了巨大的激情，但双方在一起轻松愉快，能共度患难，因而关系一般能持久。

6. 愚昧之爱

激情加责任感。在虚幻之爱中，双方对责任感的承诺是建立在激情的基础之上的，缺乏理性考虑以及长期相处的稳定基础。因此，虚幻之爱很容易破裂，即使一些鸡毛蒜皮的小事，都有可能导致双方关系的终结。

7. 完美之爱

亲昵、激情和责任感三个成分的等量结合。完美之爱是很多人的爱情。双方亲密无间，共度风雨，又不缺乏激情，双方对彼此以及双方的关系都十分满意。

除此之外，有些人的爱情同时具备亲昵、激情和责任感这三种成分，但是每个成分的含量以及每个成分在爱情中所占的比重因人而异，而且随着时间的推移，每个成分也在悄然变化。

（四）爱情的产生

爱情是如何产生的？你会爱上什么样的人？心理学家发现，很多因素会影响人们在爱情中的选择。爱情发展过程如下图所示。

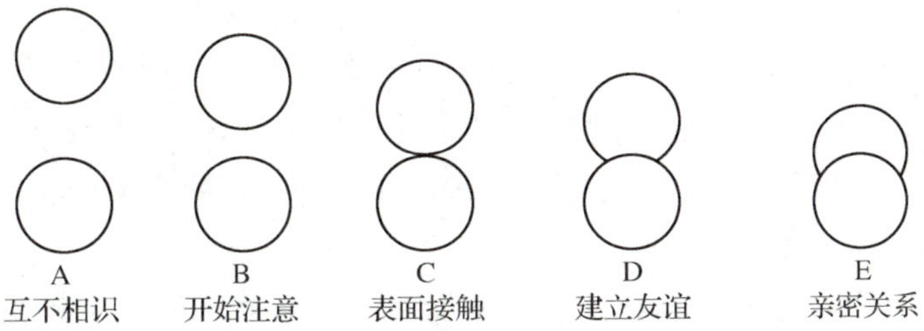

爱情发展的过程

1. 邻近性

有一项研究，调查了住在一所大学两栋学生宿舍的人员的交友模式，结果发现住得比较近的人比那些相互隔得远的住户更有可能建立亲密关系，成为朋友。

邻近性因素同样会影响我们在爱情中的选择。一个人可能跟千百万个潜在的合适对象进入爱情，但实际上只能遇见其中很少一部分人。因此，在实际生活中，谁离你比较近很大程度上决定了你能够和谁相见并可能发展亲密关系。邻近导致熟悉，熟悉增加了喜欢程度。很多大学生的恋爱对象是自己同一个班、专业、院系、社团或是同一个地方的同学，正是这个道理。在网络时代，“虚拟”邻近性也发挥着很大的作用。网络上的朋友圈、同学录、老乡会以及各种论坛、社区等成了当代大学生相互认识的重要途径。

2. 相似性

物以类聚，人以群分。各方面的相似性都会增加人际间的吸引力，如年龄、经济背景、成长环境、性格、自尊心、教育背景、健康程度、种族背景等。在很多方面相似的人，在交往中会有更多的共同话题，会做出相对一致的情感反应，还可以使对方的态度或立场得到支持。这些都有助于增加双方的交往频率，而交流的增加又会进一步增加双方的感情。

3. 互惠性

我们往往喜欢那些喜欢我们的人。换句话说，某人对你的亲昵表现会导致你对她/他的喜欢。在人际交往中，人们都期望着自己的付出能得到回报。有付出有回报的关系才是健康的关系，才有可能持久。

4. 生理激发

爱情心理学中有一项很独特的吊桥实验，是在一座悬跨在深深峡谷之上、让人胆战心惊的吊桥上进行的。年轻的女性实验助理站在桥头，请求过往的单个男性游客帮助她完成一份问卷，之后，她会留下自己的姓名和电话，告诉对方如果想了解该问卷的信息就可以打电话找她。结果发现，大部分男性都记下来她的信息，而且有一半的男性打了她的电话。

这个研究表明，共同经历紧张、恐惧场面的人更容易相互吸引。初涉爱河的恋人们喜欢一起看恐怖电影、坐过山车、过鬼屋，正是这个原因。其实和恋人一起参加体育锻炼、绑腿赛跑等能提高激活水平的活动，也能达到类似功效。

5. 外表吸引力

姣好的外表在人际交往中是一种很有用的资源。外表有魅力的人往往被认为是善于交往、性格好、家庭幸福、生活美满的。那么在爱情中，这些外表姣好的人是否也更受青睐呢？研究人员发现，人们寻找恋爱对象时，往往是找那些在人际关系中魅力水平和自己相匹配的人。

在我们的社会中，外表吸引对男性和女性的意义有所不同。男性似乎更重视恋人的外表，因为漂亮的女伴似乎能提高男生的身价，使旁人对他的整体印象更好。

6. 障碍

在莎士比亚的经典名剧《罗密欧与朱丽叶》中，罗密欧和朱丽叶相爱，但由于双方家族世仇，他们的爱情遭到了双方家长的极力阻挠。但阻力并没有使他们分开，反而让他们爱得更深，直到殉情。爱情中也存在这种“罗密欧和朱丽叶效应”，当爱情关系受到外在力量的干扰时，恋爱双方会同心同力，一致对外，共同反抗外在阻挠。他们的情感反而会加强，恋爱关系也更加牢固。因为每个人都有自主的需要，尤其是身心已发育成熟的个体，都希望自己能够独立自主，不愿受人控制。当他人越俎代庖，将某种选择强加于他时，他会产生一种心理抗拒，排斥自己被迫选择的事物，同时更加喜欢自己被迫失去的事物。

因此，越是难以得到的东西，在恋人心目中的地位越高，价值越大，越有吸引力。

（五）爱情的特点

男女之间的爱情，是一种特别微妙、细腻的情感，又是一种高尚的、富于理性的精髓现象。因此，爱情与其他的感情不同，有它自己独有的特点。

第一，爱情具有自主性和互爱性。爱情是一种复杂、圣洁、崇高的感情活动，是由两颗心灵弹拨出来的和弦，彼此互相倾慕，情投意合。真正的爱情是不可强求的，只能以当事人双方的互爱为前提，当事人既是爱者又是被爱者。在爱情发展中，男女双方必须始终处于平等互爱的地位。单恋虽然也是一种强烈的情感，但它不是互爱意义上的爱情，它只能从内部消耗一个人的精神力量，从而造成心灵创伤，因而是不可取的。

第二，爱情具有专一性和排他性。爱情是两颗心相撞发出的共鸣，男女一旦相爱，就会要求相互忠贞，并且排斥任何第三者亲近双方中的一方。伟大的教育家陶行知曾经很形象地说过："爱情之酒甜而苦，两人喝是甘露，三人喝是酸醋，随便喝要中毒。"这话是很有道理的。

第三，爱情具有持久性和阶段性。爱情是一棵苍松而不是一枝昙花，爱情所包含的感情因素和义务因素，不仅存在于婚前的整个恋爱过程之中，而且延续到婚后的夫妻生活和家庭生活。爱情的持久性表现在爱情的不断深化、充实和提高上，恰如莎士比亚所说："真正的爱，非环境所能改变；真正的爱，非时间所能磨灭；真正的爱，给我们带来欢乐和生命。"事实上，爱情的持久性正是建立和保持婚姻关系的基础。真正的爱情不会随着年岁的增长而减弱，但人生的不同年龄阶段，爱情的表现会有所不同，具有阶段性。

第四，爱情具有社会性和道德性。爱情虽然是男女之间相互爱慕的私情，但具有丰富的社会内容。爱情的内涵、本质以及追求爱情的方式，必然受到各种社会关系及社会因素的影响。爱情的道德性是指爱情中蕴含对对方的强烈的义务感和责任心。

二、大学生恋爱概述

（一）大学生多样的恋爱观

当前大学生由于受到社会价值多元化的影响，加上其各自的特点以及对恋爱所持的不同态度和大学所处的政治、经济、文化地理环境的不同，大学生的价值观发生了深刻的变化，呈现出多样的恋爱观。

1. 动力型

一些同学认为，恋爱是男女双方心与心的沟通、情与情的相融。获得对方的信任、好感和爱，恋人们会努力扬长避短，自觉注重提高修养，按照对方的期望塑造自己，使自己变得更美好、更优秀。同时，在面临生活和学习上的困难和挫折时，能得到恋人的帮助，并能从中获得勇气和力量。所以谈恋爱是为了互帮互助，互相鼓励，共同进步和发展。

2. 享乐型

受到西方文化观念的影响，有些同学认为人生短暂，何必苦苦学习，应及时行乐，于是乎有些同学的目光中只有心中的白马王子和白雪公主，他们把大学作为自己人生中的一个驿站，通过寻找异性朋友，在对象身上实现自己的享乐人生目标。认为人生就是享受，要抓住人生中的每一刻来尽情享受；认为恋爱是大学生中的一道美味佳肴，要珍惜这样的机会，尽情品尝它的滋味。加上当今小说、电影、网络等的传播渲染，使得浪漫的爱情故事沁人心脾、催人泪下。出于好奇，大学生对浪漫的爱情有强烈的向往和追求，他们一有机会就会体验一番。

3. 功利型

社会主义市场经济的进一步完善和发展，整个社会的功利意识就像一夜之间被唤醒，人们的功利意识明显增强，处在思想阵地最前沿、生活在象牙塔的天之骄子也深深地受到了影响。他们中的一些人只为自身利益打算，谁能为自己将来的吃喝玩乐提供更优惠的条件就找谁谈恋爱，为了将来参加工作时找个好单位，谁的家庭势力大就找谁，甚至拿自己的肉体和灵魂去换取物质的享受，于是出现了"明码标价"的爱情。

4. 伴侣型

这是大学中比较传统的观念，有一部分大学生认为，大学期间谈恋爱是最好的时机，他们认为在校园中的同学，感情真挚纯洁，思想相对比较单纯，在恋爱时，很少夹杂家庭、职位、职务、住房等世俗方面的因素。因此，他们希望在大学里能找到理想的伴侣。在一定时期内，此类型的人还占有一定的比重。

5. 从众型

部分大学生看到自己周围的人都谈了恋爱，自己不谈好像吃了亏，同时由于受到虚荣心的影响，怕被别人看不起，看到别人整天出双入对受不了，所以也奋起直追。调查显示，只要一个宿舍里有一个人先谈恋爱，在一定时期内，这个宿舍里的大部分同学也会谈起恋爱，进而出现"你有我有全部有"的局面。

6. 感情寄托型

许多大学生在远离了父母、亲戚、朋友和中学同学之后，不能很快适应大学环境，面对"漫长"的双休日、节假日有强烈的孤独感、寂寞感，又由于大学实行学分制，学习压力增大，感觉更加孤独无助，于是想通过谈恋爱来寻找感情寄托，消除寂寞，同时期望从恋爱中得到温暖、保护、关心、体贴，使自己的感情有所依托，有所归属，进而排解心中的不快、郁闷和烦恼。

（二）大学生独特的恋爱心理现象

1. 注重恋爱过程，轻视恋爱结果

恋爱向来被看作为了寻觅生活伴侣，是婚姻的前奏。但当代大学生注重的是恋爱的过程本身，至于谈恋爱的结果已经不太在意。注重恋爱过程，有利于双方相互了解、加深认识，也有利于培养感情、增加心理相容度，同时也反映出大学生不愿落入世俗，执意追求爱的真谛。但是，只注重恋爱过程，强调爱的"现在进行时"，把恋爱与婚姻相分离，不考虑爱的"将来完成时"，未免失之偏颇。现在大学生中流传着一句顺口溜"不求天长地久，只求曾经拥有"。一些大学生把恋爱当作一种感情体验，及时行乐，借以寻求刺激，满足精神享受。一些大学生为了充实课余生活，解除寂寞，填补空虚，把恋爱当作一种消遣。一些大学生把大学恋爱看作以后恋爱经验的积累，谈恋爱之初就明确说明只在大学时期谈，大学毕业即恋爱结束。只重恋爱过程，轻视恋爱结果，实质上是只强调爱的权利，而否认了爱的责任。

2. 主观学业第一，客观爱情至上

绝大多数大学生能够正确看待学业与爱情的关系。他们赞成学习是学生的天职，大学阶段应以学习为主，爱情应当服从学业；或者希望学业和爱情双丰收，既渴求学业有成，又向往爱情幸福。总之，大多数大学生没有忘记学业，总能把学业放在首要位置。但是，上述这些仅仅是大学生主观上、思想上的愿望而已。真正在客观上、行为上能够正确处理好学习和爱情关系的大学生，虽然也有，但为数不多。更多的是一旦坠入情网就不能自拔，强烈的感情冲击着一切，学习也受到严重的影响。有的人整天如痴如醉、想入非非，沉浸在卿卿我我的甜言蜜语中；有的人中午、晚上不休息，加班加点谈恋爱，致使上课时倦意甚浓，无精打采；有的人干脆逃课，一心一意谈恋爱，成为“恋爱专业户”。很多大学生在不知不觉中变得“儿女情长，英雄气短”，成就事业的热情一天天冷却，爱情逐渐成为生活的唯一追求。可见，摆正学业与爱情的关系，是大学生难以控制而又必须正确处理的问题。

3. 恋爱观念开放，传统道德淡化

随着时代的发展，当代大学生的恋爱观念日益开放，传统道德逐渐淡化。他们已经完全抛弃了遮遮掩掩、羞羞答答的面纱，激情洋溢，热情奔放，大胆追求爱情，不再担心谈恋爱受到嘲讽和批评，甚至还有自豪和炫耀的心理。恋爱观念的开放还有一种表现是多元性的恋爱，即恋爱双方在交往的过程中，仍与对象以外的人进行交往，潜在地把他们作为自己的恋爱对象加以考虑，只是暂时未公开化。大学生常常处于理智与感性这一对矛盾的漩涡中，在理性认识上觉得应该保持贞操，应该遵守传统的伦理道德观，但在爱的激情下，又不愿再受传统观念的束缚，恋爱方式公开化，光明正大，洒脱热烈，不再搞“地下工作”。甚至一些大学生在公共场所、大庭广众之下，竟旁若无人地做出过分亲密的举动。

4. 不能理智对待失恋，心理承受力差

大学生在恋爱过程中，往往缺乏理性的驾驭能力，不善于控制自己的情感，耐挫折性也较低。大学生中有情人虽多，但终成眷属的少，这样就产生了一批失恋大军。感情受挫之后出现一个心理阴暗期是正常的，尽管多数大学生经过一段时间后心理能逐步趋于正常，但亦有一些人长期陷于失恋的焦虑、悲伤、痛苦、绝望的情绪中难以自拔，摆脱不了“情感危机”。有的失去信心，放弃对爱情的追求；有的一蹶不振，沉沦自弃，认为一切都失去了意义，以至于悲观厌世；有的视对方如仇人，肆意诽谤，甚至做出极端行为伤害对方。因失恋而失志、失德者，虽属少数，但影响很大。

（三）大学生恋爱中常见的心理困惑

1. 寂寞与爱情

在大学生活中，由于种种原因，如离开父母和朋友来到新环境、对学习没有兴趣或者不适应等，大学生常会陷入孤独寂寞之中。一些同学会在不知不觉中希望寻求异性知己，试图用“爱情”来抚慰自己，消愁解闷，寻求寄托，即所谓“寂寞期的恋爱”。

2. 好感与爱情

好感与爱情是大学生异性交往中经常遇到而又难以区分的两种感情。青年人在性发育成熟时，便开始吸引异性，开始有寻求恋人的需要。这是人生理上的自然本能。但在生活中，一些大学生容易将这种男女之间的相互吸引、好感等同于爱情。其实并非异性之间有好感便可产生爱情；异性之间的好感一般来讲是广泛的、无排他性的，而爱情则是专一的、排他性的，具有性爱的因素。好感常常表现为人们一时出现的情绪感受，而爱情则是在长时间的互相了解中形成的。

3. 虚荣与爱情

曾有杂志报道一个5人女学生宿舍，其中4个人有了男朋友，另外一个女生就发誓一定要尽快找一个男朋友，理由是："难道是自己'嫁'不出去吗？"此女生的想法与虚荣心紧密相关。从心理学角度说，虚荣心理是人的一种情感的反映，也反映着人的某种需要。马斯洛需要层次理论认为，需要是人的心理活动的基本动因，人的需求有各种不同的层次和广泛的内容，其中包括受他人尊重的需要。虚荣心理是一些人试图以追求名誉、荣耀等表面的光彩来满足自尊需要的心理。谈恋爱，有一个令人羡慕的男朋友或女朋友，似乎便满足了这种需要。

4. 友谊和爱情

现实中确实有不少大学生把一般的友谊误解为爱情，常有同学讲，那个男同学为什么总是帮我们送报纸、送信，为什么在一些活动中那个女生总是对我特别关心。大学生在异性相处中，一个眼神、一个动作，都会赋予很特别的意义。确实，友谊与爱情有时很难严格划分。日本青年心理学家曾对异性间的友谊和爱情的异同做过区分，他认为在不同有五个方面：①支柱不同，即友谊的支柱是理解，爱情的支柱是感情；②地位不同，即友谊的地位是平等，爱情的地位是一体化；③体系不同，即友谊的系统是开放的，爱情的系统是关闭的；④基础不同，即友谊的基础是信赖，爱情的基础则纠缠着不安和期待；⑤心境不同，即友谊充满"充足感"，爱情则充满"欠缺感"。

（四）大学生常见恋爱心理问题及调适

1. 单恋

单恋，即单相思，是指一方对另一方以一厢情愿的仰慕和喜欢为特点的爱情。性格内向、敏感、喜欢幻想、不太自信的人会更容易出现单恋的现象。因为感觉到自己爱上了对方，所以希望得到对方的喜爱，在这种心理作用下，往往会进行自我暗示，并且一直活在自己的世界里，容易误解对方的言行、情感，错误地认为自己遇到了对的那个人，把友情当爱情，把对方出于朋友之间的关心爱护当作是一种爱，并且坚定不移地陷进"泥潭"，无法自拔。陷入单恋中的人自我能够体验到快乐，但是更多的体验是情感的压抑，他们无法向对方诉述、倾诉，更不能向对方表达情感。作为当代大学生，我们如何避免自己陷入单恋之中呢？我们要学会准确地观察和分析，用心去辨别，不在心里设定某种特定的情境，不在内心强化一见钟情式的浪漫爱情。

2. 多角恋

所谓多角恋，是一个人同时被两个或两个以上的异性追求，或自己同时追求两个或两个以上的异性并建立了恋爱关系。引发爱情纠纷的主要原因之一就是多角恋，多角恋实质上比单恋要复杂很多，由于爱情具有排他性、冲动性，因此任何一种多角恋都潜伏着极大的危险性，一旦理智失控，就会给对方及社会带来非常严重的后果。

导致多角恋的原因有许多，主要原因有四个：一是择偶标准不明确；二是择偶动机不良；三是虚荣心强；四是盲目崇拜。

在两个人的爱情里面，需要双方都专一，多角恋极其容易引起纠纷，也极易发生冲突，导致悲剧的发生。因为多角恋本身是不符合道德规范的，所以大学生选择恋爱对象的时候，应选择属于自己的唯一，忠于恋人，善始善终。

3. 失恋

恋爱是幸福的，失恋是痛苦的，但是失恋并不代表失去了整个世界。失恋是指恋爱受挫失败。失恋引起的主要情绪反应是痛苦、悲伤以及烦恼。经历失恋时，我们常常需要自己帮助自己，如果实在不能解决，我们就要需求外界的帮助，同时提高自己的心理承受能力，增强自我心理的适应性，学会自我心理调节，从而达到心理平衡。

①面对。其实失恋不等于失败，而是一种成长测试。作为当代大学生，我们有理想、有抱负，应该勇敢地正面失恋的现实。互相爱才是真的爱情，不能其中一方一厢情愿，而是应该尊重对方的选择。

②倾诉。失恋者被悔恨、遗憾、愤怒、惆怅、失望、孤独等不良情绪困扰，精神备受折磨，往往这个时候，我们更需要主动找朋友倾诉，减轻自我的心理负担。可以约朋友去咖啡店聊天，听一听他们的劝慰和评说，也可以自己写日记，记录自己的心情，这样也可以释放压力。

③移情。移情就是及时地、恰当地把情感转移到其他的人、事或物上。例如，失恋后，与好朋友倾吐苦闷，求得开导和安慰；或积极参加体育活动，转移注意力；或多参加实践活动，丰富自己的课余生活。

④豁达。失恋后，一定要告诉自己，失恋只是恋爱的一部分，失恋并不能代表什么。爱情不能强求，正如诗人徐志摩对待爱情的态度："得之，我幸；不得，我命。"失恋者要能够坦然面对失恋的现实，认真总结经验，努力完善自我，当美好的爱情再次出现在面前时，能够有准备地迎接。

⑤升华。尽快让自己从失恋的悲伤中走出来，把精力投入学习、工作、生活当中，把失恋升华为一种向上的动力。歌德、贝多芬、罗曼·罗兰、诺贝尔、牛顿等历史名人都曾饱受失恋的痛苦，他们没有被失恋打倒，而是战胜了自我，更新了自我。如果失恋者能正确对待和处理失恋，不仅能从中学到爱的能力，还能更好地完善自己，提升自己。

总之，失恋者要恢复心理平衡，做好感情转移和空间转移，努力做到失恋不失德，不失志。

三、大学生爱的能力培养

弗洛姆在《爱的艺术》中指出：恋爱的许多麻烦在于人们以被人爱代替了去爱人。

人们求爱往往是为了摆脱孤独和空虚，爱情虽然能起到这种作用，但这种情感是短暂的。相反的是，成熟的爱情应该以自爱为基础，只有在自己的人格完全成熟时，知道自己需要怎样的爱，并且具有给予爱的能力时，才能真正地体验爱的真谛。

爱的能力，首先表现为给予的能力，爱是一种奉献而非索取，爱是一种给予而不仅仅是获得。但是，这种给予、奉献并不是一般意义上的给予与奉献，而是用自己的人格来影响对方的人格，用自己的生命力去激发对方的生命力。爱的本质在于：双方爱的能力交互影响乃至最后完善融合。那么，如何获得这种能力呢？

（一）提高自我心理成熟水平

一个人的成熟需要经过两次断乳。第一次是生理上脱离对母乳的依赖。第二次则是从成人的扶植中摆脱出来，成为一名平等和独立的社会成员。第二次断乳则被称为“心理断乳”。心理断乳的早晚因人而异。如果一个人早期所受的教育越接近社会现实，个体社会化的历程越短，其断乳的时间就越早。人们在心理断乳的过程中，逐渐使理想的自我和现实的自我协调统一，达到心理的成熟。

心理成熟的表现是多种多样的。单就恋爱而言，成熟的主要表现有以下几个方面。

1. 具有确定的人生观、价值观和恰当的择偶标准

恋爱不是一种纯粹的精神活动，它是个人生理、心理发展的需要，更是一种社会性的行为。恋爱择偶本身就体现了一个人的追求，即体现了一个人的人生观和价值观。只有在人生观和价值观确定时，才能懂得什么是真正的爱情，知道自己需要什么样的恋人，以及爱情在社会生活中的位置。

2. 具备独立的人格

具有独立人格的人能够正确认识自己、悦纳自己、发展自己，充满自信和勇气。他们不会因为外界的巨变而使自己改头换面。他们首先拥有的是对生活的信念和充实的生活，而后才拥有爱。而人格未完全独立的人，会因为生活的空虚而恋爱，感情也容易飘忽不定，一旦恋爱则陷于激情之中难以自拔，倘若失败，便对自己做出负性评价，丧失自信。实际上，爱与人格的独立性并不矛盾，一个人的独立性强一分，他在恋爱中的吸引力也就强一分，失恋对其打击便弱一分。因为独立的人格本身就具有强大的内在魅力。具有独立人格的人不会因爱情的丧失而否定生活的意义，也不会因爱情的获得而丧失自我的发展空间。他们在恋爱中相互尊重、相互帮助，注重彼此的发展成长。正由于在独立人格的基础上重视自我个性的完善和事业的发展，爱情才充满活力。

3. 能体察、关怀与尊重他人

成熟的人具有对他人的敏感性，能知晓对方的需求、利益、观点和风格；能在此基础上包容对方，主动关心对方并与对方进行思想感情交流；尊重对方的人格独立，给对方以自信和力量。而心理不成熟的恋人则难以体察、关怀、尊重对方，他们基本上未摆脱青春期“自我关注”“自我中心”的状态，没有关怀、照顾和尊重别人的能力。

4. 把恋爱看作人格再造的契机

心理成熟的人不是为恋爱而恋爱，而是把恋爱看作人格再造的契机。确实，恋爱不仅能检验人格而且能促进人格的完善。一方面，因为恋爱，“就它的最细腻最不着痕迹的表现而论，是一个男子和一个女子在人格方面发生最亲切的协调的结果”。恋爱中双方关系的协调、各种矛盾的解决，都会丰富男女的生活经验，促使双方在心理上趋于成熟。另一方面，恋爱前后的男女为了获得异性的爱，提高自己在对方心目中的形象，总是力图完善自己，爱成了一种强大的内在动力。爱升华了双方的人格，促进了人的新生，开发了人的潜能。拥有这种观念的人能够在恋爱中积极主动地化解矛盾，承担责任，并且善待恋爱，既不轻易地涉入爱河，也不会轻易地离开爱河。

当代大学生普遍存在心理成熟较晚的情况，在大学期间，许多人的人生观、价值观还未确立，人格的独立性较差，恋爱所应具备的心理条件还不成熟。在这种状态下开始的恋爱并不完美，有的甚至阻碍了人格的发展，导致心理的疾患。所以，在心理尚未成熟，不具备爱的能力的情况下，不要轻易恋爱。

（二）培养与异性交往的能力

异性间的友谊不仅有助于人的个性发展，而且有助于健康心理的培养，为未来恋爱关系的建立提供了一条有效途径。这不仅因为异性间的友谊自然、真挚，更因为它具有兼容性、不排他性。处在有异性交往的社交圈里，同学之间可以求得心理的接近和情绪的接近，满足青春期特有的心理需求。异性同学通过学习讨论、文娱体育和旅游活动等交往途径，增进了了解，认识到男女之间生理、心理上的差异，逐渐掌握异性交往的方式，使对异性的向往变成学习和生活中的相互关心、帮助，进而提高对性问题的深刻认识，理解它的道德意义和道德责任。男女同学之间如果缺乏正常的交往，对异性的好奇和神秘感就会转化为对性的过于敏感，想入非非。不可避讳的是，在异性交往的过程中，男女同学多少会想到恋爱问题。但是，如果在恋爱前缺乏与异性的交往，那就无法避免对异性的好奇和神秘感，从而出现更多的虚假恋爱。异性间的交往应该注意以下几个方面。

1. 不要有过强的目的性

近些年来，大学生的交往范围有不断扩展的趋势，从班级内交往到同乡间交往，到跨系、跨校交往，这为大学生交友提供了前提。在这种交往中，我们应该排除过强的目的性和功利色彩，只有如此，才能轻松、自然，展示真实自我。

2. 注意交往的范围、间距

异性交往应该有一个广泛的友爱圈，如果没有对某一对象萌发爱意，就应注意交往的距离和频率。不要轻易涉入一对一的单独活动，切不可过于频繁地与某一特定对象长期交往，这容易引起恋爱幻想。

3. 注意交往的场所、分寸

异性交往有敏感的地域，所以要注意交往的场所、分寸。如果不想谈恋爱，就不要轻易接受某个异性单独相处的邀请，更不要与某个异性在电影院、公园和酒吧等能引起浪漫幻想的场所单独相处。

（三）完善自我爱的能力

爱的能力对人一生的发展有着重要的意义。爱的能力不高或发展不够完善，常常影响人们爱的付出或得到，导致人们爱的心理需要得不到满足，从而带来心理健康方面的问题。良好的爱的能力会引导个体真正地爱他人，真正地爱自己，也使自己更容易被爱，让人真正体验到爱与被爱的心理需要得到满足所带来的快乐和幸福。爱的能力实际上是一种综合的素质，既要有上面讲到的两个方面的素质准备，还要有在爱的过程中体现出的多方面的能力。

学会表达爱

2020年1月28日早上，在四川省第二批、广元市首批派往武汉的医疗援助队伍出发的时候，在送别现场，医护人员赵英明的丈夫带着哭腔冲着准备出发的救援队伍中的妻子大喊："赵英明，你平安回来，我包一年的家务。"这句话被网友评为"最美情话"。原来爱一个人不需要将"我爱你"三个字时时挂在嘴边，最好的爱情莫过于，你去完成你的梦想救死扶伤，而我在家里等你，你带走我的思念，我留下对你的所有牵挂，你能平安回来我一定让你永远开心。

（资料来源：https://baijiahao.baidu.com/s?id=1656954231982591736&wfr=spider&for=pc）

1. 表达爱的能力

表达爱需要勇气和信心。很多大学生苦恼于不知如何表达自己的爱，从而错失爱情。一个人爱上另一个人时，能否用恰当的方式和语言向对方表达出来，往往也是爱情成功与否的重要因素。同时我们应该知道表达爱是在表明一种爱的幸福，即使可能得不到回报，也满足了爱的心理需要。

2. 接受爱的能力

当期望的爱来到了身边，能否勇敢地、正确地接受也是爱的能力的表现。有的大学生当面对别人向自己表达爱时不知所措，明明心里喜欢可表达方式让对方误解。有的大学生在别人向自己示爱后，内心挺高兴，但又不敢接受别人的爱，或者觉得自己不配、不值得爱，因此失去发展爱情的机会。

3. 拒绝爱的能力

有爱的能力的人不是对爱来者不拒，或者对方不是自己所爱就简单地拒之千里，而是对不是自己想要的爱有合理恰当的拒绝方式。当别人向自己示爱时，不少大学生优柔寡断，既怕伤害对方，又怕对方误会，为此苦恼不已。具备拒绝爱的能力表现在三个方面：一是对他人的尊重，要感谢对方对自己的欣赏。二是要态度明确、表达清楚，不要给对方任何幻想。明确你们之间只能是同学或是一般朋友的关系，或者什么关系都不可能。三是行动与语言要一致。可能有些同学，虽然语言上拒绝了对方，但是行动上还与对方有较亲密的接触，还单独和对方去看电影、吃饭、逛街等，从而使对方误解，导致情感纠缠不清甚至出现心理问题。

4. 鉴别爱的能力

鉴别爱是指能较好地分清什么是好感、喜欢和爱情。大学生群体对恋爱现象非常敏感，一看到男女生单独在一起就会联想到恋爱。有些同学苦恼于一般友谊被说成爱情。有鉴别爱的能力的人，是自信并尊重别人的人，会自然地与别人交往，主动扩展交往的范围，珍惜友谊，尽量多地体验他人的感受，会用不同的行为方式区别不同的感情。

5. 持续爱的能力

爱需要双方真正关心对方，理解对方的内心世界，以对方的快乐为自己的快乐。要保持爱情的长久，需要爱的智慧和持之以恒的奉献，同时又不能失去自己的个性，要有自己的追求与发展。及时更新知识、善于沟通、相互欣赏是爱的重要源泉。保持爱情长久的能力，其实需要上面多种能力的综合。有爱的能力的人是健康的人，有自己独立的价值观，有自己的生活空间；他们不排斥他人，懂得尊重他人、关心他人；他们会尊重对方的选择，尊重对方的个人隐私，尊重对方的发展方向。同时处理好恋爱与学业的关系，发展好与其他人交往的关系。将爱情作为发展的动力，也是保持爱情长久的能力。心中有美好爱情的人，会表现出积极的精神风貌，散发着生命的光彩，不断进取、积极向上，给人以美好的感受。

一见钟情的困惑

老师，最近我发现一个人，她让我有心跳的感觉。只要一看到她，我就心跳加速，我不知道那是不是爱一个人的感觉，但心里只想和她做个朋友，做一辈子的知心朋友。我心里很矛盾，该不该上前去认识她呢？又害怕被拒绝，到那时连远远看她的机会都没有了，我该怎么办呢？眼看就要考试了，我不想为这事所困扰。

生活中，那种一次见面就有一种心动的感觉其实是常有的。但是那不是爱，而是心理学上所说的由第一印象引起的“晕轮效应”。晕轮效应最早是由美国著名心理学家桑戴克于 20 世纪 20 年代提出的。他认为，人们对人的认知和判断往往只从局部出发，扩散而得出整体印象，也即常常以偏概全。一个人如果被标明是好的，他就会被一种积极肯定的光环笼罩，并被赋予一切都好的品质；如果一个人被标明是坏的，他就被一种消极否定的光环所笼罩，并被认为具有各种坏品质。这就好像刮风天气前夜月亮周围出现的圆环（月晕），其实呢，圆环不过是月亮光的扩大化而已。据此，桑戴克为这一心理现象起了一个恰如其分的名称——“晕轮效应”，也称作“光环作用”。晕轮效应不但常表现在以貌取人上，而且还常表现在以服装定地位、性格，以初次言谈定人的才能与品德等方面。在对不太熟悉的人进行评价时，这种效应体现得尤其明显。因此，仅仅抓住并根据事物的个别特征，而对事物的本质或全部特征下结论，是很片面的。所以，如果有机会，可以很自然地和她接触。如果没有机会，劝你放手。

四、大学生的性心理

（一）性与性心理

1. 性的含义

随着人类文明的发展，人们已逐渐把性从纯生殖的功能中分离出来。我们认为，应从生理、心理和社会三种存在方式来认识、理解性的概念。

从生理的角度说，性是人类最基本的生物学特征之一，就像人需要呼吸、饮食一样，性的需要是人的一种自然本能。孟子云："食、色，性也"，《礼记》云："饮食男女，人之大欲存焉"，均表明人生来就有食欲和性欲两大欲望。

从心理的角度说，性是指与性有关的一切心理现象，它不仅包括性交、性爱抚等所有直接的性活动，还包括人们对于性的情感、态度、价值观和性方面的喜好等心理方面的表现。

从社会的角度说，性是人类得以繁衍、进化之本，性活动则是人类社会生活的基本内容之一。无论何时何地，人类的性观念和性行为都受制于一定的社会意识形态和道德规范，而不单单是两个人的事情。

2. 性心理的含义

所谓性心理，是指在个体性心理成熟的基础上所形成的与性有关的心理状况和心理过程，包括异性交往、恋爱、婚姻等与异性有关的心理问题。简言之，性心理就是与性生理、性行为有关的心理现象。大学生由于其生活环境和成长背景与其他同龄人不同，因此其性心理有明显的校园色彩。

从本质上看，性心理是人的生物性与社会性的统一。生物性是指男女在生理结构上的差异，以及人生来就有的性的欲望和本能。它是人类生存和繁衍后代的必要基础条件。从这个方面来说，人类的性行为与一般动物的交配具有相同之处。但是，性心理的本质是它的社会性，如人的择偶标准、恋爱、性行为等都体现出个体性的社会需求。因此，个体性心理既要受到人发展的生物规律的支配，又要受到人类社会文化发展程度和各种社会需要的制约，是两者密不可分的有机统一体。

（二）性心理的内容

人的性心理活动是围绕性征、性欲和性行为而展开的一个动态的过程，包括以下内容：

①性感情。它是指因性而生的两性之间微妙的感情关系，正是这种性感情促成两性之间对对方具有充分的吸引力。

②性意识。它是对性的言语水平的觉知，主要包括是男是女的性别意识和青春期后萌发的性欲意识。

③性知识。它是经耳闻目睹获得的有关性问题的知识内容。

④性经验。它是经自身的性行为获得的关于性的实际感受和体验。

⑤性观念。它是指对有关性问题的较为稳定的看法和持有的态度评价。

（三）大学生性心理发展的一般特征

1. 性心理的本能性和朦胧性

大学生的性心理，尤其是刚入校大学生的性心理，通常缺乏深刻的社会内容，主要还是生理发育成熟带来的本能作用，有时候好像会情不自禁地对异性产生兴趣、好感，爱慕异性。由于受传统思想的影响，许多大学生不太了解性的基本知识，性对他们来说是非常神秘的，使得这种萌动又笼罩上了一层朦胧的色彩。

2. 性意识的强烈性和表现上的文饰性

大学生都特别地在意异性对自己的评价，但在表现上可能会比较含蓄、拘谨、害羞。例如，心里很喜欢某一位异性，但是表面上表现出无所谓，甚至做出回避、不屑一顾的样子；当他们看到电视剧里男女间的亲昵动作时，很不好意思，有可能心里却很希望自己也能体验一下，等等。

3. 性心理的动荡性和压抑性

人一生中性欲最旺盛的时期就是青年时期。大学生心理上还不够成熟，尚未形成稳固的、正确的道德观和恋爱观，自控和自制的能力有限，他们的性心理易受外界各种影响。与此同时，大学生并不具有通常意义上满足性冲动的配偶，易导致紧张的焦虑和压抑。

4. 性别差异性

大学生的性心理因性别不同存在明显差异。例如，在对异性感情的表达上，男生会比较热烈，而女生往往是比较含蓄同时又比较冷静；在内心体验上，男生更多的是新奇、神秘、喜悦，而女生通常会惊慌失措、害羞、不知所措；在表达方式上，男生比较主动和直接，女生往往采取暗示的方式等。当然，由于个人的生理、心理、家庭环境、地区及文化背景的差异，大学生性心理发展的各种特征呈现出参差不齐的复杂局面。

（四）大学生性心理的发展状况

我国大学生在校学习的年龄为 18～23 岁，就其心理的发展状况而言，已经进入了性生理和性心理趋于成熟的阶段。这一阶段性心理发展的表现如下。

1. 对性知识的关注

在认识到人有男女两种性别之分时就出现了关注性知识。但现实中，关于性的问题一直都笼罩着一层揭不开的神秘面纱。这使得人们在儿童时期就缺少获得性知识的正常渠道。在求学生涯中，学业任务较重又使得他们对性知识无暇顾及或不可能顾及。许多人进入大学之后，没有了高考的压力，没有了家长的管理，加之生理发育更趋成熟，性意识逐渐增强，大学生对异性的关注更加地密切，对性知识的渴求就更强烈。

2. 对异性的爱慕

大学是年轻人的世界，男女大学生在一起学习、生活，他们彼此向往，自然会有意无意地对异性产生好感、爱慕，甚至是深深的思念，这些都是性心理发展的正常表现。爱慕异性被认为是恋爱成功和婚姻美满的性心理基础。

3. 对性的欲求

当人的生理发育基本成熟以后便会产生正常的性欲。但在校大学生在学校期间主要的任务是学习，他们会对性充满了好奇，根据相关调查表明，部分大学生通过谈论与性有关的话题，看描写性的书刊、影视、网页，或与恋人拥抱、接吻或相互触摸身体，或者以手淫或同居等方式来得到暂时的性满足。在这些方式中，有一些是不利于大学生身心健康成长的。

（五）大学生性心理困扰与调适

1. 大学生性心理困扰

现代大学生都是“00”后，受年龄和知识的局限，他们普遍存在性心理困扰，具体表现在以下三个方面。

（1）性冲动与性幻想

性幻想是性发育过程中出现的正常现象，它代表着性知觉的觉醒以及性意识的萌发，这样的情况是很正常的生理成长。许多大学生认为性幻想是卑鄙见不得人的事，一旦出现性幻想，就会非常自责。其实，性幻想并没有具体的性行为，所以不必慌张。性幻想对于减少人的紧张与焦虑乃至性压抑都是有益无害的。但如果频繁出现性梦或性幻想的话，个体的睡眠就会受到影响，睡眠不好，体力就得不到保证，就会给学习和生活带来困扰，严重的还会导致神经衰弱，给身心健康带来不利影响。

（2）性自慰焦虑

其实，性自慰不会给人带来害处，人们不需要把自慰当作异常的行为，自慰不会损害个体健康。当大学生有性冲动能量的时候，自慰是他们唯一可采取的主要行为。其实自慰本身是没有什么危害的，但是当个体自慰之后会有紧张、担忧、羞愧、自责、罪恶感觉出现，这样会影响身心健康。大学生要坦然地面对，要明白自慰是正常的、无害的，这种行为也并不是个别人的行为，从而放下心理负担。

（3）性心理偏差行为

性心理偏差是指在性发育过程中出现的不适应行为，比如沉迷于色情影像、过度手淫、迷恋黄色书刊，等等。这些行为一般不属于性心理障碍，但个体对这些不适应行为应给予有效的干预。手淫本身不是心理障碍，对身体并无损害，也不是罪恶。我们要引起注意的是个体对手淫的错误观念所引起的心理冲突，这样的心理冲突会引发不适感。大学生在生活中过度手淫时，首先要自我采取转移注意的措施，并通过参加校园文化活动等方法分散、转移注意力。

2. 合理的性心理调适

造成大学生性心理困扰的原因有许多，但是最主要的原因还是来自内心的矛盾以及对这方面知识的匮乏。因此，大学生应进行合理的性心理调适。

(1) 科学的认识，消除“神秘感”

大学生在学习专业知识的同时，应该了解基本的生理卫生相关知识。要科学地认识性，通过书籍我们要认识到性是人类的自然属性，同时我们的行为等方面要符合社会的规范，在认识、了解的过程中，要学会以科学的态度认真了解关于性的相关知识。

(2) 学会自我管理，合理宣泄“能量”

大学生存在性冲动是一种正常现象，但是这个年龄阶段的性冲动并不一定要通过性行为来解决问题。在日常的生活中，大学生们要把精力放在学习上，能够规划好自我的作息，多运动，多培养自己的爱好，多参加社团，多参加社会实践活动，让自己的生活丰富起来。

(3) 注意距离，正常的交往

大学生在与异性交往的过程中，应注意交往的距离，同时应注重培养自己与异性自然交往的能力，还应在此过程不断完善自我、充实自我、发展自我，不断提高自身的个人修养。

(4) 积极面对，勇敢地寻求帮助

大学生对于性心理方面出现的问题，要以平和的心态积极地面对，如果自己不能解决，一定要勇敢地寻求专业心理咨询师的帮助。特别是当自己感知到自我遇到性心理方面的问题并且很久都不能自我解决的时候，一定要寻求帮助，在咨询师的帮助、疏导下积极地进行心理调适。

做

【实训一】　神奇的商店

【实训目的】　活跃气氛，以游戏的形式让每个人在游戏中正确地看待自己的爱情以及在爱情中的优缺点。

【活动准备】　纸和笔。

【实训程序】

1. 每人一张纸，写下自己在爱情、家庭中讨人喜欢的三个特长或优点，并写下在爱情、家庭中自己最欠缺、最想要的一个特质。

2. 带领者是神奇商店的老板，其他人是顾客。告诉成员，神奇商店的神奇在于，老板拥有所有在爱情婚姻中的优秀品质，可以满足所有人的购买要求。只是，成员在神奇商店购买自己想要的爱情婚姻的特质不是用金钱，而是由老板决定拿成员在爱情婚姻中的一个优点来换。

3. 邀请一位成员来买，其他人可以扮演他朋友，游说他换或不换，详细说明为什么要换，为什么不能换。

4. 换其他成员当买主，继续进行交易。

讨论：

(1) 如何看待自己的爱情以及在爱情中的优缺点？

(2) 整理出大家共同认为的优点及缺点，讨论是否真的是优点或缺点，有无改善的必要。

(3) 讨论理想中的人选与实际自我之差距与合理性。

【实训二】 择偶价值观测量表

下面的择偶观测量表，可以帮助你了解自己的择偶观属于哪种类型。还可以和恋人或者意中人一起做，看看两人的择偶观是否一致。答题方法：男女分别按表中所列项目回答，凡是持与表中相同观点的，即在“是”旁的“□”内打“√”；反之，则在“否”旁的“□”内打“√”。回答女子项目的在“是”或“否”的右边“□”内打“√”，回答男子项目的在“是”或“否”的左边“□”内打“√”。

男子项目	选择区分			女子项目
	Ⅲ	Ⅰ	Ⅱ	
1. 我喜欢读书，特别是那些富有哲理的书	□是□			1. 我喜欢读书，特别是那些富有哲理的书
2. 我认为人生幸福最重要的是找到一位美貌的妻子		□是□		2. 我认为人生幸福最重要的是找到一位英俊的郎君
3. 看到马路上穿戴时髦的妙龄女郎，总是要回头多看一眼		□是□		3. 很欣赏穿戴时髦、仪表堂堂的男子汉
4. 人生幸福就是吃住娱乐等物质条件，人长得漂亮没有什么用		□否□	□是□	4. 人生幸福就是吃、玩，对年龄外貌的要求不太高
5. 卧室挂历要美人画，不要山水画	□否□	□是□		5. 两人长得匹配是最重要的
6. 喜欢事业心强，有学历，有毅力，而且聪慧的女性，外表一般就行	□是□	□否□		6. 理想的男子应是有学历，多才，事业心强，年龄相当，外貌一般就行
7. 我不喜欢卿卿我我，也不喜欢她过多地撒娇	□是□	□否□		7. 我不喜欢卿卿我我，愿他像导师
8. 妻子主要是操持家务，手脚勤快，知识是次要的	□否□		□是□	8. 丈夫会料理家务，书本知识多了也无用
9. 我得到美丽的妻子宁愿伺候她，也不要美丽的妻子伺候我		□是□	□否□	9. 潇洒、风度好、受人赞扬，宁愿伺候他
10. 门当户对，家境好，不然一枝花也不行		□否□	□是□	10. 门当户对
11. 喜欢爱情故事，特别是有关性的细节描写	□否□	□是□		11. 喜欢爱情故事，特别是有关性的细节描写
12. 婚姻要由父母最后决定，不然不给房子和费用			□是□	12. 婚姻要由父母最后决定，不然不给房子和费用

续　表

男子项目	选择区分			女子项目
	Ⅲ	Ⅰ	Ⅱ	
13. 女子没有信仰和思想，只有美丽的躯壳不足取	□是□	□否□		13. 男子没有信仰和理想，只有英俊的躯壳不足取
14. 希望找到一个温顺的妻子	□是□	□否□		14. 希望找到一个模范丈夫
15. 夫妻社交能力强，为了疏通人际关系是好事			□是□	15. 希望丈夫处事能力强
16. 夫妻生活是探讨人生，不要把眼睛盯住柴米油盐	□是□		□否□	16. 夫妻生活是探讨人生，不要把眼睛盯住柴米油盐
17. 我经常想 10 年、20 年后她的外貌的变化		□是□		17. 我经常想 10 年、20 年后他的外貌的变化
18. 只要她陪嫁多，不要过多彩礼，人长得差一点也可以		□否□	□是□	18. 有经济、住房条件，人长得差点怕什么
19. 找一个高干的女儿、阔小姐或者有海外关系的最实惠			□是□	19. 找一个高干的子弟、阔少爷或者有海外关系的最实惠
20. 女子无才便是德，只要温顺贤惠就行	□否□		□是□	20. 不注意才干，只要忠厚听话
21. 她的衣着朴素大方，不要太漂亮、时髦	□是□	□否□		21. 衣着不要太讲究
22. 职业、工作是首先要考虑的			□是□	22. 职业、职称是最重要的
23. 她能帮我调工作，调到好地方或出国，不计较外貌		□否□	□是□	23. 他能帮我调工作，调到好地方或出国，不计较外貌
24. 喜欢带她看有思想性的影剧，不看武打的	□是□		□否□	24. 喜欢他带我看有思想性的影剧，不看武打的
25. 诸葛亮甘愿娶丑女的做法，我欣赏	□是□	□否□		25. 佩服宋庆龄的眼力
26. 我相信百万富女爱的价值，不相信英雄的作用	□否□		□是□	26. 相信金钱的力量
27. 我希望她一心扑在事业上，家务事我来承担也行	□是□		□否□	27. 我希望他一心扑在事业上，家务事我来承担也行
28. 一定要有足够的存款，不然无法生活和生儿育女			□是□	28. 一定要有足够的存款，不然无法生活和生儿育女
29. 不反对她和别人有来往	□是□	□否□		29. 不反对他和别人有来往
30. 没有必要的家具和现代化娱乐品，结婚是遗憾			□是□	30. 没有必要的家具和现代化娱乐品，结婚是遗憾

说明：

Ⅰ.才智型：择偶时看重对方的才智、学历、理想等因素，不注重外貌、经济等因素。

Ⅱ.外表型：择偶时把对方的相貌、衣着等作为首要考虑因素。

Ⅲ.物质型：择偶时看重对方的家庭背景、经济状况等因素。

结果解释：

计算出Ⅰ、Ⅱ、Ⅲ各栏中的“√”个数，哪一栏内为10个“√”以上者，即为该类型的择偶价值观；如果两人都在同一栏内各自有10个“√”以上，则说明两人的价值观相近或相一致，那么恋爱成功的可能性就大一些。

资源拓展

【拓展阅读】

失恋的哲学

古希腊哲学家苏格拉底见到一位年轻人茶饭不思，精神萎靡，其状甚哀。

苏格拉底：孩子，为什么悲伤？

失恋者：我失恋了。

苏格拉底：哦，这很正常。如果失恋了没有悲伤，恋爱大概也就没有什么味道。可是，年轻人，我怎么发现你对失恋的投入甚至比对恋爱的投入还要倾心呢？

失恋者：到手的葡萄给丢了，这份遗憾，这份失落，您非个中人，怎知其中的酸楚啊？

苏格拉底：丢了就是丢了，何不继续向前走去，鲜美的葡萄还有很多。

失恋者：等待，等到海枯石烂，直到她回心转意向我走来。

苏格拉底：但这一天也许永远不会到来。你最后会眼睁睁地看着她和另一个人走了。

失恋者：那我就用自杀来表示我的诚心。

苏格拉底：但如果这样，你不但失去了你的恋人，同时还失去了你自己，你会蒙受双倍的损失。

失恋者：狠狠地伤害她，我得不到的别人也别想得到。

苏格拉底：可这只能使你离她更远，而你本来是想与她更接近的。

失恋者：您说我该怎么办？我可真的很爱她。

苏格拉底：真的很爱？

失恋者：是的。

苏格拉底：那你当然希望你所爱的人幸福？

失恋者：那是自然。

苏格拉底：如果她认为离开你是一种幸福呢？

失恋者：不会的！她曾经跟我说，只有跟我在一起的时候她才感到幸福！

苏格拉底：那是曾经，是过去，可她现在并不这么认为。

失恋者：这就是说，她一直在骗我？

苏格拉底：不，她一直对你很忠诚。当她爱你的时候，她和你在一起，现在她不爱你了，她就离去了，世界上再没有比这更大的忠诚。如果她不再爱你，却还装作对你很有情意，甚至跟你结婚、生子，那才是真正的欺骗呢。

失恋者：可我为她所投入的感情不是白白浪费了吗？谁来补偿我？

苏格拉底：不，你的感情从来没有浪费，根本不存在补偿的问题。因为在你付出感情的同时，她也对你付出了感情，在你给她快乐的时候，她也给了你快乐。

失恋者：可是，她现在不爱我了，我却还苦苦地爱着她，这多不公平啊！

苏格拉底：的确不公平，我是说你对所爱的那个人不公平。本来，爱她是你的权利，但爱不爱你则是她的权利，而你却想在自己行使权利的时候剥夺别人行使权利的自由。这是何等的不公平！

失恋者：可是您看得明明白白，现在痛苦的是我而不是她，是我在为她痛苦。

苏格拉底：为她而痛苦？她的日子可能过得很好，不如说是你为自己而痛苦吧。明明是为自己，却还打着为别人的旗号。年轻人，德行可不能丢哟。

失恋者：依您的说法，这一切倒成了我的错？

苏格拉底：是的，从一开始你就犯了错。如果你能给她带来幸福，她是不会从你的生活中离开的，要知道，没有人会逃避幸福。

失恋者：什么是幸福？难道我把我的整个身心都给了她还不够吗？您知道她为什么离开我吗？仅仅因为我没有钱！

苏格拉底：你也有健全的双手，为什么不去挣钱呢？

失恋者：可她连机会都不给我，您说可恶不可恶？

苏格拉底：当然可恶。好在你现在已经摆脱了这个可恶的人，你应该感到高兴，孩子。

失恋者：高兴？怎么可能呢？不管怎么说，我是被人给抛弃了，这总是叫人感到自卑的。

苏格拉底：不，年轻人的身上只能有自豪，不可自卑。要记住，被抛弃的并非不好的。

失恋者：此话怎讲？

苏格拉底：有一次，我在商店看中一套高贵的衣服，可谓爱不释手，营业员问我要不要。我怎么说，我说质地太差，不要！其实，我口袋里没有钱。年轻人，也许你就是这件被遗弃的衣服。

失恋者：您真会安慰人，可惜您还是不能把我从失恋的痛苦中引出。

苏格拉底：是的，我很遗憾自己没有这个能力。但，可以向你推荐一位有能力的朋友。

失恋者：谁？

苏格拉底：时间。时间是人类最伟大的导师，我见过无数被失恋折磨得死去活来的人，是时间帮助他们抚平了心灵的创伤，并重新为他们选择了梦中情人，最后他们都享受到了本该属于自己的那份人间之乐。

失恋者：但愿我也有这一天，可我的第一步该从哪里做起呢？

苏格拉底：去感谢那个抛弃你的人，为她祝福。

失恋者：为什么？

苏格拉底：因为她给了你忠诚，给了你寻找幸福的新的机会。

书籍推荐

1.《好的爱情》（陈果，人民日报出版社，2018年4月）。每个人都向往爱情，但是却少有人懂得如何去爱。多少情侣明明爱得死去活来，到最后还是会分开。这是因为，我们能用一秒钟爱上一个人，却不懂得如何用一生去爱TA。陈果老师关于爱情的哲学——好的爱情是可以长久的爱情，而长久的爱情，是一次又一次爱上同一个人。翻开本书，感受爱的艺术，让爱温暖他人，也带给自己惊喜。

2.《我最好的作品就是我的生活》（克里斯汀·金柏尔，姜佳颖译，中国华侨出版社，2014年6月）。幸福有时无关收入的稳定和生活的安逸，你想要的可能只是这样的生活：亲自付出耐力和劳动，充满成就感地享用土地上的丰硕果实。每天醒来时，都能庆幸过上这样一种生活，并在生活中找到了和你有相同感受的人。

3.《爱的五种语言》（盖瑞·查普曼，王云良、陈曦译，江西人民出版社，2018年4月）。每一个人都有一个情绪的爱箱，只有当这个爱箱填满了的时候，人际关系才能发展。然而，不同的人的爱箱需要用不同的语言来填满。查普曼博士发现人们基本上有五种爱的语言：肯定的言词、精心的时刻、接受礼物、服务的行动、身体的接触。两性间许多误解、隔阂、争吵都是由于不了解或者忽略了对方的主要爱语造成的。当夫妻双方主动选择使用对方的主要爱语时，就能够很好地发展彼此的亲密关系，并积极地处理婚姻中的冲突和失败。《爱的五种语言》将带领读者跨越两性沟通的迷思与阻隔，填满自己和伴侣的爱箱，进行一场婚姻的内在革命。

4.《爱的艺术》[（美）艾·弗洛姆，李健鸣译，上海译文出版社，2008年4月]。爱是一门艺术吗？如果爱是一门艺术，那就要求人们有这方面的知识并付出努力。这本书必定会使所有期望从这本书得到掌握爱的艺术秘诀的读者大失所望。恰恰相反，这本书要告诉读者，爱情不是一种与人的成熟程度无关，只需要投入身心的感情。这本书要说服读者：如果不努力发展自己的全部人格并以此达到一种创造倾向性，那么每种爱的试图都会失败；如果没有爱他人的能力，如果不能真正谦恭地、勇敢地、真诚地和有纪律地爱他人，那么人们在自己的爱情生活中也永远得不到满足。每个人都可以问问自己，你确实见过多少真正有能力爱的人呢？

影视推荐

1.《少年的你》是根据玖月晞小说改编的电影，由曾国祥执导，周冬雨、易烊千玺领衔主演，于2019年10月上映。该片讲述在高考前夕，被一场校园意外改变命运的两个少年，如何守护彼此并努力长大的故事。

2.《爱情故事》，导演：阿瑟·米勒（Arthur Hiller），时间：1970年，主演：艾尔丽·麦古奥、罗严·奥尼尔、约翰·马利、雷·米兰，国家：美国。影片讲述富家子弟奥列弗和一位普通面包师的女儿简真诚相爱的故事。奥列弗不顾家庭的反对毅然结婚。婚后的生活是幸福的，在两人经济拮据的情况下奥列弗自力更生地完成了自己的硕士学业。

学会爱中成长，
体验幸福生活

项目八 愿与挫折共舞——挫折下成长

名人名言

我觉得坦途在前，人又何必因为一点小障碍而不走路呢？

——鲁迅

故事导读

有一位经验丰富的老船长，他的货轮卸货后在浩瀚的大海上返航时，突然遭遇到了可怕的风暴。水手们惊慌失措，老船长果断地命令水手们立刻打开货舱，往里面灌水。“船长是不是疯了？往船舱里灌水只会增加船的压力，使船下沉，这不是自寻死路吗？”一个年轻的水手嘟囔。看着船长严厉的脸色，水手们还是照做了。随着货舱里的水位越升越高，随着船一寸一寸地下沉，依旧猛烈的狂风巨浪对船的威胁却一点一点地减少，货轮渐渐平稳了。船长望着松了一口气的水手们说：“百万吨的巨轮很少有被打翻的，被打翻的常常是根基轻的小船。船在负重的时候，是最安全的；空船时，则是最危险的。”

这就是“压力效应”。那些得过且过，感受不到一点挫折和压力，做一天和尚撞一天钟的人，像风暴中没有载货的船，往往一场人生的狂风巨浪便会把他们打翻。

（资料来源：https://www.ruiwen.com/zuowen/zheligushi/436547.html）

内容简介

大学生处于身心发展成熟期，面对挫折时常常不知所措。通过本章的理论学习，你将了解什么是挫折，挫折的种类有哪些，以及大学生该如何面对挫折。

教与学

2020年11月24日，教育部在《关于加强高校学生挫折教育的提案》答复中表示，加强包括挫折教育在内的大学生心理健康教育是新形势下加强和改进大学生思想政治教育工作的重要内容，是促进大学生全面发展的重要途径和手段。2021 年 1 月 27 日，教育部党组书记、部长陈宝生在 2021 年全国教育工作会议上的讲话中指出：要抓好体育、美育文件的落实，对学生心理问题及时发现、疏导和干预，增强学生承受挫折、适应环境的能力。

一、挫折的含义

（一）哲学的解释

哲学将挫折理解为主客体之间的对立，是主体对象化和客体异化这两个过程矛盾运动的结果。辩证唯物主义认为，客观世界在于人。当客体世界能为主体所认识和掌握的时候，主体自身力量得到彰显，人是自由的；当主体无法认识和把握客体，客体就反过来支配主体，这时，人是不自由的。

比如，老师对自己严格要求，你可以把教师的这种要求理解为是对自己自由的一种干涉，是自己意志行为中的一种挫折。但是，如果你知道这位老师一贯对学生要求严格，并且在生活中很爱护学生，那么，你会将老师的这种行为理解为是一种爱，是对自己成长的一种监督和帮助。在我们的大学生活中，主客体矛盾主要表现为现实与理想的矛盾。大学生一方面希望能够按照自己的意志去成长，另一方面却感觉到生活并不是按照计划、安排的那样去发展。于是我们感叹：愿望是美好的，现实是残酷的。

（二）心理学的解释

心理学着重于人们的体验和反应，认为挫折是意志行为过程中由于不可预知的因素对目标有所阻碍，从而在主体身上引起的一种情感体验和行为反应。

1. 挫折是针对意志行为

人的大多数行为是具有明确目标的意志行为。人之所以常常有苦恼、焦虑、愤怒这些负性情绪体验，就是因为行为目标遇阻和受挫。如果人没有明确的目标，行为没有意志性，挫折就无从产生。即便遇到障碍，也不会把它看作挫折。例如，如果你只是抱着试一试的心态去参加专转本入学考试，读不读本科对你来说都没有重要的意义。也就是说，你根本没把本科当作你的目标，那么，即使你失利了，这对你来说就根本不是一种挫折。

2. 挫折是主体的情绪体验

人在遭受挫折后，会马上引起复杂的情绪体验和情感反应。个体会有自尊心的损伤感、自信心的丧失感、行为的失败感，以及达不到目的的愧疚感等一系列纠结的情绪情感，之后会形成一种紧张、不安、忧虑、恐惧等情绪体验所交织成的复杂心情。

正是因为挫折能够引起人的这种巨大的负性情感反应，使人痛苦，所以人们才不愿意面对挫折。就是遇到了，有的还可能采取一些防御性心理反应，从而避免陷入痛苦的泥潭。

3. 挫折是主体的认识

引起挫折的刺激是客观存在的，一般不受个人支配与控制。但是，对于同样的刺激是否会引起同样的反应，却存在个体差异。这就是说，对于刺激情境是否会引起挫折反应，还在于主体怎么去认识这种刺激情境。我国古代寓言故事“杯弓蛇影”便生动说明了这个道理：同样的情境，不同的诠释，导致不同的结果。

4. 挫折是不可预知的

传统的科学观总幻想着人类能够完全掌握事物的发展过程，虽然对于像火箭发射、机械运行这类物理事件，科学家已经能够精确地控制，但依然要接受“天有不测风云”的意外。对世界的完全控制只是人类的美好愿望，永远不可能达到，尤其是社会历史进程。因此，对日常的意志行为过程，我们可以大概估计会遇到哪些困难，但是永远不能精确到它们会是什么，以及如何发生、何时发生。

二、挫折的种类与反应

（一）挫折的种类

1. 学习挫折

这几乎是所有挫折中最常遇到的。由于我国的应试教育导向，学习挫折感便由此而来。而且由于分数是衡量学生学习效果的主要评鉴标准，因而大学生的学习挫折，往往表现为某学科的成绩不够理想。学习挫折直接削弱大学生的主观幸福感，一项调查显示，大学生遭受学习挫折后，“难过”占 41.6%，“担忧”占 31.7%；其次，“不安”占 26.2%，“紧张”占 19.2%，“难堪”占 16.4%，“气愤”占 16.4%；选择“无所谓”的比例仅为 6.1%。

中国残联第七届主席团主席张海迪出生于山东省一个知识分子家庭，小时候就因为血管瘤而高位截瘫，导致她只能躺在床上。她的遭遇是普通人无法想象的，任何人都无法接受自己没有一个健康的身体，尤其是在孩童的时候。她只能看着自己的同龄人可以自由地去上学，可以聚在一起打闹玩耍，她的内心羡慕不已，但是她的身体无法支撑她过普通人的生活。在父亲的鼓励下，张海迪没有自暴自弃，既然身体无法控制，那么她选择利用身边可以利用的一切，去充实自己的头脑。她下定决心自学，于是她在自己床前摆了一面镜子，通过镜子反射书本去学习，就这样她慢慢学习掌握了小学到初中的基础知识。她还对英语产生了极大的兴趣，没有专门的书，她就收集糖纸、邮票、烟盒，用身边出现的一切带有英文商标的东西去学习英文。甚至为了纠正自己的英文发音，她练到嘴角出血也不休息。张海迪始终认为学习这件事，并没有平坦的道路可走。人在遇到困难的时候不仅不能屈服，还应该拿出保尔的勇气，去战胜一切困难。

2. 人际交往挫折

人际交往对大学生而言是仅次于学业发展的一项重要的社会需要。大学生都希望获得更广泛的良好人际关系，从而维系个人发展与社会需要之间的纽带。但是，由于性格或者成长经验的影响，在人际交往中，往往难以达到理想效果。要么难以抛开自尊、自傲和矜持的面具，要么以错误的方式伸出橄榄枝，反而引起别人的误解，导致人际挫折。

许某，女，19 岁，汉族，某高校大一学生。这个家中独生女进大学后，面对全新的学习生活环境，想趁着别人都不了解自己，一改以前颓废、自卑的精神面貌，做一个自信快乐的人。三个月前，班级组织辩论赛，她鼓起勇气报名成为一名辩手。正式辩论时，由于不自信，她表现得很糟糕，结结巴巴，愣是没有说一句完整的话，结果所在辩论队输给对方。事后，她觉得全是自己的过错而导致本队失利，认为自己的形象又一次被毁了，班级同学肯定都看不起自己；同时，她认为要是自己长得好看一些，就不致如此。自那以后，她喜欢将自己封闭起来，一个人独来独往，怕见到认识的老师和同学，一旦路上碰见熟人，往往老远就躲开走另外一条路，即使躲不开也会低头假装没看见。跟寝室同学关系也不好，讨厌待在寝室，只是晚上回去睡个觉。睡眠质量也不好，睡前总在想以前那些不开心的事情，有时会偷偷地躲在被窝里流泪。由于睡眠不好，白天精神萎靡，由此她觉得上大学一点意思都没有，并且感到十分痛苦。

3. 恋爱挫折

对爱情的渴望也常常折磨着大学生。应该说，爱情对大学生而言是非常正常的需求，但由于现实因素的限制，很多大学生往往难以得到爱神的垂青。我们从大学校园贴吧公开征友信息来看，女生选择男朋友的标准往往是“阳光帅气，身高 175 厘米以上”，而男生择友的标准也往往是外表美丽、性格温柔。不可否认，近年来大学生的恋爱现象越来越具有追求感性和物质化的倾向，加上大学生恋爱动机的差异、恋爱过程中交流沟通技能的欠缺，维持恋爱需要的物质条件不具备等原因，部分大学生也会遭遇恋爱挫折。

某校男生李某某与另外一班女生陈某两人是高中同班同学，并且在高中时期就开始谈恋爱。两人恋爱两年半后陈某以性格不合、自己已有新的喜欢对象为由提出分手。李某某不同意，并采取极端行为争取挽回陈某，经常打电话骚扰陈某，每天在寝室楼下等陈某，在其家教地方等候。李某某曾在宿舍一个人喝下一瓶白酒，在宿舍大叫，影响了其他同学学习、休息。陈某也天天烦躁，郁闷，无心学习，荒废学业。这样严重地影响了李某某的身心健康，在分手这段时间李某某茶不思饭不想，体重下降了五六斤。

4. 择业挫折

现实的就业压力，给大学生带来隐性压力不言而喻。对即将毕业的大学生来说，择业更是一种现实的挫折。根据调查，无论是就业岗位、地点还是薪酬福利等，大学生的期望一般高于企业提供的范围。所以，在整个就业过程中，大学生都会感到失望、焦虑。

小刘的学习成绩和其他方面条件都不错，在毕业就业的初期，他满怀信心。但由于所学专业冷门，找过几家单位都碰了壁，结果他产生了自卑感。在后来的择业过程中，他表现得越来越差，且陷入恶性循环而不能自拔，以至于到了新的用人单位那里，只能被动地问人家：“学某某专业的要不要？”其他什么话都不敢讲，最终未能落实就业单位。

（二）挫折的反应

影响挫折反应的因素，大体上可以分为主体因素和客体因素或者内部因素与外部因素两大类。人们在日常的学习生活中，由于主客观条件各不一样，因此挫折反应也各不相同。

人们的挫折反应表现在生理、情绪和行为三个方面。需要强调的是，下面的心理与行为反应，有积极的也有消极的，是人们在生活经验中习得的结果，无所谓对错之分。

1. 生理反应

个体遭受挫折以后，机体内部的自我调节机制将会最大限度地调动机体的潜在能量，以有效地应付外界环境的变化。比如，受挫后交感神经系统的兴奋性会增强，消耗大量的能量，于是神经末梢释放生物信息，刺激心肌收缩力增强，以促进血液循环加快，血压升高；刺激呼吸加快，以保证氧气供应；刺激各种激素分泌增加，促进蛋白质、脂肪、糖原分解。

体内潜在能量大量消耗的同时，机体内部那些与情绪反应无直接联系的器官或系统则得不到必要的能量而不能维持正常功能，如消化道蠕动减慢、胃肠液分泌减少等。如果长期处于挫折情境而不得到消解，上述生理变化将会进一步增强，从而引起身心病变，出现皮肤和面色苍白、四肢发冷、心悸、气急、腹胀、尿少等一系列症状。

2. 心理反应

挫折情境中的心理反应包括情绪反应，以及较为复杂的防御性心理反应。

(1) 愤怒和敌意

如果受挫者意识到挫折情境来自人而不是自然因素，就会产生愤怒和敌意的情绪体验。所谓“怒从心头起，恶向胆边生”，愤怒之后可能还会有进一步的极端行为反应。比如，2004 年 2 月，云南大学学生马加爵残忍杀害同寝室的同学这个事件，就是马加爵在遭受同学的嘲讽之后产生的愤怒行为反应所导致。

(2) 焦虑与担忧

通常情况下我们不知道挫折的原因是什么，或者就是知道挫折来源于什么，但是我们无法解决，这时我们往往会产生焦虑与担忧的情绪反应。焦虑是挫折后常见的一种心理反应。适度焦虑，如考试前适度紧张，对提高活动效率、发挥潜能有一定的积极作用。而过度的焦虑是有害的，严重的会导致心理疾病，发展成焦虑症。焦虑之外，往往还有对于事情进展能否顺利、目标能否达到的担忧。

(3) 冷漠

有些人遇到挫折以后，表现出无动于衷、漠不关心的态度，好像没有什么情绪反应，这就是受挫后的冷漠反应。冷漠并非没有情绪反应，相反，是一种压抑极深的痛苦情绪反应。个人面对亲人、朋友带给自己的伤害，或者面对无法摆脱的挫折情境时，通常会表现出冷漠的反应。

(4) 压抑

我们无法对挫折情境表达愤怒与不满的时候，需要暂时将消极情绪压抑起来。压抑并不意味着问题的解决，按照精神分析理论，被压抑的情绪进入潜意识，会通过其他途径变相表露出来。

(5) 升华

以积极的心态看待挫折，将挫折转化为一种激励的力量。所谓“屡战屡败，屡败屡战""越挫越勇"就是这种在挫折面前自我激励的情绪状态。

(6) 向下比较

我们遇到挫折的时候,有必要和那些命运比我们更差的人去比较,以消除心里愤怒不平的消极情绪,让自己内心获得一种平衡感。

3. 行为反应

人在挫折情境下除了有情绪反应外,可能还伴随着某种行为反应。

(1) 报复与攻击

对于人为造成的挫折,比如他人的恶意阻挠,会激起当事人强烈的反应,可能会直接激发出报复和攻击行为。受网络暴力文化的影响,很多青少年面对挫折具有暴力倾向,比如大学生犯罪。

【知识拓展】 挫折—攻击理论

挫折—攻击理论主要由多拉尔德、梅尔、米勒等人提出,指的是人的一个动机、行为遭到挫折后,就会产生攻击和侵犯性反应,从而引起犯罪。攻击的概念最先是由弗洛伊德提出的。他认为,这是人的一种本能,即死的本能。挫折—攻击理论认为,攻击行为的发生必先有挫折。所谓"挫折",是根据某种愿望进行有目的的行为时,由于内部或外部障碍,欲求的满足受到阻碍,这种状态就是挫折。经过后期的发展,心理学家米勒认为,挫折并不都引起攻击。有的人受到挫折后反而增强了战胜困难的决心;有人受到挫折后变得紧张、倒退、无动于衷或陷入空想等;还有的引起攻击行为。他认为,一般挫折转为攻击,还需要环境中存在引起攻击的线索。

(2) 退行

所谓退行,是指遇到挫折时,心理活动和反应退回到个体早期发展水平,以幼稚的、不成熟的方式应对当前情境。比如,大学生的活动计划,如果受到家长或者老师的反对,某些大学生可能就会采取赌气、咒骂、暴食、疯狂购物、砸物,甚至出走等非积极、非成熟的方式去应对。

(3) 习得性无助

所谓习得性无助,是指个人面对挫折情境,多次尝试都无法避免失败,使得个体在挫折面前完全失去任何意志努力的现象。这是心理学家进行动物实验时发现的现象。在现实生活中,人们遭受多次挫折和打击,却不能克服苦难、战胜挫折,久而久之就会沮丧,从而倾向于放弃意志努力,听从命运摆布。

【知识拓展】 习得性无助实验

美国心理学家西里格曼做的经典实验:起初,他把狗关在笼子里,只要蜂音器一响,就给以难受的电击,狗关在笼子里逃避不了电击;多次实验后,蜂音器一响,在给电击前,先把笼门打开,此时狗不但不逃,而且不等电击出现,就卧倒在地开始呻吟和颤抖——本来可以主动逃避,却绝望地等待痛苦的来临,这就是“习得性无助”。

(4) 补偿

所谓补偿,是指一个因某方面的缺陷而无法达到期望的目标时,以其他方面的成功来弥补先前的遗憾与自卑的现象。例如,大学生因为家庭经济条件或者自身的相貌条件在恋爱问题上受挫,那么他就可以发奋学习,以学习的成功增加自信心。

(5) 幽默

遇到挫折,以看似轻松发笑的语言对挫折的原因或者遭受挫折以后的后果进行解说,使人的心理紧张或愤怒感暂时消失的艺术,就是幽默。幽默反映个人看待挫折成败的一种超然心态和智慧。幽默搞笑日渐成为大学生释放学习挫折和压力的一种手段。

(6) 宣泄

宣泄是指采用道德法律许可的方式发泄心中的不满、愤怒等极端情绪,从而避免发生直接人际冲突和心理郁积的一种方式。常见的宣泄方式有在空旷空间大吼大叫、摔打物品、打出气袋、跳舞、唱歌,等等。大学生遇到挫折,很容易产生强烈的情绪反应,宣泄是一种很好的挫折应对方式。

三、挫折的应对策略

挫折的发生无可避免,但是,这并不意味着我们面对挫折无能为力。相反,能否正确看待挫折,并有意识地培养、锻炼自己的挫折容忍力,关系着大学生今后的人生幸福和事业成败。因此,采取积极态度应对挫折,是必要的。所谓挫折容忍力,也称挫折忍受力,指个体遭受挫折情境而免于精神与行为失常的一种能力。

对于人生的挫折,人们自古就有充分的体验和认识,并总结了许多修炼挫折忍耐力的方法。我们不仅要从心理学,也要从前人行之有效的经验中,学习应对挫折的方法。

(一) 端正认识,直面人生挫折

1. 挫折不会仰人鼻息

不管你曾经多么优秀,进入大学,你就进入了一个“准社会”。当代大学生独生子女居多,按照中国传统的家庭教养方法,除非家庭条件有限,一般都能得到父母的格外照顾和宠爱。但也由此容易让大学生滋生一种盲目的优越感,形成一种“自己永远是生活的宠儿,世界应该围绕我而转”的错觉。这种态度在大学生的人际交往中表现得尤其明显。但是,挫折不会因人而异,更不会仰人鼻息。社会的真实含义是别人不会迁就你,以你为中心,人生道路不可能永远由自己的父母去铺平。对于从小生活条件优越,且较少经历过挫折的大学生来说,正确面对并深刻体会社会的复杂和人生的曲折,也许是首先需要解决的问题。

单思思,清华大学医学院“90后”博士生,新型冠状病毒感染疫情暴发以来,单思思一直在科研战“疫”一线争分夺秒、攻坚克难。大年三十的晚上,在举国团聚、欢度新春佳节的时候,她只是和家人简单地打了一个电话,就又争分夺秒地投入研究工作。她说:"作为一名研究生党员,在祖国和人民有需要的时候就要站得出来、冲得上去,以'硬核'成果降服病魔,维护人民的生命安全。青年科研工作者责无旁贷,早一秒拿到抗体,就能多一分战胜新冠的把握。"作为一名新时代的青年学生,单思思牢记习近平总书记的教诲,立志把个人的理想追求融入国家和民族事业中,把保障人民群众生命安全和公共健康作为自己毕生的事业和追求,矢志用青春告白祖国。在2021年年初,单思思被中央宣传部、教育部评选为"2020年最美大学生"。

(资料来源:https://www.tsinghua.edu.cn/info/1179/17410.htm)

2. 挫折是人生的宝贵财富

任何事物都具有两面性。尽管挫折让我们难受,使我们的学习和发展受阻,但是它同时又是人生的宝贵财富,是促使成长的必要条件。认识到这一点,我们才有勇气和信心去勇敢地面对挫折。古谚云:"宝剑锋从磨砺出,梅花香自苦寒来。""不经一番寒彻骨,哪得梅花扑鼻香。"没有挫折的人生是苍白虚幻的人生,不经过挫折的磨炼,也就没有成功的喜悦和人生的幸福。快乐不是平坦笔直的康庄大道,或者无忧无虑的锦衣玉食,而是经过奋力攀登后踏在脚下的高峰,用自己的坚韧和勤劳换来的硕果。任何人都不可能避免挫折,挫折是促进大学生成长的积极因素。挫折可以磨砺我们的意志,丰富我们的经验,增长我们的能力。

巴尔扎克说过:"挫折和不幸,是天才的晋身之阶、信徒的洗礼之水、能人的无价之宝、弱者的无底深渊。"这说明适度的挫折具有一定的积极意义,可以使人不断地在压力下使自己的能力和实力得到不断的提升,从而有可能创造出更为夺目的辉煌。全国第一所公办免费女子高中,12年累计让1 800多名大山女孩考入大学,学校本科上线率、一本上线率稳居云南省丽江市前茅……这是"感动中国2020年度人物""全国脱贫攻坚楷模"——63岁的华坪女子高级中学校长张桂梅,创造的教育奇迹。子夜时分,华坪女高的宿舍楼楼道内灯火通明,学生在楼道里支起小桌,席地而坐,老师在楼道内来回巡视,为学生答疑解惑。在华坪女高,老师、学生早已对这样的高强度学习习以为常:每天5:30分起床晨读,到晚上12:20分自习结束睡觉,除了中午有40分钟午休时间外,其他时间都要用来上课、自习,连吃饭时间都被张桂梅严格限定在15分钟以内。张桂梅说,华坪女高招收的学生大多来自贫困山区,不少学生基础差,我们不拿出这样拼的架势,孩子们怎么和外面条件好、基础好的孩子比?建校12年来,学校已有1 800多名学生考入大学。2020年7月,华坪女高有159名学生参加高考,其中150人达本科线,本科上线率94.3%,不少学生被国内重点高校录取。

(资料来源:https://baijiahao.baidu.com/s?id=1686114252862423470&wfr=spider&for=pc)

> 天将降大任于斯人也,必先苦其心志,劳其筋骨,饿其体肤,空乏其身,行拂乱其所为,所以动心忍性,曾益其所不能。
>
> ——《孟子》

3. 挫折是可以克服和战胜的

挫折是不可预知的，也是必然的。但是，挫折却不是不可战胜的。古今中外，无数杰出的人先后以他们的人生经验，诠释着人类意志的力量。我国古代统治者为了维护剥削和压迫，鼓吹天命观，但荀子提出了“人定胜天”的思想。人类祖先敢于和大自然抗争，所以人类才能逐渐成为地球上的主宰；劳动人民敢于抗争，才能掀起一次又一次的革命战争，争取社会进步和人民的解放；科学家、艺术家勇于探索科学和艺术的真谛，才使得人类创造出灿烂的文化。历史长河中，无数人以他们坚强不屈的精神改变着自己的命运，也改变着人类的命运。

英国哲学家培根说过：“超越自然的奇迹多是在对逆境的征服中出现的。”华罗庚中学毕业后，因交不起学费被迫失学。回到家乡，他一边帮父亲干活，一边继续顽强地读书自学。不久，他又身染伤寒，生命垂危。他在床上躺了半年，痊愈后，却留下了终身的残疾———左腿的关节变形，瘸了。当时，他只有 19 岁，在那迷茫、困惑，近乎绝望的日子里，他想起了失去双腿后著兵法的孙膑。“古人尚能身残志不残，我才 19 岁，更没理由自暴自弃，我要用健全的头脑，代替不健全的双腿！”青年华罗庚就是这样顽强地和命运抗争。白天，他拖着病腿，忍着关节剧烈的疼痛，拄着拐杖一颠一颠地干活。晚上，他在油灯下自学到深夜。1930 年，他的论文在《科学》杂志上发表了，这篇论文惊动了清华大学数学系主任熊庆来教授。清华大学聘请华罗庚当了助理员。在名家云集的清华园，华罗庚一边做助理员的工作，一边在数学系旁听，还用四年时间自学了英文、德文、法文，发表了十篇论文。25 岁时，他已是蜚声国际的青年学者了。

（资料来源：http://www.360doc.com/content/19/0813/06/57350725_854539853.shtml）

（二）修身养性，提高心理素质

除了对挫折要有正确的认识之外，我们还必须具备良好的心理素质，面对挫折能够泰然处之。这种心理素质只能靠修炼而得。

1. 适应与调整

外界环境和条件的变化，不以个人的主观意愿而转移。我们原来设想好的目标，往往因为客观条件而出乎意料地改变，而变成了镜中月、水中花。面对意外情况出现，我们必须及时调整自己的心态和目标，以适应这种改变。这种适应和调整，主要通过降低自我期望和改变行为目标而实现。研究表明，挫折感的强度，与自我期望相关。较高的自我预期导致较强的挫折感，较低的自我期望形成较弱的挫折感。

2. 忍耐和控制

遇到挫折，有情绪和行为反应，这本是人之常情，但是并不是任何反应都有利于事情的发展，尤其是当我们所面对的挫折情境是自己不能马上控制、解决的时候，忍耐就成为必要的一种策略。所谓“小不忍则乱大谋”说的就是这个道理。凡人生事业取得成功的人，无不在逆境和挫折情境中善于忍耐。以下两种情况，需要大学生学会忍耐：一是当我们还不清楚事情的前因后果，没有充分掌握相关信息的时候，冲动很可能造成误会和不可弥补的伤害；二是挫折的力量强大，我们尚不能控制的时候，不满和愤怒的反应不利于事情的解决。

3. 放松训练

忍耐和控制并没有消除内在的紧张，因此还需要对消极情绪进行疏导宣泄，如采取心理学的放松训练法等。

【拓展学习】

深呼吸放松法

采用鼻子呼吸，腹部吸气。双肩自然下垂，慢慢闭上双眼，然后慢慢地深深地吸气，吸到足够多时，憋气 2 秒钟，再把吸进去的气缓缓地呼出。自己要配合呼吸的节奏给予一些暗示和指导语："吸……呼……吸……呼……"呼气的时候尽量告诉自己我现在很放松很舒服，注意感觉自己的呼气、吸气，体会"深深地吸进来，慢慢地呼出去"的感觉。重复做这样的呼吸 20 遍，每天 2 次。这种方法虽然很简单，却常常起到一定的作用。如果你遇到紧张的场合，或是不知道自己该怎么办、手足无措之时，不妨先做一次深呼吸放松。

（三）平心静气，改善社会关系

如果说前几个方面是从内部着手应对挫折，后面几个方面则强调从外部着手，以应对挫折。

人总是生活在现实的社会关系网络之中的。我们遇到挫折的时候，既要充分利用社会关系，寻求社会支持，也要主动改变不利的社会关系，以克服困难，战胜挫折。

1. 处理好理想、期望与现实的关系

目标挫折来源于理想、期望与现实的某种差距。大学生所遇到的很多挫折，比如学习、爱情、就业等方面，很大程度上是由于目标和预期过高，当现实条件不能满足的时候，挫折就不可避免了。为此，我们在制订行为目标的时候，要尽可能地遵循现实的原则，不可好高骛远。当挫折出现的时候，我们也不要怨天尤人，及时调整目标，降低期望，从而避免强烈的心理失衡。

2. 处理好自我与他人的关系

很多挫折，比如阻碍性挫折，都源于自我和他人的关系问题。要是自己的目标直接或间接损害了他人的利益，或者在实施过程中与他人的利益发生冲突，这时候阻碍性挫折便不可避免。为了顺利达成自己的行为目标，大学生在制订自己的目标的时候，首先需要考虑的是必须兼顾他人的权益，至少以不损害他人利益为前提；其次，围绕行为目标，要尽可能考虑涉及的所有关系，事前处理好各种关系，尤其是不友好的关系，以保证目标过程的顺利进行。

3. 处理好友情与爱情的关系

友情与爱情，是大学学习生活中极为重要的社会需要。很多大学生朋友感到孤独、寂寞，与他们不善于经营有很大的关系。当代大学生的独立性增强，但往往混淆了独立性与自我性之间的关系。需要友情却不知道如何获得，于是干脆独来独往，或者过早涉足二人世界，结果友情没有得到，爱情也相当脆弱。处理不好友情与爱情的关系，大学生很容易体验到匮乏性情感挫折。

4. 处理好兴趣、爱好和专业学习的关系

大学生的学习兴趣、爱好随着求知欲的增强而具有易变性和广泛性的特点，这往往和专业课程的学习发生冲突。简单说就是自己喜欢的学科，课程设置里面没有，而作为必修课的专业课程，常常是自己不喜欢的。学习评价往往是围绕课程设置而展开的，如果不能学好专业课，势必形成学习挫折。因此，大学生应谨慎处理好个人爱好和专业学习的关系。

（四）积极奋斗，改变客观条件

环境对我们心理和行为的影响作用是相当大的。对挫折情境的理解，既不能否认人们认知上的差异，更不能否认和无视外部环境的作用。大学生朋友除了要正确地看待挫折，学会自我调适之外，更重要的是要充分发挥自己的创造力和能动性，主动创造条件，为意志行为目标的顺利实现而营造良好的外部环境。

1. 系统分析，科学决策

在确定行动目标的时候，全面考虑各方面的条件，是保证行动目标顺利实现的必要条件。如果不系统分析目标达成所经过的阶段，以及各阶段所需要的条件，以便事先予以安排和开展必要的工作，则可能会遇到障碍，遭受挫折。大学生行动之前往往缺乏系统的考虑，所以也往往容易遇到预想不到的困难。这就需要大学生朋友学会系统思维，尽可能详尽地考虑行为各方面的因素，并周密安排。

2. 善于争取，敢于抗争

挫折的人性本质在于意志不自由。因此争取自己的合理权利，摆脱一些不合理的束缚，或者与不利的环境条件抗争，这也是人本主义心理学所一贯倡导和主张的立场。面对各种挫折，大学生需要具有同命运抗争的勇气和精神，自觉改善自身发展的环境条件。

做

【实训一】 感悟挫折，拥抱阳光——心有千千结

【实训目的】 使参与者能够认识到，在遇到困难、挫折的时候，只要通过换位思考以及团队的合作就可以顺利解决问题。

【活动准备】 以开放、坦诚、彼此支持、互守秘密的心态积极参与活动，人数控制在 40 人为佳，场地尽可能放在室外。

【实训程序】

1. 先把成员分成若干组，各组同时进行。各组同学手拉手围成圆圈，并记住自己的左手和右手边分别拉的是谁。

2. 记住后，当听到主持人说放手时，大家立刻放手，并在一定范围内走动，要求是走得越乱越好；再听到主持人说“停”时，大家都立住不动，然后迅速找到原来左、右手所牵的那两只手。

3. 手牵住后，在一定时间内恢复到起初的完整的圈。
4. 再把成员依次整合，直到合起来围成一个大圆，按照之前的方法进行。
5. 请成员分享体验。

总结：放平心态，团结协作，方能解开心上千千结。

【实训二】 检验受挫能力

生活中，每个人都会遭受不同程度的挫折，人们在受挫后恢复的能力各不相同，有些人弹性十足，有些人受挫后一蹶不振，而大多数人则介于两者之间。下列问题则可以测验出你应付困境的能力。在回答这些问题时，请你用“同意”或“不同意”作答。回答得越坦白，越能测验出你的受挫弹性。同意画“√”，不同意画“×”。

1. 胜利就是一切。
2. 我基本上是个幸运儿。
3. 白天工作不顺利，会影响我整晚的心境。
4. 一个连续两年都名列最后的球队，应退出比赛。
5. 我喜欢雨天，因为雨后常是阳光普照。
6. 如果某人擅自动用我的东西，我会气上一段时间。
7. 汽车经过时，溅我一身泥水，我生气一会儿便算了。
8. 只要我继续努力，我便会得到应有的报偿。
9. 如果有感冒流行，我常是第一个被感染的人。
10. 如果不是因几次霉运，我一定比现在更有成就。
11. 失败并不可耻。
12. 我是有自信心的人。
13. 落在最后，常叫人提不起竞争心。
14. 我喜欢冒险。
15. 假期过后，我需要舒散一天才能恢复常态。
16. 遭遇到的每一个否定都使我更进一步接近肯定。
17. 我想我一定受不了被解雇的羞辱。
18. 如果向我所爱的人求婚被拒绝，我一定会精神崩溃。
19. 我总不忘过去的错误。
20. 我的生活中，常有些令人沮丧气馁的日子。
21. 负债累累的光景叫我寒心。
22. 我觉得要建立新的人际关系相当容易。
23. 如果周末不愉快，星期一便很难集中精力学习和工作。
24. 在我生命中，我已有过失败的教训。
25. 我对侮辱很在意。

26. 如果聘任职务失败，我会愿意尝试。
27. 遗失了钥匙会叫我整日不安。
28. 我已达到能够不介意大多数事情的地步。
29. 想到可能无法完成某项重要事情，我不寒而栗。
30. 我很少为昨天发生的事情烦心。
31. 我不易心灰意冷。
32. 必须要有百分之五十以上的把握，我才敢冒险把时间投资在某件事上。
33. 命运对我不公平。
34. 对他人的恨维持很久。
35. 聪明的人知道什么时候该放弃。
36. 偶尔做个败北者，我也能坦然接受。
37. 新闻报道中的大灾难，使我无法专心工作。
38. 任何一件事遭到否决，我都会寻求报复的机会。

统计与解释：

上面问题，列入“不同意”者为：1、3、4、6、9、10、15、17、18、19、20、21、23、24、25、27、28、29、32、33、34、35、36、37，其余题为“同意”。

依上列答案，相符者给 1 分，相反为 0 分。如果你只得到 10 分或者更少，那么你就是那种易被逆境、失望或挫折所左右的人。你把逆境看得太严重，一旦跌倒，要很久才能站起。你不相信“胜利在望”，只承认“见风转舵”。总分在 11 至 25 分者，遇到某些灾祸或逆境的时候，往往需要相当长的时间才能振作起来。不过这类人能找到很多的技巧和策略来获取个人的利益。如果你的总分高于 25 分，则显示你应付逆境的弹性极佳。不理想的境遇对你虽然会造成伤害，但不会持久。这类人在情感上通常相当成熟，对生活也充满热爱，他们不承认有失败，纵或一时失败，仍坚信有“东山再起”的一天。

资源拓展

【拓展阅读】

屠呦呦：成功，在 190 次失败之后

因发现治疗疟疾的药物青蒿素，拯救了全球数百万生命，2011 年 9 月 24 日，81 岁的中国科学家屠呦呦，登上了国际生物医学大奖“拉斯克奖”的领奖台。由于 1997 年以来的诺贝尔医学奖获得者中，近一半也是“拉斯克奖”得主，人们称屠呦呦离诺贝尔奖仅一步之遥。1967 年，37 岁的屠呦呦开始抗疟疾药物的研究。她从整理历代医籍开始，四处走访老中医，做了 2 000 多张资料卡片，经过对 200 多种中药的 380 多个提取物的细致筛选，最后将焦点锁定在青蒿上。但大量实验发现，青蒿的抗疟效果并不理想。屠呦呦认为，很有可能在高温的情况下，青蒿的有效成分被破坏掉了。她改用乙醚制取青蒿提取物。在经历了 190 次失败之后，1971 年，屠呦呦课题组在第 191 次低沸点实验中终于发现了抗疟效果为 100%的青蒿提取物，打开了成功之门。

屠呦呦的成功，偶然中带着必然。这种必然就是无数次艰苦的试验以及无数次失败后的不放弃。这种脚踏实地老老实实的科研作风，正是一个科学家有所建树的前提。爱迪生为发明灯丝，仅植物类的碳化试验就达 6 000 多次，经历上万次挫败，在连续三年里每天废寝忘食。他的很多伟大发明，均是在成千上万次的“试错”后“偶然”发现的。

水稻专家袁隆平谈及他的“择徒观”，第一个条件就是“要下田”。科学是一种奇妙的东西，要摘取其王冠上的珍珠，必须挽起袖子和裤脚，亲自“下田”，用不计其数的汗水方能“妙手偶得之”。这其中来不得半点急功近利，也没有任何的终南捷径。

（资料来源：https://www.163.com/dy/article/GT3PVPQL0548PSSR.html）

书籍推荐

1.《遇见未知的自己》（张德芬，湖南文艺出版社，2008 年）。该书是以小说为体裁，以心灵修行为主题，主要讲述名校毕业的女白领若菱生活的起伏以及与老人的对话，借此来表达对人生课题与智慧的理解。该书发行半年销量达 3 万册，于 2012 年获得当当网畅销书籍第一名。

2.《羊皮卷丛书》（奥格·曼狄诺，长江文艺出版社，2009 年 2 月），影响全世界的伟大作品之一，被誉为“全球成功人士的启示录”“超越自我极限的奇书”，被译成数十种语言，风靡全球，影响和改变了无数人的命运。它所辑录的都是近 200 年来在各个行业中的成功人士，根据他们的经历，循循善诱地向世人告知成功的秘密以及由此所带来的幸福生活的意义。

影视推荐

1.《阿甘正传》(*Forrest Gump*)是由罗伯特·泽米吉斯执导的电影，由汤姆·汉克斯、罗宾·怀特等人主演，于 1994 年 7 月 6 日在美国上映。电影改编自美国作家温斯顿·格卢姆于 1986 年出版的同名小说，描绘了先天智障的小镇男孩福瑞斯特·甘自强不息，最终“傻人有傻福”地得到上天眷顾，在多个领域创造奇迹的励志故事。电影上映后，于 1995 年获得奥斯卡最佳影片奖、最佳男主角奖、最佳导演奖等 6 项大奖。

2.《中国合伙人》是由陈可辛执导，黄晓明、邓超、佟大为、杜鹃主演的电影。该片于 2013 年 5 月 17 日在中国上映，讲述了“土鳖”成东青、“海龟”孟晓骏和“愤青”王阳从 20 世纪 80 年代到 21 世纪，三个年轻人从学生年代相遇、相识，共同创办英语培训学校，最终实现“中国式梦想”的故事。

挫折应对策略

项目九 利用网络资源——开阔视野

名人名言

没有一项发明像互联网一样收到如此多的赞扬和批评。

——《互联网周刊》

故事导读

他为什么离去

13 岁的张小艺是天津市某重点中学初二学生，因沉溺于网络游戏不能自拔，于 2004 年 12 月 27 日早晨 7 点多钟，从自家所住的天津塘沽区悦海花园的 24 楼跳楼自杀。警方从他身上发现了四份遗书，每一份遗书的落款都是“张小艺绝笔”，在四份遗书中竟找不到一句跟父母道别的话，而是充满陌生的名字和奇怪的言语：我崇拜的是 S.H.E、守望者，他们让我享受到了一种快乐的感觉。我有三个知心朋友，尤第安、泰兰德、复仇天神……原来小艺在遗书里提到的崇拜者和知心朋友，全是游戏《魔兽争霸》中的人物。这个游戏是他生前最喜欢的电脑游戏。张小艺在遗书里面提到的守望者就是这个游戏里面的一个英雄，是他最崇拜的人物。张小艺根据《魔兽争霸》的情节自己编写了一部小说，名字就叫《守望者传》。在小说中张小艺把自己想象成一个力挽狂澜的英雄人物，拥有强大的力量。而这个虚拟世界中的英雄，在现实世界里成绩下滑遭到父母和老师的批评。想远离网吧，又很难控制自己。显然，虚拟世界中的英雄在现实世界里却要背负十分沉重的精神负担，最终走上绝路。

（资料来源：https://www.cctv.com/education/20050412/100413.shtml）

盲人大学生创业开公司利用“互联网＋”推广推拿

作为盲人大学生，王子衡在长春大学学习的是推拿专业，“以前，很多学长学姐毕业后，都是先去实习、打工，然后积攒一些资金后自己开推拿店，做得好的会有连锁店，都是依靠个人的力量，这样干下来很辛苦，也只能维持温饱。”王子衡说，在互联网发达的现在，如何利用互联网应该是创业者考虑的问题，“利用‘互联网＋’技术，可以实现 1＋1＞2，将来也能更好地生活”。2015 年，他注册了一家科技公司，推出了一个公众号，“以前推拿，都要顾客到店里；现在客户关注我们的公众号，可以享受上门推拿服务，还可以预约，免去排队时间。”

利用互联网技术，把盲人群体联系起来，整合推拿店，进行线上线下服务，可以让大家利用互联网多赚钱，更多地接触社会。经过几个月的运营，已经有很多推拿店与公司合作，取得了不错的效果。

（资料来源：https://www.sohu.com/a/80081975_386696）

内容简介

通过本章的理论学习，你将了解互联网与大学生的关系，网络对大学生心理健康的影响，大学生常见网络心理问题及调适。

教与学

一、互联网与大学生的关系

（一）互联网的普遍性

中国互联网络信息中心（CNNIC）在北京发布第 53 次《中国互联网络发展状况统计报告》（以下简称《报告》）。《报告》显示，截至 2023 年 12 月，我国网民规模达 10.92 亿人，较 2022 年 12 月新增网民 2 480 万人，互联网普及率达 77.5%。

网民不仅可以通过互联网了解世界、学习、购物，而且可以在网上交友、谈恋爱、聊天、开会，甚至玩游戏、赌博等。互联网已经改变了网民的学习方式、工作方式和生活方式。

（二）互联网对大学生的影响

1. 积极影响

互联网开阔了大学生的眼界，凡是想获得知识的人都拥有了学习的权利。互联网的全球性也打破了国际与地域的限制，让不同国家的人能领略到他国风景，实现了“坐地日行八万里，巡天遥看一千河”的想象。现如今大学生已不再单纯地以课堂上的学习为基础，而能根据自己的爱好和实际情况随时随地学习。

在网络中，大学生的文化生活得以丰富，可以凭借文字、声音、图影等各种新方式接受来自世界各地的信息和娱乐项目，一些思想、观念和生活、学习、消费及娱乐等方式通过各种渠道产生了直接或间接的影响。

大学生利用日渐成熟的电子商务，在网上购物，在网上交易二手商品；还可以足不出户在网络上为自己充话费、更改流量套餐；甚至可以通过网络和远方的父母进行即时通信，让远方的父母减少对孩子的担忧。

2. 负面影响

随着互联网越发普及，有不少人对网络产生了依赖性，人们越发地沉迷于虚假的网络而减少了和父母、亲朋好友面对面的交流，甚至网络成瘾已经成了一种心理上的疾病。对于身心发展还不成熟的大学生来说，网络成瘾不仅影响学习，还会对个性的形成和价值取向有深刻影响。长时间注视着电脑屏幕不仅会导致视力下降、眼睛怕光，僵坐在电脑前还可能会出现腰背的肌肉劳损、脊椎疼痛变形等。在电视或广播中也时常会听到有人沉迷于网络，导致身体不适，甚至会突发猝死的事件。

网络诈骗时常出现在大学生生活中，骗子会通过给大学生一些蝇头小利来骗取受害者的信任，甚至还出现了一系列团伙作案，他们利用大学生的同情心，或者想赚快钱的心理，盗取大学生的身份证家庭地址等信息，再把信息出售给一些团伙，形成了类似产业链的结构，这损害了大学生的钱财、信息的安全，严重扰乱了社会治安。

网络使世界变成了“地球村”，虽然让我们足不出户便可以接收到世界各地的信息，但也让我们进入“人—机—人”的封闭式环境当中，使人失去了与他人、社会接触的机会。大学生长时间接触虚拟的网络会淡化网络与现实世界的界限；大学生长时间在虚拟的网络世界中，与亲属、同学之间的感情随之淡化，与现实产生极大距离感。因此，当他们从网络中走出来后，他们会对社会现实感到悲观失望，进而导致情绪偏激、孤傲、冷漠以及其他心理问题。

（三）大学生对互联网的心理需求

1. 积极的心理需求

（1）追求开放性与求知求新心理

网络是一个开放的信息源，多种文化、思想观念共生，为大学生追求开放性和多元性提供了平台。

（2）满足自我，实现的需求

网络世界里，不再强调相貌的作用，每个网民在一个非以貌取人的环境下拥有平等的发言权，人们不需要过多的面具。

（3）满足归属感的需求

对人类来说，寻求归属感是一种基本需求。通过互联网，大学生交往范围扩大，选择性明显增强。

2. 消极的心理需求

（1）猎奇心理，追求感官刺激

很大一部分大学生上网的目的是猎奇，即追寻一种在现实生活中难以了解，通过正当渠道难以获得的奇艳事物或信息，并借以获得感官刺激。他们往往会出于好奇或冲动的心理刻意地去寻找一些色情、暴力信息。

（2）急功近利心理

网络信息的丰富与快捷使许多大学生把上网当作通往成功的捷径和有利条件。在他们眼里，网络就是商机，网络就是生财之道。同时，一定程度上的社会误导（包括网络上基于商业目的的信息误导）也使大学生对“成功”的理解产生了偏差。于是，电子商务、留学资讯、成才捷径、求职之路就备受一部分大学生的关注。他们渴望凭借这些信息省一些力气，走一步先棋，成为网络时代的成功人士。

(3) 发泄欲求心理

在互联网上，大学生们可以比在学校里、家庭里更随便地发表自己的意见，抒发自己的爱与憎，表达自己的思想信仰，而不必担心会受到限制或承担责任。平时对学校不敢提、无处提的意见可以贴到 BBS 上去，平时对女同学不敢表达的感情则可以在聊天室里淋漓尽致地抒发。

(4) 逃避现实的解脱心理

大部分学生在大学生活中都会遇到这样那样的挫折和危机，诸如学习上的、感情上的、人际关系上的。同时，复杂的社会生活也会使思想相对不成熟的青年学生感到难以应对。但遗憾的是，部分学生在现实中受挫时，往往愿意到虚幻的网络空间去倾诉，互联网成了他们逃避现实、寻求自我解脱的一个良好的渠道和环境。

(5) 虚拟的自我实现心理

社会与家长的希望造成的心理上的压抑与孤独，在网络上一扫而光；他们可以突破社会及他人对自己行为的匡正与评价，轻松地实现从小梦想成为的侠客、富翁，可以在模拟战争中指挥千军万马搏杀疆场。部分大学生玩游戏获胜后有一种成就感。这是因为网络游戏能够部分满足他们的自我实现需要。

二、大学生网络心理问题的表现形式

（一）网络恐惧

大学新生特别是来自经济落后地区的农村学生，几乎没有接触过互联网或接触很少，进入大学后面对色彩斑斓的网络界面，看到层出不穷的各种网络书籍、电脑软件，瞧着周围的同学熟练地使用电脑，自由地浏览、聊天时，一部分学生感到害怕和迷茫。

另外，一些对网络比较熟悉的大学生也有这样的障碍，他们对网络的畏惧主要是害怕跟不上网络的快速发展，怕掌握不了新的网络技术而被淘汰。

（二）网络交往障碍

网络交往障碍是指因使用网络交际而引发的现实生活中的社交障碍。网络交际是通过敲击键盘进行文字的交流，这与现实中的人际交往是有很大差别的。由于大学生对网络的眷恋和过分依赖，很多大学生因上网忘记了自己在现实生活中的角色，整日沉溺在网络上，心甘情愿地退出现实生活。在现实生活中变得沉默寡言、不善言谈，产生孤独感，从而诱发了现实生活中的交往障碍。其次，很多大学生喜欢沉溺于虚拟的网络情缘，忽视了身边的亲情、爱情、友情，在情感上封闭自己，将自己孤立于狭小的生活圈子，以至于产生情感障碍。再次，网络的虚幻性会使大学生意志消沉，精力涣散，学习效率下降、记忆力下降、思维能力下降。

（三）网络孤独

网络孤独主要是指希望通过网上人际交往来提高或者改变自己，但未能解除孤独甚至加重了孤独，或反而因为触网而引发孤独感这样一类不良心理状态。一些大学生由于性格内向、自卑、心思敏锐，而不愿意或不善于与他人交往，甚至厌恶社会上那种虚情假意的人情来往。他们青睐于网上这种匿名、隐匿性别和身份的交往形式，常向网友发泄自己的不良情绪，排解忧虑，讲自己的“心情故事”。这样，他们的心情会得到放松。可下网后他们发现自己面对的依然是四壁空空的孤独，这使得他们感到网络对孤独抑郁的排解只是“隔靴搔痒”。

张某从偏僻的小山村考入一所重点大学，开始接触网络游戏，渐渐地开始迷恋网络游戏，一天短则两小时，长则四五个小时，花钱不少不说，问题是从此他就像换了一个人，一离开电脑，回到现实生活中就感到孤独，感到周围的人都很陌生，不愿再与他人交往。高校心理老师认为他患上了“自闭症”。

（四）网络的自我迷失和自我认同的混乱

网络的自我迷失和自我认同的混乱，又称网络人格心理失真，表现为脱离现实、退缩、孤僻、幻想等行为特点。很多大学生在网络中迷失了自我，在网络情景和现实生活情景中交替出现两种或多种不同的性格特征，表现为网上网下缺乏同一性，行为判若两人，人格缺乏相应的完整性、和谐性，从而形成虚拟角色与现实角色相混淆的双重人格冲突。此外，某些大学生对一些社会现象愤懑不满，他们想通过上网发泄不满，逃避社会，希望在网上有一个“清洁”的交往环境，构建一个良好的自我。然而网上充斥的色情图文、脏话、无聊的帖子、庸俗的话题，使他们在对社会产生失望之后又对网络产生了失望。

（五）网络依赖

网络依赖主要表现为上网时精神极度亢奋并乐此不疲，获得心理满足且不能自制，通宵达旦地上网，对现实生活无兴趣。“网络成瘾症”可造成人体自主神经紊乱和体内激素水平失衡，使免疫功能降低，出现食欲不振、记忆力减退、焦虑、忧郁、情感淡漠、行为怪诞等症状。大学生对网络过度的依赖，将发展成身体上的依赖，最终给大学生身体和心理带来严重的伤害。

河北一名13岁中学生从家里偷出300元钱，在网吧玩游戏连续4天4夜。网络游戏的激烈刺激和惊心动魄的打斗，使他血压升高，心跳过速，又加上过度疲劳，最后猝死网吧。由于中学生心理不成熟，意志较弱，容易受网络的引诱而沉湎于其中，诱发“网络心理障碍症”。“网络心理障碍症”是指患者上网成瘾，无节制地花费大量时间和精力在互联网上持续进行聊天、玩网络游戏等活动，进而迷恋网络，离开网络就会产生各种病症，以致损害健康，造成人格障碍和神经系统失调。典型的表现是：厌食、失眠、精神萎靡、冷漠、孤僻、丧失兴趣。严重者甚至有自杀念头和自杀行为。

（六）网络越轨

网络越轨，又称网络自我约束能力降低。随着上网时间的增加，一部分大学生将猎奇和追求刺激作为网上生活的主要内容。他们会破译他人网络密码，窃取、篡改他人网上信息，散发、编制病毒，当黑客；或利用计算机技术窃取其他网络用户及一些公司、企业、网站账户，从中谋取非法利益；还有的学生为了发泄自己的不满情绪，揭发他人隐私、毁人形象，在网上散布虚假信息，甚至恶意中伤他人，对领导、教师和同学等进行人身侮辱，发布不良信息攻击学校和社会；也有的同学通过网络聊色情话题、通过剪贴黄色影片的镜头等方式大肆传播黄色信息。这些会给他人、组织、社会造成极大损失，同时也给自身带来严重的身心伤害。长期在这种环境中生存，必然使部分学生的自我约束力下降，行为变得越来越无所顾忌。

唐某为了引起他人关注，在网上发布虚构信息，被滁州来安警方行政拘留5天。来安县为了维护道路交通和客运秩序，在禁止三轮车等"三小"车辆从事客运活动中，部分车主没能从大局出发，采取了堵路等不理性行为。来安县公安局在维护社会治安秩序时，发现一网民在其微博上发布"来安县政府为整顿交通，严厉禁止马自达出行，马自达车主强烈不满拉横幅游行示威，导致交通枢纽中断……县政府派出队伍进行镇压，死伤无数"的虚假信息，造成恶劣影响。来安县公安局网监大队民警立即开展调查，成功锁定并抓获违法嫌疑人唐某。经查，唐某系某大学学生，现在贵州某药业公司实习，被该公司指派为来安县代理经销商。他看到"三小"车车主上街拉横幅游行后，用手机拍了照片，出于无聊，将照片上传至其微博，并杜撰了"死伤无数"等不实内容。

三、大学生网络心理问题调适

网络心理问题是指由于对互联网的认识和使用不当而引发的不良心理反应。大学生常见的网络心理问题有网络焦虑、网络依恋和网络成瘾三种，具体调适方法如下。

（一）网络焦虑

1. 适应焦虑的防治

首先要学会客观分析自己网络不适应问题产生的原因；其次要看到自己的实力所在，在艰苦环境下可以取得学业上的成功，说明自己缺乏的不是能力，而是锻炼的勇气和机会。

2. 信息焦虑的防治

首先要有正确的信息意识，其次要提高自身的信息处理能力。

3. 安全焦虑的防治

首先要树立安全防范意识；其次上网之前需要学习相关的网络安全常识，提高自己网络安全防范水平和技术。

（二）网络依恋

1. 网络依恋的六种类型

①网络信息收集成瘾——强迫性地从网上收集无关紧要的或者不迫切需要的信息，堆积和传播这些信息。

②网络交际迷恋——利用各种聊天软件在网站开设聊天室长时间聊天。

③网络游戏迷恋——沉迷于网络设计的各种游戏中。

④网络恋情迷恋——沉醉在网络所创造的虚幻的罗曼蒂克的网恋中。

⑤网络制作迷恋——下载使用各种软件，追求网页制作的完美性和以编制多种程序为嗜好。

⑥网络色情迷恋——迷恋网上的色情音乐、图片以及影像。

2. 网络依恋的产生与调适

网络依恋是指个体由于长时间沉溺于网络而与网络结成的特殊情感关系。针对网络依恋，要树立正确的网络认知，认识到过分使用网络对自己的危害，坚持预防为主：首先，要分析自己上网的动机和情绪所在。其次，要合理安排上网时间和上网内容，尽量减少无目的浏览和无意义上网。最后，在现实中主动发展，形成健康的人际关系。

（三）网络成瘾

1. 网络成瘾的症状

①对网络的使用有强烈的渴求或冲动感。

②减少或停止上网时会出现周身不适、烦躁、易激惹、注意力不集中、睡眠障碍等戒断反应。

③为达到满足感不断增加网络时间和投入程度。

④使用网络难以控制，多次努力未成功。

⑤固执使用而不顾其明显危害后果，即使知道也难以停止。

⑥把使用网络作为一种逃避问题的途径。

⑦网络成瘾的病程标准为平均每日连续上网达到 6 小时，且符合症状标准达 3 个月。

【拓展学习】 **网络成瘾症**

网络成瘾症最初是由戈德伯格（Ivan Goldberg，M.D）在 1995 年所提出的一种精神错乱，他比照在《心理疾病诊断统计手册》第四版（DSM-Ⅳ）上对病态赌博的定义，订立了有关病态上网的理论，但它没有被最新的《心理疾病诊断统计手册》收录，IAD 认为是否被划为心理障碍仍须研究。然而，他对网络成瘾的定义被媒体广泛报道，使得这个症状是否应该被归为一种精神错乱而有所争议。后来戈德伯格声明该假设是玩笑。

在中国，媒体会把沉迷网络者称为“网瘾患者”，有时媒体会用直接或间接的方法把沉迷网络者甚至适度使用网络者（包括网络游戏玩家）称作“吸毒者”或“精神病人”。许多民众对这些称呼表示不满，他们认为，这些称呼带有贬义和歧视性。在日本，他们把这些沉迷网络者族群戏称为“引き篭り”（隐蔽青年）。这个名词指个性较内向，成天除了工作，就是窝在家中，且成天和网络为伍，极少面对面社交行为的此症罹患人士。

（资料来源：https://ltd.com/article/5371788095167912）

2. 网络成瘾的调试

①树立科学网络观。首先，大学生要认识到，尽管网络很先进，但它毕竟是人类发明的一种工具，我们是使用这一工具的主人，而不是网络的奴仆。网络资源是人类社会不可缺少的财富，我们要很好地利用它来成长自我、创造幸福生活。网络实质上还是人类认识世界、创造幸福的一种手段。其次，应该认清网络社会并非真实的社会，而大学生在学校里的学习、生活、恋爱及人际交往是一种活生生的充满情感的现实世界，网络世界只是现实世界的调剂和补充。有了它，现实生活可以变得更丰富，但它始终在一个次要的地位上，更不能和现实世界混为一体。

②加强自律与自我管理。真正的救世主只有一个，就是自己。大学生只有自律才能既充分实现其自尊、自主与自由，又能培养强大的自制力，养成良好的“慎独”习惯。在网络社会里，一方面由于其信息量十分庞大，各种文化理念与价值观激烈碰撞，各种论断又莫衷一是，各色诱惑比比皆是；另一方面由于网络具有极大的隐蔽性和虚拟性，在“匿名效应”的驱动下，人性之“恶”便无所顾忌地暴露出来。父母、老师根本无法监督和管理，此时完全靠大学生的自我约束和管理能力。如不加约束，带来的危害将无法想象。

③丰富课余生活。大学生要善于利用课余时间参加一些有意义的讲座、讨论会、学术报告、文娱活动、社团活动等，尽量培养自己的多种兴趣爱好。这样可以使生活充实丰富，人生增添乐趣，也有利于增强自信心和社会适应能力；同时也避免了因为生活空虚单调而陷入网络世界无法自拔的不良倾向，对大学生的身心健康发展非常有利。

④积极求助心理咨询和治疗。老师、家人和朋友会让你感受到家庭和社会的温暖和支持，会采取各种办法把你从网络虚拟世界中拉回到现实中来。心理咨询人员会根据你的成瘾程度，从专业角度对成瘾行为采取必要的心理干预和治疗。目前用于网络成瘾的心理咨询与治疗的方法主要有认知行为疗法、厌恶疗法、森田疗法和团体心理辅导等。

四、大学生健康网络心理的培养

2004 年，中共中央、国务院《关于进一步加强和改进大学生思想政治教育的意见》中指出，互联网是一把“双刃剑”，它既为加强大学生思想政治教育带来了前所未有的机遇，同时也使我们不得不面对由此产生的负面影响及挑战。我们必须扬长避短，充分利用网络本身的优势，变不利为有利，广泛宣传正确的观念，在网上形成思想政治教育体系，牢牢把握大学生网络思想政治教育的主动权。

①具有正确的网络心理健康的意识和观念。

智力正常并具有基本符合客观的认知是心理健康的重要标志。在网络环境下就表现为具有正确的网络心理健康的意识和观念。正确的网络心理健康的意识或观念至少应包括以下方面：一是了解网络是把“双刃剑”，对网络既不依赖，也不谈“网”色变。二是具有正确的上网目的，合理安排时间，注意上网的安全，具有健康、良好的网络使用习惯。三是对网络信息有辨认真伪的能力，并能正确对待和处理网络与现实生活的关系。心理健康的大学生应该能运用现有的知识，理智地辨认真假信息，并能够有勇气及时改正自己不正确的认知和行为。四是了解各种网络心理障碍的主要表现、判断标准、产生的原因、治疗和预防的方法，增强对自我的控制能力。五是具有良好的网络道德和网络法制观念，在社会主义核心价值观和法律允许的范围内进行网络行为。

②能保持网上网下人格的和谐统一。

人格是一个人所表现的稳定的精神面貌，具有一定倾向性的心理特征，是大学生心理健康的重要标志之一。由于网络环境下的身份具有虚拟性、想象性、多样性、随意性等特点，容易影响个性的整体性、独特性和稳定性，导致双重人格或多重人格的困扰，影响心理健康。因此心理健康的人必须有正确恰当的自我意识，能保持网上网下人格的和谐统一，同时，在虚拟性与现实性之间能够做到以现实性为主。

③网上网下均能保持良好的情绪。

情绪是衡量心理健康与否的一个显著标志。心理健康的大学生积极的情绪远多于消极的情绪，一个网络心理健康的大学生，一方面表现为能遵守网络道德，恰当运用网络调节情绪、宣泄情绪，因为网络具有调节情绪的功能；另一方面则表现为不论是在网上还是在网下，积极的情绪总是远多于消极的情绪，主导心境是愉悦、乐观和平静的，且能正确而恰如其分地表达情绪。

④不因网络的使用而影响正常的生活、学习与工作。

意志健全、行为协调也是心理健康的重要标志。心理健康的大学生能有效地进行自我教育和自我管理，控制自己使用网络的时间，在不影响自己正常生活、学习、工作的情况下使用网络。他们能认清网络与现实生活的关系，不逃避现实生活，不将网络当作唯一的精神寄托，尤其是在现实生活中受挫后不只是依靠网络缓解压力或焦虑，能主动寻求现实社会中的支持，勇敢地面对现实生活。

⑤有正常的人际交往，人际关系协调，并能以平和心态面对网上不友善的交往，能够与周围环境保持良好的互动。

社会适应良好，言行符合社会规范，并有良好的人际关系是心理健康的又一标志。在网络环境下，人长时间与机器打交道，人所面对的是机器背后的虚拟世界，容易脱离现实社会中人与人之间的面对面的直接交流和沟通，弱化现实社会中的人际交往能力。因此，网络心理健康要求人们处理好网络虚拟世界与现实世界之间的关系，在现实社会中保持人际关系协调发展。

五、结束语

网络是生活的提升，带给你新奇的陌生；
网络是情感的陷阱，带给你虚拟的憧憬。
追寻着是那份激情，期盼着是那份幻影；
放肆在愉悦的情绪中，把握生命中的每一次感动。

随着大学生对网络使用程度的提高，大学生上网人数和上网时间越来越多，网络对大学生个性的影响也越来越大。网络心理素质已成为当代大学生心理素质的重要方面。让我们一起学会在网络环境下如何趋利避害，培养健康的网络心理，拥有一个精彩的网络世界。

做

【实训一】 生活有你更精彩

一、“你搀我行”(30 分钟)

1. 要求

组成双人组,不能两位男生结伴。两人手拉手站在一起。头发长的为 A,短的为 B。给 B 一个眼罩,让 B 将 A 的眼睛蒙起来。A 将在 B 的搀扶下走过一段坎坷的道路,可以是教学楼,大家在整个过程中不能说话。往回走的时候,互换角色。

2. 可能出现的情况

眼睛被蒙了起来,会总想留一条缝偷看——一片漆黑的感觉,让大多数同学有点不安。

处理办法:请没有被蒙住眼的同学拉紧被蒙住眼的同学的手。

3. 引导后的现场状况

B 搀扶着 A,在主持人的手势下领头。相信同伴的人,就能轻松地迈开步子;而对同伴半信半疑的人,只能一小步一小步地缓慢移动。

4. 拓展训练分享

A. 信任会让自己感觉很安全。

B. 角色互换会使大家体会很深刻。同学或朋友之间应该是互帮互助的过程,充分相信对方,同样会换取对方的信任。

5. 拓展训练总结

人与人之间的信任不仅会让彼此感觉信任,更是在养成一种合作的意识。在目前的学校学习及未来的社会工作中,你是在一个团队中来完成你的学习或工作任务,你要充分相信同伴,同时也要争取得到同伴的信任,在团队的共同协作努力下,学习或工作任务才能顺利完成,在团队的成功中个人的成功才能得到升华。

二、“你写我猜”(15 分钟)

1. 要求

每位同学分到一张贺卡和一节胶布,将贺卡反贴在背上,大家互写赠言。

2. 现场状况

写赠言时,大家像大虾一样弓着腰,有的三五成群,有的排成一串,大家热情会很高。

3.拓展训练分享、总结

在游戏过程中,由于看不见自己背上别人写给自己的留言,很害怕被别人写上不友好的语言。但只要自己真心对待别人,就会换取别人的赞扬和肯定。当揭开自己的贺卡时,可能会惊喜于别人给予自己的赞扬,可能收到了从未有过的如此多的祝福。

【实训二】 心理测试：你会管理自己的时间吗？

1. 星期一上学的时候，老师通知你周五下午有一次重要的考试，你会（　　）。
A. 取消了放学后的简单休息，马上投入复习中去
B. 主要整理以往的笔记，辅助新的同步练习
C. 从周一到周四都在考虑这件事情，周五早上开始抽空复习
D. 在自己情绪好的时候复习
E. 想复习，但总是因为各种原因打断
2. 你的记事本里写了（　　）。
A. 下周的详细日程安排
B. 要去的地方和要做的事情
C. 自己的涂鸦和喜欢去的地方
D. 用醒目大字写着一些重要的事情
E. 为每天要做的事情列出长长的单子，标出优先要做的
3. 你约的朋友又迟到了接近一个小时，你会觉得（　　）。
A. 不高兴——你是个很守时的人
B. 没关系，你宁愿多看几本杂志也不想马上就回家
C. 心情不好，一整天都会为此别别扭扭
D. 很惊慌，觉得耽误了自己的学习时间
E. 很庆幸自己出发前打了电话，知道他（她）还没到，你也推迟时间
4. 你的抽屉里，（　　）。
A. 尽管像个垃圾堆，但你用起来效率很高
B. 从来没有装满，里面的东西经常会丢失或用掉
C. 堆满了没看完的复习资料
D. 你想找某样东西时，需要把整个抽屉翻个底朝天
E. 堆得很满——是为了证明你的作业真的很多
5. 你的好朋友全家旅行，把他（她）的小狗托付给你照顾两天，你会说（　　）。
A. 让我问问爸爸妈妈，明天再答复你
B. 这礼拜我也可能要出去，但我会尽量挤出时间来
C. 交给我好了，保证完成任务
D. 没问题——即使你有很多的事情。但真的到了交接的时候，你会迟到一个小时，然后再解释你迟到的原因
E. 可以——然后让他（她）写清楚详细的时间安排，并请他（她）逐一解释
6. 你做事延误了时间，是因为你（　　）。
A. 担心做的事不能百分之百完美
B. 沉浸在空想里
C. 你在进行下一步前，需要时间来把自己可能的选择一一澄清

D. 感到不知所措

E. 总是觉得时间充裕

7. 你要招待 4 个朋友，你(　　)。

A. 自己很快地烧一些简单的饭菜，来节约时间

B. 为了精益求精地做一道你拿手的饭菜，误了开饭时间

C. 胡萝卜用完了，让第一个来的客人去买

D. 忘记煮米饭了，只好出去买面食

E. 力求面面俱到——诚意邀请，准备好饭菜，也准备鲜花、蜡烛营造气氛，但结果都不太满意

8. 对你而言，生活像(　　)。

A. 变戏法　　B. 马拉松

C. 海滩　　D. 做游戏

E. 一场战斗

9. 你要写篇文章，可总是觉得没有一点灵感，你(　　)。

A. 先写别的作业　　B. 看看别人的文章

C. 希望有人能够帮助自己完成这个作业　　D. 觉得厌烦，昏昏欲睡

E. 把它放在一边，先玩会儿

10. 下面哪种情况最令你恼火？(　　)。

A. 平庸　　B. 不注意小节

C. 把记事本放错地方　　D. 烧坏东西

E. 缓慢、沉闷、毫无新意的日子

记分方法：按照下表，根据你每题所选择的答案，计算对应每题的得分：

题目序号	1	2	3	4	5	6	7	8	9	10
A	5	5	3	5	5	3	5	1	5	3
B	3	1	2	3	1	2	3	5	3	2
C	2	2	1	2	2	5	2	2	2	5
D	4	4	4	4	4	1	4	4	4	1
E	1	3	5	1	3	4	1	3	1	4

把你得到的 1 分、2 分、3 分、4 分、5 分的次数分别相加，然后对照下面的结论和建议。

探测主题：你的工作效率及时间管理能力。

得 1 分最多的人：忙碌型。

建议：留出更多的令自己心平气和的时间——做做运动或每天安排几次沉思冥想、外出散步或者深呼吸等活动，会令你效率倍增。

得 2 分最多的人：白日梦型——你宁可迟到也不愿做时间的奴隶，从来搞不清小事要花多少时间，经常不能有始有终地完成计划。

建议：买两本日历——一本用于学习，一本用于日常生活——放在显眼处，给每件事情定个最后的期限，在日历上标明，每完成一件事，就在日历上划掉。

得 3 分最多者：完美主义者——追求尽善尽美，没有时间观念，把大量的时间花在细枝末节上。

建议：按照每件事的重要性分配你的时间和精力。记住，基础事物的重要性是你节省时间的关键所在。

得 4 分最多者：紧张、刺激型。

建议：做每件事情都比计划提前一点开始行动，从容应对。

得 5 分最多者：把握时间型。

建议：工作之余尽情放松自己，不要苛求别人同自己一样高效率。

资源拓展

【拓展阅读】

养成好习惯

“人的天性大致是差不多的，但习惯各有不同”，而不同的习惯造就了人不同的性格，进而决定了人不同的命运。俗话说“习惯成自然”，也就是说那些自然而然体现出来的就是习惯。据统计，人们每天高达 90%的行为都是出自习惯的支配，可以说，几乎每一天所做的每一件事，都是习惯使然。比如，早晨几点起床，晚上几点睡觉，每次吃饭吃几成饱；又比如，每天工作是否有目标和计划，是“今日事今日毕”还是“明日复明日”，空闲时间是打牌玩游戏还是看看书、参加一下户外运动。

一个人的行为习惯可以说是一个人的特点，而一群人的行为习惯就会上升到团体的形象，甚至是国民的素质。柏杨于 1984 年在《丑陋的中国人》一书里强烈地批判了中国人的“脏、乱、吵”以及“窝里斗、不团结、死不认错”等陋习，对中国“礼仪之邦”之称可谓是不小的讽刺，该书甚至一度被列为禁书。而 30 年后的当今社会，甚至我们的工作环境中，这些陋习也随处可见。公众场合禁止吸烟本是常识，却需要国务院办公厅印发通知去强令禁止。尽管如此，办公室内吸烟的现象还是屡禁不止，实在令人汗颜。

习惯不仅体现在可以看得见的行动上，还体现在无形的思想上，也即人的心态或者说是性格。比如，接到一项重要任务，有的人感到被信任的骄傲，积极去思考如何更好地完成任务，而有的人却畏惧它的艰难，烦恼它的琐碎，停滞不前；受到一次批评，有的人虚心接受，认真反思自身的不足，而有的人却表面恭顺，内心极为不满，甚至义愤填膺，当场就想理论一番；经历一次挫折，有的人坦然面对，卧薪尝胆，准备东山再起，而有的人却垂头丧气，从此一蹶不振……

很多人都知道什么是成功，怎样才能成功，但就是没有成功。以减肥为例，众所周知，适当节食和加强锻炼是减肥的两大妙方；但时下肥胖却成了一种“顽疾”，需要吃药甚至动手术才能治疗。又比如，公司的工作流程、规章制度已近乎完美，员工们的技术水平也算得上一流，完成操作可谓志在必得，但仍会有事故频频发生，一次又一次地酿造出惨剧。这是为什么呢？养成了不良的习惯，习惯性贪吃，习惯性懒惰，习惯性违章……想起了老子的一句话“人常失道，非道失人”，正因为人们没有养成“依道而行”的好习惯，才未能如愿以偿。

如果意识到习惯的重要性，为何不好好利用起来呢？早睡早起，珍惜时间，注重礼节，凡事有度，“勿以善小而不为，勿以恶小而为之”。养成好习惯，一切美好的愿望都变得自然而然。

书籍推荐

1.《根本停不下来》(沈家宏，人民邮电出版社，2021年)。作者结合30年心理学戒瘾经验，融合4大心理流派，针对上瘾的不同阶段，定制了不同的戒瘾方法。在本书中，作者详细论述了：评估上瘾阶段、识别上瘾误区；摆脱负面感受、重塑强大内心；向内治疗心瘾、向外修正行为；重拾生活热情，真正实现自律。通过阅读本书，人们对上瘾的认识即将被颠覆，想要戒瘾和想要帮助亲人或朋友戒瘾的人，将会发现，从“根本停不下来”到“停下来”其实没那么难。

2.《拖延心理学》(简·博克、莱诺拉·袁，中国人民大学出版社，2009年)。作者为我们提供了达成目标、管理时间、谋求支持和处理压力等一系列方案来克服拖延问题，她们提供的方案极为实用并经受过实践的检验。本书还考虑到工作和生活节奏不断加快的当代文化诉求，以及诸如注意力缺失紊乱症、执行功能障碍症等神经认知问题对拖延的影响。本书甚至还为生活和工作在拖延者身边的人群提供了不少实用性建议。

影视推荐

1.《社交网络》(*The Social Network*)由大卫·芬奇执导，杰西·艾森伯格、安德鲁·加菲尔德、贾斯汀·汀布莱克和艾米·汉莫等联袂出演。影片于2010年10月1日在美国上映。影片的故事原型来源于网站Facebook的创始人马克·扎克伯格和埃德华多·萨瓦林，主要讲述马克·扎克伯格和埃德华多·萨瓦林两人如何建立和发展Facebook的发家史。

2.《黑客》(*Hackers*)由阿坎·萨塔耶夫执导，卡兰·麦克奥利菲和洛琳·尼科尔森出演。影片于2016年上映。Dade是一名电脑怪杰，他在十一岁那年，盗取了FBI的机密档案，政府当局下令禁止他再玩电脑。而另一边的Kate，也是一名上网高手，通过电脑两人不时展开对垒，比试高低。他们因出色的技术被卷进一家国际夺网阴谋中。受聘于大集团的首脑Eugene，利用工作关系上网，并向大财团要挟金钱，否则便破坏其电脑程序，使六艘大油轮爆炸。就在千钧一发之际，Dade与Kate联手夺网成功，挽救了一场大灾难。

网络心理

项目十 打破思维之框——创新改变人生

名人名言

处处是创造之地，天天是创造之时，人人皆是创造之人。

——陶行知

故事导读

瞎子打灯笼

一个盲人到亲戚家做客，天黑后他要回家，他的亲戚好心地为他点了个灯笼，说："天晚了，路黑，你打个灯笼回家吧！"盲人火冒三丈地说："你明知道我是瞎子，还给我打个灯笼照路，不是嘲笑我吗？"他的亲戚说："你犯了局部思考的错误了。你在路上走，许多人也在路上走，你打着灯笼，别人可以看到你，就不会把你撞倒了。"盲人一想，对呀！

盲人打着灯笼上路，没想到走到半路就被人撞倒了。他很生气地说："你的眼睛也瞎了吗？为何把我撞倒？"路人回答："对不起，我没有看到你。"盲人大惑不解："我明明打着灯笼，为什么你看不到我呢？"路人说："灯笼里的火早就熄灭了啊！"

故事的第一节告诫我们，局部思考是从自己的角度思考，整体思考是你把自己放到整个环境中去考虑。系统地思考问题，就会发现，你的行为会对别人产生互动。

故事的第二节反映了系统思考的第二个概念，就是事物是在发展变化的，既要整体地看问题，更要动态地看问题。盲人认为灯笼点上了，就永远不会灭，他没有想到有灭的那一刻。

内容简介

通过本项目内容的学习，你将了解创造力的概念，了解创造性思维，了解影响创造力的心理品质及相关因素，知晓创造技法，学会大学生创造力的培养与激发。

教与学

2013 年 5 月，习近平同各界优秀青年代表座谈时讲到，生活从不眷顾因循守旧、满足现状者，从不等待不思进取、坐享其成者，而是将更多机遇留给善于和勇于创新的人们。

在未来社会发展中，一个国家拥有创造性人才的质量与数量将是其国际竞争力强弱的主要标志，创造性人才已经成为社会发展的主导性资源；开发利用创造力资源是一个国家在竞争中制胜的关键。在大众创新、万众创业背景下，一个人是否具有创造力，是一流人才和三流人才的分水岭，未来社会最需要的人才就是创造性人才。作为未来时代发展的主力军的大学生，如何走出平庸，成为创造性人才是值得我们思考的问题。创造力，是人类特有的一种综合性本领，人类的文明史实质是创造力的实现结果。

一、创造力概述

（一）创造力的概念

《辞源》对“创造”的解释，“创”的主要意思是“破坏”和“开创”，“造”的主要含义是“建构”和“成为”。所以“创”和“造”组合在一起，就是突破旧的事物，创建新的事物。创造主要包括创造过程和创造成果。

创造力是人类进行创造活动的能力。创造力的定义，众多学者研究角度不同，定义各异。目前，学术界较为一致的看法是把创造力定义为人类根据一定的目的和任务，运用所有已知信息，开展能动思维活动，产生出某种新颖、独特、有社会或个人价值的产品的能力。这里的产品是指以某种形式存在的思维成果。它既可以是一种新概念、新设想或新理论，也可以是一项新技术、新工艺或新产品。新颖、独特和有价值是创造力产物的必备要素。创造力与一般能力的区别在于它的新颖性和独创性。

（二）创造力的基本特性

1. 普遍性

创造力是每个正常人都具有的一种自然属性。人类发展的历史经验和研究成果表明，创造力并不是天才圣人的专利品，也不是高深莫测的神秘物，它是人类所普遍具有的一种自然属性和特殊能力。在我国古代，孟子就有“人人皆尧舜”的说法。现代教育家陶行知先生也曾说过：“人类社会处处是创造之地，天天是创造之时，人人是创造之人。”

清洁工的建议

美国圣地亚哥的克特立旅馆是一座重要建筑的诞生地。当时旅馆的管理人员觉得原来的电梯太小，必须扩建，于是，找了很多工程师来一起解决这个问题。他们设计的方案是从地下室到顶楼，一路挖一个大洞，就可以建一个新电梯了。

他们的谈论被一个清洁工听到了，清洁工问他们要干什么，于是这些人解释了方案。清洁工听后说："可这样会搞得很脏、很乱呀，而且如果停业的话很多人会失去工作。"

一个工程师听了清洁工的话，于是挑战性地问："你有更好的主意吗？"

清洁工想了想说："为什么不在旅馆的外面修电梯呢？"于是，克特立旅馆成了现在已被广为采用的室外电梯的发源地。就算不是专家，也会有很棒的点子。

2. 特殊性

创造力是人类的特殊能力，它的特殊性主要表现为个人创造的时效性和随机性。从人类发展总体趋势来看，创造力同人类发展历史相生相伴，取之不尽，用之不竭。然而，作为创造主体的个人，由于个人的生命有限性，个人创造时间总是有限的。人并不是从出生到死亡阶段，时时、事事都进行创造。另一个特殊性表现为创造时机的随机性。创造者自身既无法精确预测未知的创造时机何时到来，也不能预先准确安排创造成果的具体表现形式。创造力的有效发挥常常是内因与外因相结合的结果。一旦错过了机缘，有些人原来有可能表现出来的某种创造力或许将永远失去表现的机会。

荷兰数学家发现：42 岁创造力最强

《印度时报》1 月 6 日报道，荷兰鹿特丹大学伊拉斯姆斯经济学院的数学家进行的一项新研究发现，人的创造力在 42 岁左右最强。

研究人员从拍卖行中选取了 200 名世界上最著名的艺术家的作品，通过对销售记录进行统计后发现，大部分艺术家创作出最昂贵作品的年龄是在 42 岁左右，将这个年龄除以他们寿命的平均值后，得数为"0.6198"，这个数字和科学界公认的黄金分割点"0.618"极为接近。研究还发现，即使是一些英年早逝的天才，他们也是在自己生命的"黄金分割点"前后创作了自己最伟大的作品。

研究者表示，这项调查中不少艺术家去世年龄较早，可能拉低了最佳年龄的数值，有些艺术家其实是在 42 岁以后取得非凡成就的。例如，毕加索和莫奈分别是在 56 岁和 60 岁时创作出了最有价值的作品。这两位艺术家的巅峰虽然推后了不少，但他们也都是在自己生命的"黄金分割点"前后达到艺术创作顶峰的。

（资料来源：https://m.99.com.cn/a/484003/）

3. 社会性

创造力的社会性是指创造力同人类社会存在千丝万缕的联系，创造的产物要有一定的社会价值，并能较好地反映社会发展的水平。有史以来，人类的创造力主要是在群体的社会实践中表现出来的，所以说它是人的社会属性。人是社会人，个人的创造离不开社会提供的物质和精神条件。例如，个人进行创造时利用的工具、材料等是社会提供的物质条件；个人运用的知识、技术，借鉴的经验、教训等是社会提供的精神条件。创造力水平反映一定时代的社会发展水平。

4. 可挖掘性

可挖掘性意味着创造力存在可以开发挖掘的潜在优势。人的创造潜能，正是在不断挖掘、不断开发的前提下，才得以发展，发挥越来越大的作用。在创造过程中，创造性思维发挥了主导作用，而人脑正是创造性思维的发动机。实验研究显示，人脑的记忆容量相当于7亿多册书籍，单项记忆可保持80余年。仅就记忆存储功能而言，即便是一个勤奋好学的人，一生至多只利用了自己大脑功能的百分之几。由此可见，人脑还存在极大的潜力。正是这种潜力，为创造力的可开发性提供了理论依据。

【拓展学习】 **大脑容量**

人的大脑是人体中最微妙的智能器官。它重约1.3千克，体积只有1.4立方分米，大约由100多亿个神经细胞组成。每个神经细胞的周围有1 000～10 000个突触伸展出去，和相邻的神经细胞的突触相交联。这些突触像电路一样，都具有一个能通过或停止“电子流动”的“闸门”。因此，大脑能够储存10万亿位的信息量。这样的存储能力可与1万台计算机的存储容量相媲美。

吉尼斯世界纪录中记纸牌记得最多的是一名英国人，他只需看一眼就能记住54副洗过的扑克牌(共2 808张牌)。

20世纪20年代，亚历山大·艾特肯(Alexander Aitken)能记住圆周率小数点后1 000位数字，但这一纪录在1981年被一位印度记忆大师打破，他能记住小数点后31 811位数字；这一纪录后来又被一位日本记忆大师打破，他能记住小数点后42 905位数字！

你也许无法仿效这样惊人的技艺，但你可以用与这些记忆大师们一样的方法来改进和提升你的智力与记忆力。与你有多聪明或曾受过多高的教育都没有关系，有很多窍门和技巧可帮助你最大限度地利用你的脑细胞。

(资料来源：https://www.163.com/dy/article/DT6D1EJT0517CN5U.html)

(三) 创造力的分类

创造力的表现形式是多种多样的，随时随地都可以有创造。如科学上有新发现，艺术上有新展现，方法上有创新，技术上有革新。通过对创造力进行深入研究，许多学者从不同角度对创造力进行分类。了解这些分类，有助于深入理解究竟什么是创造力。目前，比较有代表性的分类是美国创造心理学家泰勒曾提出的划分“创造五层次”的著名观点①，具体如下。

1. 表露式的创造

表露式的(Expressive)创造指即兴而发但具有某种创意的行为表现。例如，即兴创作，舞蹈家们能根据不同的音乐即兴表演出不同的舞蹈，大文豪们触景生情即兴创作各种文学作品等，其创造水平或程度一般属于这一层次。儿童涂鸦式的画作有时很有创意，其水平亦属此层次。

2. 技术性的创造

技术性的(Technical)创造指运用一定科技原理和思维技巧以解决某些实际问题

① Taylor, I.A. An Emerging View of Creative Actions, In I.A. Taylor and J.W. Getzels (Eds.). Perspectives in Creativity, Chicago, 111.: Aldine Publishing Co., 1975.

而进行的创造。例如,“荧光或充气雨衣”“瑞士军刀”等事物的发明。

3. 发明式的创造

发明式的(Inventive)创造指在已有的事物基础上,产生出与以往曾有过的事物全然不同的新事物的创造。例如,我国古代的四大发明,爱迪生发明的电灯,贝尔发明的电话。

4. 革新式的创造

革新式的(Innovative)创造指不仅在旧事物基础上产生出了新事物,而且是在否定旧事物或旧观念前提下造出新事物或提出新观念的“革旧出新”的创造。例如,技术史上各种新工具出现以代替旧工具,科学史上发现新定律以替代旧定律等。

5. 突现式的创造

突现式的(Emergentive)创造指那种与原有事物无直接联系,看似“从无到有”地突然产生出新观念的创造。例如,各学科领域荣获诺贝尔奖的重大科学发现,均应属于这一层次的创造。

(四)影响创造力的心理品质及相关因素

1. 创造力与智力

“智力是人类发展的皇冠,而创造力则是皇冠上的一颗明珠”,形象地说明了创造力与智力之间的关系。大量研究表明,创造力和智力是两种不同的心理品质,智力包括观察力、注意力、记忆力、思维力、想象力,智力不能包括创造力。智力强调的是综合应用各种知识的认识能力,而创造力是要在综合应用各种知识的基础上,完成高一级的创新任务,强调新颖性、独特性和首创性。智力是创造力的必要条件,高创造力者大多有高智力,智力高者未必有高创造力。在智力投资中,社会常重视对孩子的认知和记忆能力的培养,忽视了思维能力的培养。创新能力既要有记忆力、观察力和理解力作为基础,更要有想象力、思维能力和意志力。

2. 创造力与人格

大量研究资料表明,具有高创造力的个体具有一些共同的人格特征,主要表现为:好奇心强,兴趣广泛,思维灵活,喜欢钻研一些抽象问题;独立性强,可以独自从事活动,对自己的事有很强的责任心;自信心强,有主见,有自己独到的见解,富于挑战精神,不满足书本知识和教师讲解;主动性强,开放包容,对新事物接收快,较少防御;意志力强,有恒心和毅力,自控能力强;目标明确,面对风险和压力勇往直前,对未来有较高的期望和抱负。

为他人着想,激发创造力

美国《个性和社会心理期刊》上的一项新研究显示:人们为其他人考虑或工作时,会用一种更加抽象、范围更广的方式进行思考,从而开创了新的创意路径。他们能从为他人提供的好处中获得更多灵感。因此,我们平时多为他人着想一些,可能会获得意想不到的创造力。

3. 创造力与认知能力

认知能力是人脑加工、储存和提取信息的能力,即人们对事物的构成、性能与他物的关系、发展的动力、发展方向以及基本规律的把握能力。它是人们成功地完成活动最重要的心理条件。认知能力本身有高低级之分,低级者为简单的观察和感觉,高级者为深入的领悟和理解。认知能力差的人可能会对某些创造机遇“视若无睹”“充耳不闻”，导致把握不住创造的契机；而认知能力强的人常常会从错综复杂的各类现象中，“明察秋毫”“独具慧眼”，把握创造机遇和目标。

4. 创造力与灵感

灵感指创造过程中，个体瞬间产生的富有创造性的突发思维状态。“山重水复疑无路，柳暗花明又一村”可以用来形容灵感现象。人们在创造过程中，虽然对某个问题绞尽脑汁、冥思苦想地研究很久了，可是仍然束手无策，找不到突破点，问题无法解决，灰心丧气，准备放弃创造活动。就在这“山重水复疑无路”的艰难时刻，突然受到某种外界刺激而得到启发或者自己突然想到一种方法，茅塞顿开，恍然大悟，找到了解决问题的方法，完成创造发明。这种现象就是灵感现象。灵感是一种创造性思维，是人类智慧的闪光，是顿悟。灵感是以已有的知识和经验为基础，以长期专注研究为前提。

梦中得到的灵感

一天清晨，门捷列夫经过一个夜晚的研究后，疲倦地躺在书房的沙发上。他预感十五年来一直萦绕心头的问题即将迎刃而解，因此，这几个星期以来他格外地努力。

十五年来，他从学生时代开始就一直对“元素”与“元素”之间可能存在的种种关联感兴趣，并且利用一切时间对化学元素进行研究。最近他感觉自己的研究大有进展，应该很快就能把元素间的关联和规律串在一起了。

由于过度疲劳，门捷列夫在不知不觉中睡着了。睡梦中，他突然清晰地看见元素排列成周期表浮现在他的眼前。他又惊又喜，随即清醒过来，顺手记下梦中的元素周期表。元素周期表的发现成了一项划时代的成就，而因为在梦中得到灵感，所以人们称为“天才的发现，实现在梦中”。

但门捷列夫不这么认为，把这个累积十五年的成就归功于“梦中的偶然”，让他愤愤不平。他说：“在做那个梦以前，我一直盯着目标，不断努力、不断研究，梦中的景象只不过是我十五年努力的结果。”

（资料来源：https://idea.cas.cn/viewscientists.action? docid=40358）

5. 创造力与知识

知识是人类在实践中认识客观世界（包括人类自身）的成果，是推动人类社会进步的宝贵财富和源泉。人们的创造发明，要以一定的知识经验为基础。大量研究表明，个体接触面广，知识积累丰富，神经信息越多，产生的突触也越多，神经传导加快，会增进人们的思维灵活性和深刻性，从而也增进了人们的创造意识。但有知识并不等于有创造力，知识是智力的基础，智力又是创造力的基础，所以知识也是创造力的基础。知识与创造力是相辅相成的关系，而不能相互取代。

二、大学生创造力开发

大量研究表明，人人都具有创造力，只是程度高低不同而已。通过一定的教育手段和环境改变等措施，人的创造力是可以培养开发的。能考上大学的学生，至少智力正常，具有发展创造力的必要条件。国际上许多国家将创造力研究的理论运用于教育之中，经过多年的实践，形成了创造力开发的专门活动。

在大学生的创造活动中，创造性思维是获得创造成果最核心、最必要的因素。创造性思维通过有创见的思维活动，不仅能够揭示事物的本质，而且在此基础上还能提供新的、有社会价值的产物。千百年来，人类凭借创造性思维不断地认识世界和改造世界。从这一意义上说，人类所创造的一切成果，都是创造性思维的外现和物化。要培养和开发大学生的创造力，必须对创造性思维有深刻的认识和了解。

（一）大学生创造性思维培养

1. 创造性思维的概念

创造性思维通常指发散性思维，遇到问题时，既不受现有知识的限制，也不受传统方法的束缚，能从不同角度和层面，去思考，去寻找答案。创造性思维具有新颖性、变通性、发散性、独特性和综合性等特点。

2. 创造性思维的本质

创造性思维的本质是各种思维类型的有机结合。

(1) 创造性思维是发散思维与集中思维的有机结合

发散思维指从一个目标出发，沿着各种不同的途径去思考，探求多种答案的思维。心理学家吉尔福特认为发散思维是创造性思维的主要成分。发散思维是一种开放思维，常会使人选择不定、犹豫不决、优柔寡断，易失去创造机会，这时就必须要有集中思维。因此，创造性思维应该是发散思维与集中思维的有机结合。

(2) 创造性思维是抽象思维和形象思维的有机结合

抽象思维也称逻辑思维，是以一定的规律和判断的方式进行的逻辑思维。逻辑思维通常由判断、推理、比较、分类、分析、综合、抽象、概括、归纳和演绎等逻辑方式来实现。形象思维是以形象材料起主要作用的思维活动形式，有具体形象思维、言语形象思维与形象逻辑思维三种。创造过程是抽象思维和形象思维交叉发展状态的过程。

(3) 创造性思维是潜意识与显意识过程的有机结合

创造性思维是在显意识、潜意识的相互作用下实现创造过程。创造力的影响因素之一——灵感，从某种程度上可以说是潜意识的结果，它一旦出现，就要马上用显意识加以识别、提炼、强化，落实行动，直到真正解决创造问题。

弗洛伊德用冰山理论来形容人的意识，显意识是显露在水面上的部分，是能被人感知到的记忆或心理活动。而人脑的其他大部分功能，就像潜藏海面下的庞大冰山一样，潜藏着许多非意识、无意识的更多功能，称为潜意识。梦就是潜意识的表现之一，潜意识是我们人类智慧的仓库，在潜意识中潜藏的智慧，不分昼夜不停地工作着，可以转变为情感或创造的灵感。一般认为，显意识的控制体系是一个逻辑系统，而潜意识的控制体系则是一个情感本能系统。潜意识的内容是在显意识状态下长期积累而成的，因而潜意识成果一旦闪现，即会表现为显意识，并为显意识所同化和变形。

剑桥大学教授胡钦逊曾对各学科富有创造性思维的科学家的工作习惯进行大量调查研究，调查中有70%的教授认为能从梦中得到启发。日内瓦大学教授福勒劳埃对数学家也做了一次调查，169位数学家中有51人说，睡梦中能够帮助解决疑难问题。

人在睡梦中，对周围环境的戒备消除了，大脑的思维可以无拘无束地向各个方向发展，也可以用非逻辑的形式进行。人们很少能够对梦施加有意识的限制。在睡梦中，人们的想象力得到自由发挥，可以充分挖掘潜意识的内容。

3. 创造性思维的技法

(1) 头脑风暴法

现代创造学的创始人、美国学者阿历克斯·奥斯本于1938年首次提出头脑风暴法(Brain-storming)，最初用于广告设计，是一种集体开发创造性思维的方法。

“头脑风暴”的概念源于精神病理学，原指精神病患者头脑中短时间出现的思维紊乱现象。病人发生思维紊乱时，会大量产生各种各样的胡乱想法。创造学中借用这个概念来比喻思维高度活跃，打破常规的思维方式而产生大量创造性设想的状况。

头脑风暴法简称BS法。我国一些研究者则将这种创造技法意译为智力激励法，目前多数文献中采用智力激励法的译名。在组织头脑风暴活动时，应该遵循自由联想、以量求质、延迟评判、禁止批评的原则。

如何扫除电线上的积雪

有一年，美国北方格外严寒，大雪纷飞，电线上积满冰雪，大跨度的电线常被积雪压断，严重影响通信。过去，许多人试图解决这一问题，但都未能如愿以偿。后来，电信公司经理应用奥斯本发明的头脑风暴法，尝试解决这一难题。他召开了一场能让头脑卷起风暴的座谈会，参加会议的是不同专业的技术人员，要求他们必须遵守以下原则：

第一，自由思考，即要求与会者尽可能解放思想，无拘无束地思考问题并畅所欲言，不必顾虑自己的想法或说法是否“离经叛道”或“荒唐可笑”。

第二，延迟评判，即要求与会者在会上不要对他人的设想评头论足，不要发表“这主意好极了”“这种想法太离谱了”之类的“捧杀句”或“扼杀句”。至于对设想的评判，留在会后组织专人考虑。

第三，以量求质，即鼓励与会者尽可能多而广地提出设想，以大量的设想来保证质量较高的设想的存在。

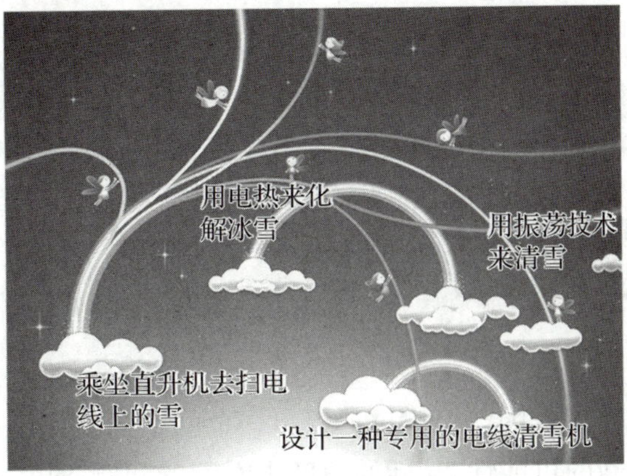

第四，结合改善，即鼓励与会者积极进行智力互补，在增加自己提出设想的同时，注意思考如何把两个或更多的设想结合成另一个更完善的设想。

按照这种会议规则，大家七嘴八舌地议论开来。有人提出设计一种专用的电线清雪机；有人想到用电热来化解冰雪；

也有人建议用振荡技术来清除积雪；还有人提出能否带上几把大扫帚，乘坐直升机去扫电线上的积雪。对于这种"坐飞机扫雪"的设想，大家心里尽管觉得滑稽可笑，但在会上也无人提出批评。相反，有一工程师在百思不得其解时，听到用飞机扫雪的想法后，大脑突然受到冲击，一种简单可行且高效率的清雪方法冒了出来。他想，每当大雪过后，出动直升机沿积雪严重的电线飞行，依靠高速旋转的螺旋桨即可将电线上的积雪迅速扇落。他马上提出"用直升机扇雪"的新设想，顿时又引起其他与会者的联想，有关用飞机除雪的主意一下子又多了七八条。不到 1 个小时，与会的 10 名技术人员共提出 90 多条新设想。

会后，公司组织专家对设想进行分类论证。专家们认为设计专用清雪机，采用电热或电磁振荡等方法清除电线上的积雪，在技术上虽然可行，但研制费用大，周期长，一时难以见效。那种因"坐飞机扫雪"激发出来的几种设想，倒是一种大胆的新方案，如果可行，将是一种既简单又高效的好办法。经过现场试验，发现用直升机扇雪真能奏效。一个久悬未决的难题，终于在头脑风暴会中得到了巧妙解决。

随着发明创造活动的复杂化和课题涉及技术的多元化，单枪匹马式的冥思苦想将变得软弱无力，而"群起而攻之"的发明创造战术则显示出攻无不克的威力。

（资料来源：https://www.fjctzz.com/news.aspx? nid=574）

（2）特性列举法

美国创造学家克拉福教授在 1954 年提出特性列举法，进行创意思维训练。这种技法所采用的主要手段是，通过对发明对象特性的分析，一一列出其特性，然后探讨能否改革以及怎样实现改革。它尤其适用于在已有产品的基础上进行新产品开发和对已有工艺、工具等的革新，或针对具体事物的创造革新。一般来说，要着手解决或革新的问题，越小越易成功。

（3）联想法

联想法是运用想象力在不同事物或概念之间建立联系，从而诱发创造性设想的一类创造技法，主要包括强制联想、自由联想、相似联想等方法。联想通过形成回忆、增强记忆、促进推理，使人获取新认识。联想有助于产生新的思维成果，对于开发创造性思维大有益处。

鲁班造锯

相传鲁班接受建筑一座巨大宫殿的任务，需要很多木料，鲁班让徒弟们上山砍伐树木。徒弟们用斧头砍伐，效率低下。工匠们天天起早贪黑拼命去干，也砍伐不了多少树木，使工程进度一拖再拖，眼看着工程期限越来越近，鲁班甚是着急。为此，他决定亲自上山查看砍伐树木的情况。上山时，他无意中抓了一把山上长的一种野草，手被划伤了。鲁班觉得很奇怪，一根柔软的小草为何能割破手？于是摘下一片叶子细心观察，发现叶子两边长着许多小细齿，这些小细齿非常锋利。鲁班受到启发，联想到可以将锯齿用于砍伐工具上，从而发明了锯子。

（4）设问法

爱因斯坦说过："提出一个问题往往比解决一个问题更重要……而提出新的问题、新的可能性，从新的角度去看旧的问题，都需要有创造性的想象力，而且标志着科学的真正进步。”实践证明，能发现问题和提出问题就等于取得了成功的一半。巧妙地设问可以启发想象、开阔思路、导引创新。

设问法是通过多角度提出问题，从问题中寻找思路，进而做出选择并深入开发创造性设想的一类创造技法。面对罗列的各种问题，关键在于正确地选择；而可供选择的并列因素越多，选择的结果就可能越有价值。设问法的作用正在于提供多种可供选择的并列因素。设问法中典型的技法有奥斯本检核表法、5W1H 法、聪明十二法等。

（二）大学生创造性人格培养

创造性人格是创造力发展的动力和方向保证，主要指个体在创造活动中表现出来的个性心理倾向[①]。创造力开发也叫创造性培养，创造性培养最根本的问题是创造主体创造性人格的培养。创造力开发的活动，不光是教授创造技法和思维训练，也要进行深层次的人格培养。

1. 创造性人格的特征

通过对天才等创造性人才的早期档案和传记研究发现，那些创造性人才一般智力过人，而且具有独特的个性。海特纳概括众多研究结果，提出创造性人物应具有以下一些个性特征：①淡泊名利，即不竭力追求权力、名望和功绩；②不怕冲突，不畏惧强权的干扰，即敢于坚持真理，不怕冒风险；③不受紧张刺激的干扰；④能减少不必要的信息输入，即克服不必要的信息干扰，专心于自己的事业；⑤与集体协作对话；⑥与对象同一，即把要解决的问题作为动力，直至将问题与自我视为同一；⑦扩展个性，将发散性思维与收敛性思维有机结合加以运用。[②]

2. 大学生创造性人格的培养

各种心理学流派人格理论纷繁复杂，总体来说，创造性人格则应表现为积极的人生态度、强烈的动机、坚忍的意志、正确的自我意识、独特的认知风格和丰富的情感智慧。

(1) 培养大学生积极的人生态度

大学生创造性人格培养，其核心是培养积极的人生态度，即对人类文明进步有一种信念，有为之做出贡献和牺牲的使命感。大学生在日常学习生活中，要敢于提出不同观点，喜欢尝试新方法，探索新道路，也即具有创新精神。如果是消极的人格特质，可能创造力不能得到很好发挥，也有可能用自己的创造性去做有损于人类文明进步的事情。人生态度这一特质与动机的关系最为密切。积极的人生态度转化为强大的内在动机，将有力地驱动大学生不断努力创造。大学生正处于人生观、价值观和世界观形成的稳定阶段，要进行积极引导，培养其树立积极的人生态度。

(2) 培养大学生正确的自我意识

富于创造力者，一般都具有很高的自我统一性、自信甚至自恋的气质特征。因此，我们要培养大学生健康心理，引导学生悦纳自我，最大限度地挖掘和发挥自身潜能，并

---

① 林崇德：《培养和造就高素质的创造性人才》，《北京师范大学学报》(社科版)，1999 年第 1 期，第 5 - 13 页。

② [德]海纳特：《创造力》，陈钢林，译，工人出版社，1987 年，第 54 页。

发展成具有对某一方面的特殊兴趣和特殊才能。自我意识也影响人生态度。自我意识与认知风格、情感气质结合，或产生创造动机，或形成阻碍创造的心理障碍。因此，要引导大学生悦纳自我，挑战自我，挖掘潜能，创新创造。

(3) 培养大学生强烈的创造动机

强烈的创造动机是创造性人格结构中的发动机，或是创造才能得以施展的动力源。富于创造性人才的动机特点是：内在动机水平高而且复杂，不满足于已有的知识、经验或工作，喜欢变化或富有挑战性的工作，好奇心强，对所从事的学习或工作有强烈兴趣。大学生群体正处于思维发展巅峰期，具有强烈的求知欲和好奇心，将有助于创新创造。

(4) 培养大学生创造性认知风格

认知风格是最具个体差异性的人格特质，创造性认知风格是创造性人格结构的支柱。创造性认知风格的特点表现为：积极主动，独立判断，敢于决定；具有对问题的敏感性，善于发现问题，且能提出适当的问题；容忍模糊，思维流畅、灵活、独特。

(5) 培养大学生独立的个性

富于创造性的人，具有独立个性，有自己的主见和判断，不人云亦云，充满自信，敢于坚持自己的观点，追求真理。大学生要有独立个性，目标明确，勇往直前，遇到不同观点，能批判性地分析问题，不受已有知识、经验和环境的约束，不随波逐流，求同存异，有克服困难的勇气和耐心，有强大的自我约束力和独立解决问题的能力。

三、大学生创造力培养的途径和方法

（一）有效利用第一课堂，创造性地学习

1. 利用课堂教学，培养学生创新意识

课堂教学是教育的主阵地，教师要引导学生带着批判的态度，不受束缚，不迷信权威、教师和教材，琢磨创造新知识的思考路线与思维方法，营造“畅所欲言、各抒己见”的严肃活泼的教学氛围，培养学生创新意识，创造性地学习。比如，针对老师提出的问题，不走寻常路，利用发散思维，争取一题多解。对所学内容，在认真吸收和思考的基础上要提出自己的看法，要力图提出深入的问题，争取能自己去解决问题，自己解决不了的再问老师。创造始于发现问题。创新意识是创造性思维的基础。

2. 利用课堂教学，培养学生创造思维

课堂教学是培养学生创造性思维的主渠道，教师要善于创设开放性和发散性问题情境，激发学生的好奇心，引导学生采用多角度、多层次、全方位的发散思维，脑力激荡后，采用集中思维方式解决问题。教学过程中要引导学生自由联想，不得讽刺、嘲笑学生提出的各种也许是“异想天开”的问题，要遵循延迟评判、不得批评的原则。

（二）积极参加第二课堂，活动中培养创造力

1. 第二课堂更体现学生的主体性，有利于培养学生的创造力

课堂教学由于受教学任务、学生人数等各种因素制约，影响了学生个体创造性思维

的培养。第二课堂在老师指导下，由学生自主实验发明，自主策划活动，更体现学生的主体性，更有利于学生的创新创造。比如，第二课堂的各种科技社团，通过小发明、小制作和小实验等活动，学生自主动脑、动手，从中受到激励、启发，产生联想、灵感，增强创新的意识，训练和培养创造性思维。第二课堂活动内容丰富，形式新颖，制度灵活，时空环境宽松，可以在教室、在宿舍、在图书馆、在校内校外的任何地方进行，更有利于学生打开思路，创新创造。

2. 第二课堂有利于培养学生创造力方面的非智力因素

除智力因素外，影响人的认知过程的其他心理因素都称为非智力因素，如兴趣、热情、意志力、承受挫折能力等。有研究表明，一个人成功，智力因素的作用约占 20%，而非智力因素的作用占 80%左右。因此，大学生创造力的培养不应忽视非智力因素的作用。兴趣是创造力发展的发动机，热情是创造力发展的翅膀，坚强的意志则是完成创造过程的保证。第二课堂有丰富的社团，学生可以根据自己的兴趣进行选择。另外，在第二课堂活动中，学生自主组织活动，学生之间的人际沟通、团队协作、组织协调能力将得到锻炼，良好的人际环境和情绪状态更有利于创新创造力的发展。

（三）积极参与社会实践，实践中培养创造力

1. 理论与实践相结合，更有利于创造力的培养

社会实践，主要是大学生利用假期和课余时间按照学校培养目标的要求，根据自己的专业特点，理论与实践相结合，服务社会、回报社会；以实践检验理论，进而丰富、完善和发展理论。这类活动有义务维修、科技咨询、教学实践及社会调查等。社会实践有助于大学生加深对理论的理解，从而在感性认识增加的基础上，逐渐形成正确的概念、判断和推理。在社会实践中，大学生必然会碰到许多新情况、新信息和新问题，使思维处于非平衡状态，这就要求大学生必须进行创造性加工，甚至实现创造。

2. 社会实践有利于塑造大学生创造性人格

社会实践更有利于培养大学生的意志力和抗挫能力。社会实践地点有时常选择在老少边穷地区或农村，条件相对落后，生活生产环境艰苦。大学生要克服困难，适应当地环境和生活，有利于锻炼坚韧意志，培养不怕苦不怕累不怕挫折的精神。坚忍的意志力，勇于面对挫折，不怕苦不怕累，耐得住寂寞，都是创造性人才必须具备的人格品质。

做

【实训一】 创造技法

【实训目的】 了解创造技法，训练大学生创造性思维。

【活动准备】 5～8 人一组，确定策划一项活动（教师可以拟定活动主题，比如班级贫困生认定、班级美化、开发新甜点等），准备笔和纸若干。

【注意事项】 训练过程，遵循不批评、不指责、延时评判的原则。

1. 5W1H 法

5W1H 法是第二次世界大战开始一年后，美国陆军制作的以期有效利用军备的一种检核表。因前五问均为 W 字母开头，后一问为 H 字母开头，故名为 5W1H 法，也称六问分析法。5W1H 是对选定的项目、工序或操作，都要从原因（何因 Why）、对象（何事 What）、地点（何地 Where）、时间（何时 When）、人员（何人 Who）、方法（何法 How）等六个方面提出问题进行思考。5W1H 法的分析内容和方法如下表所示。

5W1H 法的基本含义

	现　状	为什么	能否改善	如何改善
What	做什么	为什么做这个产品（活动）	能否做别的产品（活动）	到底做什么
Why	为什么	为什么是这个目的	能否有别的目的	到底什么目的
Who	谁做	为什么是那个人做	能否别人做	到底谁做
When	什么时间做	为什么在那时做	能否别的时间做	到底什么时间做
Where	在哪做	为什么在那里做	能否别的地方做	到底什么地方做
How	如何做	为什么那样做	能否有其他方法做	到底如何做

2. 十二聪明法

十二聪明法也是创造发明的一种检核表，即指人们在观察、认识一个事物时，可以考虑是否可以，共 12 句话 36 个字。由于它是上海和田路小学进行创造力开发工作实践总结出来的十二个检核项目，所以又称“和田十二法”。同时由于该技法具有深入浅出、通俗易懂的特点，所以人们又称之为“一点通法”。其检核的具体内容如下：

（1）加一加。可在现有产品基础上加大、加长、加高、加厚或组合等。

（2）减一减。可在现有事物基础上减轻、减少或省略等。

（3）扩一扩。使现有事物放大、扩展，增加功效，如电炉扩展为电热毯、“投影”放大等。

（4）缩一缩。即压缩、微化等，如雨伞通过折叠缩小，保温瓶缩成保温杯，晶体管分离元件压缩成集成电路等。

（5）变一变。改变形状、音色、味道、次序、时间和大小等，如绞肉机改变成刀片形状，可以磨豆浆。

（6）改一改。改缺点、改不便之处，如把手表改为多功能手表等。

（7）拼一拼。结果与原因有什么联系？把某些事物拼起来，能帮助我们达到什么目的吗？如三色圆珠笔，把多种物品和功能组合起来等。

（8）学一学。模仿其形状、结构，学先进，如根据充电效应原理，发明太阳能电池、太阳能电站等。

（9）代一代。寻找可替代者，如用塑料代替金属、木材；运用磁效应制冷技术代替氟利昂制冷技术，制造无氟环保电冰箱等。

（10）搬一搬。移作他用，如把照相机的镜头装到扩印机上，作为扩放照片的镜头之类的移植手段等。

（11）反一反。能否颠倒，如皮革之类许多都是翻毛商品。

（12）定一定。定标准、界限。

用十二聪明法生产各种电风扇的产品

序　号	检核项目	创新设想	创造产品
1	加一加	既能当电扇又能当吊灯	吊灯电扇
2	减一减	吊扇适合低矮房屋，去掉吊杆	吸顶电扇
3	扩一扩	扩大送风角度	全方位摇头扇
4	缩一缩	微化，满足不同需求	手机迷你电扇
5	变一变	结构变化，性能变化	球式电扇
6	改一改	不让人易受凉，自然风感觉	微风小吊扇
7	拼一拼	驱蚊功能加到电扇上	驱蚊电扇
8	学一学	用遥控功能	遥控电扇
9	代一代	减轻电扇重量，用木材当扇叶	木叶片电扇
10	搬一搬	电脑里装电扇，散热	散热扇
11	反一反	冬天能用热风	暖风扇
12	定一定	设定噪声标准	静音风扇

同学们可以任选一件自己熟悉的物品，如杯子、帽子、车子、雨伞等，根据以上方法，进行小发明创造。

【实训二】　开发右脑潜能的训练方法①

随着右脑创造功能的发现，人们越来越重视右脑的开发。目前，研究出的右脑开发方法已有100多种，现简单介绍以下几点。

1. 左侧肢体训练

由于右脑主管左侧身体的运动，因此经常进行左侧肢体训练，能使右脑得到比较充分的锻炼机会。左侧肢体的训练方法很多，如平时注意用左手写字，做一些左手和左脚的游戏，散步时用左脚踢石等，都是提高左肢灵活性的很好的方法。

为了加强右脑功能，有人编出了左侧运动的体操，各节依次如下。

左手后伸触指运动：左手向后伸出，看着左手指，用拇指依次与食指、无名指、中指、小指的指端循环往复地接触。

左侧腿、手对旋运动：右腿单立，左腿抬起，小腿下垂向内旋转。同时左臂抬起，小臂下垂与小腿旋转的相反方向旋转。旋转数圈后，腿臂同时变换方向对旋。

左腿侧举运动：立正，目光向前，双手叉腰，重心放在右脚，左脚向左侧抬起，腿伸

① 王伟民、段安平：《创造思维学》，西安出版社，2010年，第235页。

直，尽量与地面平行，然后复原。

以上各节每次做 10 到 20 遍，每天早晚各一次，每次约 5 分钟。

2. 绘画、音乐等艺术训练

经常从事书法、绘画、音乐活动的人，右脑往往比较发达，富于想象，有较强的联想、直觉、发散思维等创造性素质特征。

3. 画知识树

人常说，千言万语不如一张图。在学习中经常把知识点、知识的层次、方面和系统及其整体结构用图表、知识树或知识图的形式表达出来，有助于建构整体知识结构，对右脑发展有益。

4. 形象记忆训练

前面说过，右脑具有左脑所没有的快速大量记忆功能，它存储的是形象信息。自然界里充满了丰富多彩的形象信息，经常到大自然中走一走，看一看，对右脑的开发是很有意义的。

5. 冥想训练

经常用美好愉快的形象进行想象，如回忆愉快的往事，遐想美好的未来，不仅使人产生良好的心理状态，还有助于右脑潜能的开发。

要进入右脑的意识状态，想象是很必要的。有一个公式可以教我们如何进入右脑意识状态和使用右脑：冥想—呼吸—想象。也就是说，进入右脑意识之前首先要闭上眼睛，平静心情，然后深呼吸三次，再进行必要的想象。

【实训三】 创造力倾向心理测试

威廉斯创造力倾向测验量表

这是一份帮助你了解自己创造力的练习。回答下列各问题，看自己是“完全符合”“部分符合”，还是“完全不符”，并在题后表中的相应选项中打“√”。要求每题必做，不要去想，凭第一印象作答，越快越好。

1. 我喜欢试着对事情或问题进行猜测，即使不一定猜对也无所谓。
2. 我喜欢仔细观察我没有见过的东西，以了解详细的情形。
3. 我喜欢变化多端和富有想象力的故事。
4. 画图时我喜欢临摹别人的作品。
5. 我喜欢利用废旧物品（如旧报纸、瓶子、盒子等）做些好玩的东西。
6. 我喜欢幻想一些我想知道或想做的事。
7. 如果事情不能一次完成，我会继续尝试，直到完成为止。
8. 做事情喜欢参考各种不同的材料以便得到多方面的了解。
9. 我喜欢用相同的或老的方法做事情，不喜欢另找新方法。
10. 对问题我喜欢刨根问底。
11. 我喜欢做许多新鲜的事。

12. 我不容易结交新朋友。
13. 我喜欢想一些不会在我身上发生的事。
14. 我喜欢想象有一天能成为艺术家、音乐家或诗人。
15. 我会因为一些令人兴奋的念头而忘了其他的事。
16. 我真想生活在太空站，不想生活在地球上。
17. 我认为所有问题都有固定的答案。
18. 我喜欢与众不同的事情。
19. 我常常想知道别人正在想什么。
20. 我喜欢故事或电视节目中所描写的事。
21. 我喜欢和朋友在一起，我和他们分享我的想法。
22. 如果一本故事书的最后一页被撕掉了，我就自己编造一个故事把结果补上去。
23. 我长大后，想做一些别人从没想过的事。
24. 尝试新的游戏和活动，是一件有趣的事。
25. 我不喜欢受太多规则的限制。
26. 我喜欢解决问题，即使没有正确答案也没关系。
27. 有很多事情我都很想亲自去尝试。
28. 我喜欢唱没有人知道的新歌。
29. 我不喜欢在班上同学面前发表意见。
30. 当我读小说或看电视时，我喜欢把自己想象成故事中的人物。
31. 我喜欢幻想古代人类生活的情形。
32. 我常想自己编一首新歌。
33. 我喜欢翻箱倒柜，看看有些什么东西在里面。
34. 画图时，我很喜欢改变各种东西的颜色和形状。
35. 我不敢确定我对事情的看法都是对的。
36. 对于一件事情先猜猜看，然后再看是不是猜对了，这种方法很有趣。
37. 玩猜谜之类的游戏很有趣，因为我想知道结果如何。
38. 我对机器感兴趣，也很想知道它里面是什么样子，以及它是怎样转动的。
39. 我喜欢可以拆开来的玩具。
40. 我喜欢想一些新点子，即使用不着也无所谓。
41. 一篇好的文章应该包含许多不同的意见和观点。
42. 为将来可能发生的问题找答案，是一件令人兴奋的事。
43. 我喜欢尝试新的事情，目的只是想知道会有什么结果。
44. 玩游戏时，我通常是重在参与，而不在乎赢。
45. 我喜欢想一些别人常常谈过的事情。
46. 当我看到一张陌生人的照片时，我喜欢去猜测他是一个什么样的人。
47. 我喜欢翻阅书籍及杂志，但只想大致了解一下。
48. 我不喜欢探寻事情发生的各种原因。

49. 我喜欢问一些别人没有想到的问题。

50. 无论是在家里还是在学校，我总喜欢做很多有趣的事。

威廉斯创造力测验量表

题　目	完全符合	部分符合	完全不符	题　目	完全符合	部分符合	完全不符
1				26			
2				27			
3				28			
4				29			
5				30			
6				31			
7				32			
8				33			
9				34			
10				35			
11				36			
12				37			
13				38			
14				39			
15				40			
16				41			
17				42			
18				43			
19				44			
20				45			
21				46			
22				47			
23				48			
24				49			
25				50			

说明：本量表共 50 题，其中，

Ⅰ. 冒险性 11 题(1、5、21、24、25、28、29、35、36、43、44)，其中 29 和 35 为反面题目。

Ⅱ. 好奇性 14 题(2、8、11、12、19、27、33、34、37、38、39、47、48、49)，其中 12 和 14 为反面题目。

Ⅲ. 想象力 13 题(6、13、14、16、20、22、23、30、31、32、40、45、46),其中 45 为反面题目。

Ⅳ. 挑战性 12 题(3、4、7、9、10、15、17、18、26、41、42、50),其中 4、9、17 为反面题目。

评分标准:正面题目完全符合 3 分,部分符合 2 分,完全不符 1 分;反面题目完全不符 3 分,部分符合 2 分,完全符合 1 分。

计算自己的得分,得分高说明自己的创造力强,得分低说明创造力有待提高。

资源拓展

【拓展阅读】

打破功能固着

给你一支蜡烛、一盒图钉、一盒火柴,你如何利用这三件物品把蜡烛点燃并固定在教室的墙壁上?

也许你很聪明,很快想到解决办法——用火柴把蜡烛点燃,然后用图钉把空火柴盒固定在墙上,再用蜡油把蜡烛粘在火柴盒上。

但德国心理学家卡尔邓克尔的实验证明,这样一个简单的解决办法却让许多人犯了难(超过实验总人数的一半)。

也许你有自己的方法,比如用蜡油把蜡烛粘到墙上。但是最简单的方法是先将装钉子的包装盒钉到墙上去,再将点燃的蜡烛放在盒上。你有没有想到这个办法?在德国心理学家卡尔邓克尔的测试中超过一半的人都想不到这个最简单的办法。但是如果换一种说法,假设一开始给出的条件是手里有几个钉子和一个空的盒子,怎么利用这些工具把点燃的蜡烛固定在墙壁上,那么想出这个最简单方法的人就会多出很多。他们两个的区别是一个盒子里装着钉子,一个是空盒子。因为装了钉子,我们的大脑就认定盒子只是容器,而不装钉子的时候就会被看成是可利用的材料。心理学上把这种现象称为功能固定。

书籍推荐

《列奥纳多·达·芬奇传》(沃尔特·艾萨克森,中信出版社,2018 年 7 月)讲述了文艺复兴时期伟大的艺术家与科学家达·芬奇传奇的一生。这本书向我们揭示了从凡人到天才的创造力密码——热切的好奇心、认真的观察以及异想天开的想象力,同时能够对自己稍显异类而泰然处之。

影视推荐

1. 电影《哈利·波特》

英文名称：(美国)*Harry Potter and the Sorcerer's Stone*

(英国)*Harry Potter and the Philosopher's Stone*

发行时间：2001 年 11 月 4 日

导演：克里斯·哥伦布(Chris Columbus)

2. 电影《月球》

英文名：*Moon*

发行时间：2009 年

导演：邓肯·琼斯

编剧：邓肯·琼斯、内森·帕克

创新改变人生

项目十一　感受生命之美——绽放生命之花

名人名言

人生的光荣，不在永远不失败，而在于能够屡扑屡起。

——拿破仑

故事导读

从前，有一个孤儿，他向得道高僧请教："像我这样没人要的孩子，活着究竟有什么意义呢？"高僧随手指着地上的一块陋石说："明天早上，你拿这块石头到集市上去卖，但不是真卖。记住，无论别人出多少钱，绝对不能卖。"

第二天，孤儿拿着石头蹲在集市的角落，意外地发现有不少人对他的石头感兴趣，而且价钱愈出愈高。孤儿兴奋地和高僧讲述，高僧笑笑，要他明天拿到珠宝集市去卖。在珠宝市场上，有人出比昨天高10倍的价钱来买这块石头。最后，高僧叫孤儿把石头拿到古玩集市上去展示。结果，石头的身价又涨了10倍，更由于孤儿怎么都不卖，竟被传扬为"稀世珍宝"。孤儿兴冲冲地捧着石头回到高僧那，把一切告诉高僧，并问为什么会这样。高僧望着孩子慢慢说道："生命的价值就像这块石头一样，在不同的环境下就会有不同的意义。一块不起眼的石头，由于你的珍惜、惜售而提升了它的价值，竟被传为稀世珍宝。你难道不就像这块石头一样？只要自己看重自己，自我珍惜，生命就有意义，有价值。"

（资料来源：https://fuzhong.nwsuaf.edu.cn/gqxyj/177375.htm）

内容简介

通过本项目的理论学习，你将了解生命的意义、心理危机的基本内容，了解大学生常见的心理危机应对方法。

教与学

一、珍爱生命——大学生生命教育

（一）发现生命的可贵

假如生命能从头来过，你一定会选择过自己想过的生活，做自己最想做的事情。可是，我们的生命是可贵的，每个人都只有一次，我们没有太多弥补的机会。

1. 生命是一切存在的基础

我们每个人都是“赤条条”来到这个世界，出生的时候什么都没有，只有生命；我们离开这个世界的时候，同样带不走任何事物，唯有生命。这中间有生命的历程，我们才会拥有自己的玩具、自己的衣服、自己的亲情、自己的友情、自己的爱情、自己的房子、自己的事业、自己的财富、自己的喜怒哀乐……只有拥有生命，我们才可以选择，才可以做事，才可以追逐梦想，才可以让“假如”成为现实。

当生命不在，我们自己所有的一切也就停止了，即使我们充分考虑自己的身后事，即使我们已安排好离开后的诸多事务，但再也不能亲身体验。所以说，人存在于世就是一个体验生命的过程。地球上最宝贵的是生命，是生命体现了世间万物的生存意义，是生命给了我们唯一充满快乐的过程，拥有生命才能拥有一切。

2. 生命是有限的

有统计显示，日本妇女和意大利东北部小国圣马力诺男性最长寿，平均寿命分别为86岁和80岁，中国男女平均寿命分别为71岁和74岁。即使我们用100岁来计算的话，每年365天、每天24小时，一生也只有36 525天，也只有876 600小时。这就说明生命是有限的。每个人的生命都是有限的，就看你怎样对待这有限的生命。每个人都拥有生命，但并非每个人都珍惜生命、懂得生命的真谛。很多人都在追问短暂生命的价值所在。只有懂得生命可贵的人才会好好珍惜它。我们所有的财富都可能会失而复得，唯有生命只有一次。生命是世界最宝贵的财富。水珠投进海洋，生命就会无限，把有限的生命投入自己的使命中，实现内心的渴望，履行应负的职责，这样的一生才会充实而圆满。

3. 生命是一去不复返的

我们总是会听到有人在说：“世界上要是有卖‘后悔药’的就好了！”我们每个人都梦想着时光倒流，去抓住本来放弃的，去经历另外一种选择。可是事实是，我们的生命每过一天就少一天，每过一小时就少一小时。我们无法回到过去，我们的生命是一去就不复返的，是一张通往离去的单程票。

秦始皇兼并六国、统一天下之后，享受到人间的一切荣华富贵、至尊至贵。但是，唯独让秦始皇感到遗憾的是不能避免死亡。作为第一个统一天下的皇帝，秦始皇在人间可以说是无所不能，但是，死亡是悬在他头上的一把利剑。封禅泰山让秦始皇第一次知道了齐地的神仙文化，人原来可以通过吃长生不老药，获得肉体上的长生。当秦始皇听到徐福的“神仙说”时，他顿时觉得眼前一亮，自己奢望的长生不老的愿望似乎可以实现了。于是，他立即答应徐福的海上求仙要求。公元前219年，徐福向秦始皇介绍了海上三神山有仙人居住，如果能够虔诚斋戒，再派出童男童女，可以到海上去寻找仙药。秦始皇立即答应了徐福的要求，“遣徐市发童男女数千人，入海求仙人”。

秦始皇可不是一个轻易被忽悠的人，他运筹帷幄，兼并六国，六国国君都败在他手中。想从秦始皇的兜里掏钱，那可不是一般人能做到的。但是徐福却能轻轻松松办到，他的一番话就把秦始皇完全忽悠了。于是，公元前219年，徐福率领浩浩荡荡的船队出海求仙去了。

徐福的下场如何？史料记载，秦始皇于九年后再见到徐福的时候，第二次相信了徐福，并听从了徐福的建议，立即派遣三千童男童女，还准备了五谷的种子，再派徐福入海。途中，徐福找到一片辽阔肥沃的土地，便带领众人留在那里，自立为王，不再回朝。徐福让秦始皇至死“都不忘”寻找长生不老的仙药。

（资料来源：http://www.chinanews.com.cn/cul/news/2009/04－11/1641728.shtml）

然而，正是因为生命的一去不复返，生命才更显得弥足珍贵！不要怀疑，生命是最可贵的，只有活着，你才可以为自己的家庭和事业而奋斗，你才可以为自己所爱的人遮风挡雨，才可以孝敬父母。因为生命的一去不复返，所以不要留遗憾在难以预料的明天，不要留内疚在阴阳相隔的时空，不要留自责在撕心裂肺的生死离别中。

生命是脆弱的，从它即将成为胚胎的那一刻起，就开始与很多的竞争者（精子）竞争，就开始要适应自己不曾经历的环境（母体的环境）。生命真正降临后，疾病、意外、天灾等又时时刻刻威胁着生命的成长。而生命从一开始就注定不可复返地离去，所以生命是那样的可贵。保护自己的生命是每一个人的天职，所以不要像前面所讲有那么多的“假如”，何不让一切梦想从现在开始？为什么不从现在开始就去热爱生命，让“假如”成为现实，让生命不留下遗憾呢？

（二）珍爱生命的策略

1. 寻找生命的意义

北京大学危机干预中心的徐凯文老师提出了“空心病”的概念，他发现北大有30%的学生有“空心病”——缺乏支撑其意义感和存在感的价值观，不知道自己要什么，不知道自己为什么活。反映的是人们缺失的内在价值感。如果孩子从小被功利的目标推着走，长大后就会变成没有内心尺度的“空心人”。因此，找到人生的意义和价值尤其重要。当大学生无法在自己的生活中找到小我的意义和价值的时候，就应该把生命的意义放眼到社会和国家。习近平总书记在给中国石油大学（北京）克拉玛依校区的毕业生们的回信中指出：“前进的道路从不会一帆风顺，实现中华民族伟大复兴的中国梦需要一代一代青年矢志奋斗。同学们生逢其时、肩负重任。希望全国广大高校毕业生志存高远、脚踏实地，不畏艰难险阻，勇担时代使命，把个人的理想追求融入党和国家事业之中，为党、为祖国、为人民多做贡献。”

2. 挖掘生命的内在渴望

知人者智，自知者明。

——《道德经》

有时候人生的不快乐并非拥有得太少，而是发现自己苦苦追寻得来的东西不是自己真正想要的、最该珍惜的。很多人走完了人生道路，却从未问过自己内心渴望的东西究竟是什么。在少数问过自己这个问题的人当中，很多人也没有得出一个明确、清晰的答案。一个人若能够挖掘出自己内心真正的渴望，并能主动舍弃那些可有可无、并不触及生命意义的东西，那他的人生必能收获更多的充实与愉悦。

【做一做】 游戏——“我的五样”

取一张纸、一支笔，写下你生命中最重要的五样东西。你尽可以天马行空地想象，只要把内心最珍贵的五样东西写出来就行，不必考虑顺序。

然而不幸的是，你的生活发生了意外，你要在这最宝贵的五样东西中舍去一样，请你把其中的某一样抹去。

生活又发生了重大变故，你必须再放弃一样。现在只剩下三样宝贵的东西了，但又一次不幸的遭遇迫使你还得放弃一样。

最后，你的生活滑到了前所未有的低谷，你必须做出一生中最艰难的选择，只能留下一样，其余全部放弃。至此，你的纸上只剩下你最宝贵的一样东西。你涂掉了四样，它们同样是你看重的东西，被涂掉的顺序就是你心目中划分的主次台阶。

人生的决定必有取舍，有取舍就会有痛苦，世上没有万全之策，你不可能占尽便宜。当你明确了什么是生命中最重要的东西，依次明晰了重要事项的次序，剩下的就是按图索骥。

3. 珍惜拥有，感恩生活

霍金是伟大的物理学家，但他患有卢伽雷氏症，完全失去了行动自由和生活自理能力。一次，他刚做完学术报告，一位记者就跃上讲坛，问了一个突兀而尖锐的问题：“霍金先生，卢伽雷氏症已将你永远固定在轮椅上，你不认为命运让你失去太多了吗？”整个报告厅顿时鸦雀无声，霍金用还能活动的手指艰难地敲击着键盘，投影屏上缓慢而醒目地显示出：“我的手指还能活动；我的大脑还能思维；我有终身追求的理想，有我爱和爱我的亲人和朋友；对了，我还有一颗感恩的心……”顿时，报告厅内掌声雷动。

遭遇不幸的生命尚且可以活得美好而充满意义，从自己残缺的生命中积极发现自己拥有的东西，发现享有的幸福。平常人拥有的更多，但遗憾的是，似乎我们拥有的越多，我们想要的就越多，想要的越多就越不珍惜已经拥有的，一味地追求更多和抱怨拥有的太少，幸福总离我们很遥远。珍惜自己的拥有吧，用心体会它们带来的心灵富足和喜悦。

越是缺乏感恩，我们已经拥有的东西就越是没有价值。心理学研究证实，感恩与幸福感有着莫大的关系，你可以选择对自己拥有的一切保持一颗感恩的心，从而给自己带来幸福；你也可以选择对自己拥有的一切习以为常，认为它理所当然，把幸福拒于心灵门外。

保持一颗感恩之心的秘诀：

①通过言语或行动把我们的感恩之情表达出来，向关爱、帮助你的人表示感谢。

②每天向生活赋予你的东西表示由衷的感谢。

③写感恩日记，记下我们每天值得感恩的人和事，这将是一笔丰厚的心灵财富。

4. 微笑面对，选择快乐

> 通其变，天下无弊法；执其方，天下无善教。
>
> ——王通

当你因为痛苦、烦恼而无法对生活展颜时，你可以这样思考：我改变不了环境，但我可以改变自己；我改变不了事实，但我可以改变态度；我改变不了过去，但我可以改变现在；我不能控制他人，但我可以掌握自己；我不能选择容貌，但我可以展现微笑；我不能预知明天，但我可以把握今天。

5. 对人对己，宽容以待

> 腹中天地宽，常有渡人船。
>
> ——朱德

(1) 不要拿自己的错误惩罚自己

生活中有很多烦恼都源于自己同自己过不去，由于自己的一些过错终日陷入无尽的自责、哀怨、痛悔中，觉得如果自己曾做了或没做某事该多好。原谅自己的过失，把“如果”改为“下次”吧！

“如果我那时再努力些就好了。”——“下次我会努力把事情做好！”

“如果我当时坚持下去就好了。”——“下次我会坚持到底！”

“如果我那时不那样对待他(她)就好了。”——“下次我会好好对待心爱的人！”

泰戈尔说：“如果错过太阳时你流了泪，那么你也要错过群星了。”人生苦短，何必执着于过去的遗憾，你只需用行动和希望来代替无尽的悔恨和自我折磨。

(2) 不要拿自己的错误惩罚别人

为掩饰伤疤、维护自尊，把自己的过错归咎于别人或迁怒于别人，这样只会导致更多的指责和埋怨。谁也不想做“替罪羊”“出气筒”，伤害我们身边真正关心自己的人，只会让生活更加不幸福。要敢于承担自己的失误，得到别人的宽恕和谅解，做出弥补和改进。

(3) 不要拿别人的错误惩罚自己

康德说：“生气是拿别人的错误惩罚自己。”人生旅途中总会遇到伤害自己的人和事，这已对自己造成伤害，若再对此耿耿于怀，沉浸在痛苦、愤怒中不能自拔，就是反复伤害自己。“人非圣贤，孰能无过”，学会宽容别人的过错就是让自己保持快乐的心情，做自己心情的主人。

6. 赠人玫瑰，手留余香

富兰克林说：“你关怀别人、帮助别人时，也就等于是在帮助自己、为自己谋取幸福。”给予不是为了得到，因为给予本身就是极大的幸福。这种给予使别人富有，也提升了自己，所以爱是一种产生爱的力量。

她叫司晶，是黑龙江齐齐哈尔市“福源心理咨询所”的创办人。生而不幸的她，还没来得及体会“走”的滋味，就被疾病击倒了——从9个月起患小儿麻痹，全身瘫痪。之后，残疾的身躯历经70多次大小手术，累累伤痕、体无完肤，只能靠3根钢棍固定在脊柱上才能坐着。从两岁起就被寄养在兰西农村的亲戚家里，她饱尝了歧视、冷遇、欺凌和打骂。但这并没有磨灭她生的追求，她学会用心来“走路”。

13岁，她用一只健全的左手和半瘫的右手，做出了一双式样新颖的布凉鞋，第一次尝到成功的喜悦。17岁时，她从乡下糊报纸的墙上认识了第一个字，糊墙的报纸成了她的启蒙老师。19岁，回到父母身边，她主动承担了所有家务：做饭、洗衣、编织、裁剪，什么活都难不倒她。她用自己的行动证明：“我是一个活得非常快乐、有用的人。”

她顽强地自学中文、英语、绘画，试着写剧本，但最终受到身体的限制，作家梦和画家梦破灭了。但是，书，开发了司晶潜藏的天资和智慧，同时启迪她思索、探求自己的人生价值。

开朗、真诚、善解人意的司晶，在与朋友的交往中发现，健康的体魄不一定有健康的心理，许多人心中积郁着诸多原因造成的痛苦和忧郁。这些心理活动影响着他们的精神面貌、生活幸福和工作热情。“既然我从痛苦中升华出的一些人生感悟有益于一些朋友，我为何不去帮助更多的人，使他们重新燃起生活的火花，校正人生的轨迹呢？”苦苦求索中，司晶将自己的人生坐标定在了为他人、为社会服务上。“为自己活，只居脚下方寸地；为别人活，拥有头上整个天”。1995年，在妇联组织的支持下，司晶的“福源心理咨询所”成立了。

司晶深知自己的责任，面对一颗颗陌生而又充满困惑的心，她不但要让他们轻松地走出去，还要教给他们正确对待生活，树立正确的人生观。

一位女性被丈夫抛弃后痛不欲生，自杀不成，想杀死孩子进行报复，司晶说：“我理解你丈夫，他不爱你有他的道理，一个连自己生命都不热爱的女人，谁爱？”第二天女人来电话说，她懂得了一个女人要有独立的人格，要靠自己的力量活着。

司晶为更多的人解除了恋爱、婚姻、家庭及前途事业等方面的困扰，她的朋友，上至70岁的老人，下至十几岁的孩子，有专家学者、大学生、劳教人员……他们都被她深深地打动了。

司晶说：“每个人对幸福的理解和追求不同，有的人认为拥有金钱和权力是幸福，有的人认为拥有一份情感是幸福，我觉得一个人的存在能给更多人带来益处、拥有众多的真诚朋友才是真正的幸福。虽然我在生活上一无所有，但在精神上我是富翁！”

（资料来源：https://news.sina.com.cn/s/2003-11-21/10021161253s.shtml）

身有残疾的司晶能够快乐地生活下去，就在于她关怀他人，乐于增进他人的幸福感，她在付出爱心的同时也感受到了自己存在的价值和意义。

生活幸福快乐的法则就是：爱出者爱返，福往者福来。

二、心理危机概述

（一）心理危机的定义

心理危机是指当个体面临突然或过大应激，而又无法用通常解决问题的方法来解决所出现的心理失衡状态。人在一生中，经常会遇到突如其来的或重大的生活应激或挫折，如亲人死亡、婚姻破裂、交通事故等。个体面对这些难以解决的问题常常会出现精神濒临崩溃的状态，表现出极度紧张、苦恼、焦虑、忧郁，甚至产生轻生的意念。

确定危机需要符合以下三项标准：

①存在具有重大心理影响的事件。

②引起情绪扰乱或认知、躯体和行为等方面的改变，但又不符合任何精神疾病的诊断。

③当事人或患者用平常解决问题的手段暂不能应付或应付无效。

一般认为，心理危机不是一种疾病，而是一种情感危机的反应过程。在发生心理危机时对当事人表示关怀，提供援助常可帮助他们摆脱困境。如果处理不当或任其发展，会出现不良反应，甚至出现自杀的严重后果。危机干预就是帮助出现心理危机的人度过困境，重建心理平衡。危机干预是一个短期的帮助过程，是运用个人、社会和环境资源，对处于困境或遭受挫折的人给予关怀和帮助，国外有时也称为情绪急救。危机干预不仅可以防止危机的进一步发展，还可以帮助个体学会新的应付技巧，使心理平衡恢复，甚至超过危机前的功能水平。

（二）心理危机产生的原因

心理危机是由急性心理应激事件引起的心理反应，它受应激事件、对该事件的认知和应付方式、人格特点等因素的影响。

应激事件，又称应激源，当环境发生变化时个体必须做出努力去适应这种变化，通常把能造成心理应激并可能导致躯体和心理健康变坏的环境变化称为应激源。

应激事件的分类如下。

1. 按应激源的心理、社会和生物属性分类

（1）心理性应激源

心理性应激源是指不良的人格特征、能力不能满足需要、认知偏差、不良情绪、不切实际的期望、挫折感、压抑感等。

（2）社会性应激源

社会性应激源包括不良的家庭环境、工作环境和经济环境，不良的社会经历，不良的人际关系，社会环境和文化变迁，灾害，污染，过度拥挤，进入不熟悉的自然、社会和文

化环境，自身的社会经济地位发生改变等。

(3) 生物性应激源

生物性应激源是指直接作用于躯体并导致躯体损害的理化因素和生物因素，个体的生理和病理变化等。

2. 按应激源发生的范畴分类

(1) 个人生活

健康问题，经济问题，价值观冲突，法律纠纷，人际关系不良，社会角色变化等。

(2) 家庭生活

恋爱婚姻问题；经济问题；家庭中的人际关系不良，家庭成员权利、责任和义务的分配不公，分居、离婚和单亲家庭；子女的成长、学习和就业问题；家庭中被忽视，家庭暴力，家庭中的心理、躯体及性虐待；与扩展家庭和前配偶及子女的人际冲突等。

(3) 工作

对工作条件的不满意感，如对工作环境不满意，存在物理或化学的危险，工作的数量过多，质量要求高，技术要求新，工作能力缺乏或过时，有精疲力竭感，对工作安排无法预测，无法进行有效的时间管理；工作中不良的人际关系，参与决策的积极性受挫，对组织结构及其规则缺乏信任；工作中的性别偏见和性骚扰；对职业发展失去自信，失业危机；双职工工作和家庭劳务的双重负担等。

3. 按事件对个体的影响分类

(1) 正性事件

个人将事件评价为对自己的身心健康有积极作用，应激研究中将这些事件称为正性事件。对大多数人来说，事件性质的评价具有一致性；而对于少数人，这些事件可能影响他们的身心健康。如果正性事件发生过多，也可能影响个体的身心健康。

(2) 负性事件

个人将事件评价为对自己的身心健康有消极作用，应激研究中将这些事件称为负性事件。负性事件常常影响人们的身心健康。

4. 按研究领域分类

(1) 生活事件

生活变化单位与个体患病呈正相关，但相关系数不高。一些学者认为这种评价方式忽视了生活事件对个体的意义，而后的一些研究采用由被试者按事件对自己的影响程度进行评分，这样的研究增加了生活变化单位和个体患病的相关性。

(2) 日常烦恼

在日常生活中，人们更容易遭遇的是日常琐事，如在家的时间少，工作负荷增加，聚会受限，经济水平不遂意，对气候不适应，与邻居关系不佳，对家庭烹饪不满，自由支配时间的可能减少，孩子的教育问题等。如果这些琐事使人感到烦恼，而此类烦恼增加到一定数量将影响个体的健康。

（3）灾难性事件

对灾难性经历或事件与健康间关系的研究可能揭示个体经历了灾难性的创伤事件后健康的变化，特别是研究一个群体同时受到灾难性事件的打击后健康变化与其他因素的关系，这样对研究应激过程中影响应激源与应激结果间关系的因素非常重要。

（三）心理危机的表现

应激反应（Stress Reaction）是指个体经过对应激源的认知评价后，出现的一系列心理行为和生理的变化，常称为应激的心理生理反应。各种应激源和应激反应存在交互作用，常常互为因果。

应激反应在人适应环境、健康和疾病关系中非常重要。应激反应是个体对内外环境变化所做出的一种适应性反应。对于个体来说，一定的应激反应使个体及时调整与环境的关系，增强个体对环境的适应能力，促进其发展。严重或持续时间长的应激反应则可能导致一系列心理和生理的病理改变，最终导致心理和生理功能的病理改变，导致疾病的发生。在急性应激时，当心理稳定性受到严重破坏时，就会出现心理危机。

心理危机出现时，常见有以下心理和躯体反应。

1. 认知改变

当环境发生变化，个体对环境的变化和自身的资源进行认知评价，随即出现应激反应，个体同时对反应的结果进行认知评价。若反应结果对自身有利，则增强个体的自信和自尊，对自己的评价会趋于正性，对环境变化也趋于正性评价，增进了自己在未来生活中减少应激的信心；若结果不利，则会出现对自己和环境均趋于负性评价，降低了自信和自尊，降低了个体在环境中克服困难的动机。

2. 情绪改变

个体在应激反应中情绪的变化同样与个体对应激结果的预测和评价有密切的关系。成功地应对应激源常常给个体带来愉快和高兴的情绪体验。

焦虑是应激反应中最常出现的情绪反应，这种情绪指向于未来，有不确定感，是人预期将要发生危险或不良后果时所表现的紧张、恐惧和担心等情绪状态。焦虑水平低时影响个体应对环境的行为，反应常常迟钝，作业的效率不高；适度的焦虑可提高人的警觉水平，提高人对环境的适应和应对能力；焦虑过度或不当，则使个体应对环境变化的能力下降，且这种焦虑有泛化的危险，可能影响个体在面临环境变化时的有效应对。恐惧则是极度的焦虑反应，此时个体的意识、认知和行为均会发生改变，同时伴随着强烈的自主神经功能紊乱，行为的有效性几乎丧失。部分病人会导致焦虑性障碍。

抑郁常常是个体面临无法应对的困境和严重后果的情绪反应。抑郁的情绪常常使人产生无助和无望感，进一步影响个体对环境和自身的认知评价，消极的评价可反过来加重抑郁。一些病人的抑郁症与应激有明确关系。

愤怒是与挫折和威胁相关的情绪状态，并多伴有攻击性行为。目标受到阻碍，自尊心受到打击，常常激起人们的愤怒情绪。

3. 行为改变

伴随应激的心理反应，机体在外表行为上也会发生改变，这些变化是机体对应激源的应对行为或是应对的结果。

成功的应对常增加个体在日后同样或相似的环境中解决问题的行为；失败的应对可能使个体出现消极的行为倾向，如逃避、回避、行为退化、依赖和无助等，也可能促发个体的敌对和攻击行为，有的个体则采取被动攻击，如自伤、自杀等。

社会支持系统是影响应激过程的一个重要中间因素。

社会支持是指个体在应激过程中从社会各方面能得到的精神上和物质上的支持。通常，社会支持具有减轻应激的作用，是应激作用过程中个体可利用的外部资源。

个体的社会支持程度受多种因素的影响，与各种应激因素都存在交互关系。生活事件、人格、认知过程、个体经历、应对方式、应激源及应激过程都影响着社会支持系统的形成和稳定性。

社会支持系统的作用可分为工具性支持和情感性支持两部分：工具性支持包括个体在应激过程中接受系统中各种物质性或策略性帮助，以解决问题为取向，在个体针对问题的应对中可发挥重要作用；情感性支持通常在应激过程中以针对情绪变化的应对为取向，对情绪失调者的恢复具有重要作用。亲子关系、家庭、亲密关系、婚姻、朋友、社团等均是重要社会支持系统。

社会支持与健康的关系是应激研究的重点。研究表明，在应激过程中社会支持与身心反应呈负相关，说明社会支持对健康具有保护性作用，可降低心身疾病的发生，促进疾病的康复。

（四）危机的发展过程

个体与环境之间在一般情况下处于一种动态平衡状态，当面临生活逆境或不能应对解决的问题时，往往会产生紧张、焦虑、抑郁和悲观失望等情绪问题，导致心理失衡。而这种平衡的维持与否与个体对逆境或应激事件的认识水平、环境或社会支持以及应对技巧这三个方面关系密切。危机的发展过程可分为 4 个阶段。

第一阶段：创伤性应激事件使当事者情绪焦虑水平上升并影响到日常水平，因此采取常用的应对机制来抵抗焦虑所致的应激和不适，以恢复原有的心理平衡。

第二阶段：常用的应对机制不能解决目前所存在的问题，创伤性应激反应持续存在，生理和心理等紧张表现加重并恶化，当事者的社会适应功能明显受损或减退。

第三阶段：当事者情绪、行为和精神症状进一步加重，促使其应用尽可能地应对或解决问题的方式来力图减轻心理危机和情绪困扰，其中包括社会支持和危机干预等。

第四阶段：系活动的危机状态，当事者由于缺乏一定的社会支持，应用了不恰当的心理防御机制等，使得问题长期存在、悬而未决，当事者可能出现明显的人格障碍、行为退缩、自杀或精神疾病。

（五）心理危机产生的后果

人一旦产生了心理危机，由于处理危机的方法不同，后果也不同。一般有四种结局：第一种是顺利度过危机，并学会了处理危机的方法策略，提高了心理健康水平；第二种是度过了危机但留下心理创伤，影响今后的社会适应；第三种是经不住强烈的刺激而自伤自毁；第四种是未能度过危机而出现心理障碍。由于人生道路不平坦，总会遇到大大小小的各种危机，因此学会正确处理危机已经是现代人的必修课和基本生存技能。

在疫情防控期间，我们可以看到许多人，特别是一线医务人员，他们也担心，也焦虑，也迷茫，特别是当对病毒知之甚少，可能存在不可控的危险时。但是，出于对职业的忠诚，他们必须冲在第一线，在工作中忘我地为患者服务。对于大部分人来说，危机反应无论在程度上或者是时间方面，都不会带来生活上永久或者是极端的影响。他们要的只是对现状和生活的信心，以及亲友间的体谅和支持。

但是，如果心理危机过强，持续时间过长，对个人而言，轻则危害个人健康，增加患病的可能，重则出现攻击性行为和精神损害；对社会而言，会引发更大范围的社会秩序混乱，冲击和妨碍正常的社会生活。

三、大学生心理危机

（一）大学生心理危机的种类

1. 发展性心理危机

发展性心理危机是指在大学生的大学阶段发生涉及生理、心理上发展变化的心理危机。这些心理危机是大学生生命中的必要和重大的转折点，每一次发展性心理危机的成功解决都是大学生朝着成熟和完善发展的阶梯。具体的发展性心理危机有升学心理危机、性心理危机等。这类心理危机往往出现在大学生成长过程中某些重大转变的时候，这时外界对个体的要求往往有重大的改变。发展性心理危机有三个特点：其一，心理危机持续的时期比较短暂，但变化急剧。其二，大学生在发展性心理危机期间容易产生一些消极现象，如厌学、人际冲突或情绪冲动等。其三，如果能顺利度过发展性心理危机，将会促进大学生心理发展，使其获得更大的独立性，走向成熟。

2. 境遇性心理危机

境遇性心理危机是指突如其来的、无法预料的、难以控制的心理危机。区别境遇性心理危机和其他心理危机的关键是引发大学生心理危机的重大生活事件是否是大学生本人无法预料的和难以控制的，如某个大学生的父母离婚、家庭经济来源突然中断、2020 年新型冠状病毒感染疫情等。境遇性心理危机主要是指各种外部环境造成的心理危机，如遇到突发的外部事件（亲友突然亡故、父母失业、与同学或老师冲突等）而引起的心理危机，或是指受到突然的侵犯和恐怖事件（遭到强奸、被抢劫和暴力侵犯等）而引起的心理危机。

3. 存在性心理危机

存在性心理危机是指大学生因为人生的存在性问题而产生的心理危机。个体在大学前和在大学阶段后都在不断地追问和探索存在问题，但大学生因为年龄和身心的特点对存在性问题的思考特别集中。存在性心理危机的成功解决对大学生的人生观、价值观和世界观的正确树立有着重大的影响。

（二）大学生心理危机的主要原因

1. 精神疾病是导致大学生心理危机和自杀的重要原因

大学生常见的精神疾病有以下几个方面。

(1) 神经衰弱

神经衰弱是大学生中较常见的一种神经症，主要临床特点是疲劳、易激惹、头痛、失眠、注意集中困难、缺乏享乐能力，但无器质性病变存在。可以继发于感染或衰竭之后，或由于持续的精神紧张或情绪应激而发生。部分病人病前性格偏于胆怯、敏感、多疑、缺乏自信、急躁和自制力差。若病程短，病因已除，经过及时治疗，可治愈；如病因未能去除，病程可迁延数月或数年。值得注意的是，有些学生因为几天没睡好觉或常做噩梦，记忆力下降，入睡困难，便认为自己患了神经衰弱。其实，神经衰弱的诊断有严格的标准，不仅要看症状表现，而且要看严重程度和病程。千万不能凭一时的表现就对号入座，从而加重心理负担，导致情况越来越复杂，越来越严重。

(2) 焦虑性神经症

焦虑性神经症是以焦虑为突出特征的精神障碍。症状呈急性发作或慢性持续状态，急性焦虑或惊恐发作的患者可能会突然感到咽喉部梗阻、呼吸困难、紧张恐惧或出现濒死感。检查可见心跳加快、呼吸迫促、震颤，发作可持续数分钟到数小时，并可反复发作。慢性焦虑患者多有胆小、羞怯、过分敏感、忧心忡忡等人格特点，常处于持续紧张状态，终日惶恐、提心吊胆、坐卧不安，容易激惹，注意力不集中，对外界事物缺乏兴趣或对自身躯体不适，过分敏感，多伴有失眠多梦、胃肠不适、性欲缺乏等。病程可长可短，一般能治愈。大学生中常见的焦虑症是由于害怕考试引起的考试焦虑，如有的学生考试中遇到难题做不出时，往往头上冒汗，心跳加快，影响正常水平的发挥。

(3) 强迫性神经症

强迫性神经症是指以重复出现患者并不愿意出现的某些观念、意向和行为作为特征的一组神经症。患者常为这些重复出现的强迫现象所苦恼，虽努力克制但无法摆脱。其主要临床特点是强迫观念（如强迫怀疑、强迫回忆、强迫性劳思竭虑、强迫性对立思维等）、强迫意向（如站立高处出现想往下跳的冲动，但并不表现为行为）、强迫行为（如强迫洗手、强迫检查、强迫计数等）。患者能认识到强迫观念是自己脑子里产生的，不是外力所强加的，是不恰当和缺乏现实意义的，反复试图克制，但往往失败。本症患者病前可能具有拘谨、犹豫、节俭、过分注意细节、要求十全十美等性格特点。症状有波动性，时轻时重，一般在用脑过度、心情焦虑、烦恼时症状加剧；在心情舒畅、注意力集中、紧张性体力劳动和早晨醒来时症状较轻。

(4) 恐怖性神经症

对某种特定的对象或境遇具有持久、强烈、非理性的害怕或病态的恐惧。患者接触这些对象或境遇时，出现明显的紧张、焦虑、恐惧等情绪反应，常伴有心悸出汗、昏晕等强烈的自主神经功能活动，因而要尽可能回避与这类对象或境遇接触。恐怖性神经症可分为三种类型：社交恐惧，害怕在众人面前说话、不敢面对别人就座、不敢排队买东西。动物恐怖，害怕看见或接触某种动物，如猫、狗、鼠等动物。旷野恐怖，害怕经过空旷的地方，如过马路、过桥等；害怕封闭的空间，如怕乘电梯、地铁、火车等；害怕高空，如怕站在楼顶等。

睡眠障碍

(5) 疑病性神经症

疑病性神经症是指以怀疑为特征的神经症性障碍。主要临床特点是过分关注自己的健康或身体某一部分的完整性和功能，或者精神状态的改变，通常伴有焦虑和抑郁，但无其他精神病性症状，也无器质性病变存在。一般继发于某些躯体疾病（如感染）或者精神因素之后，或者受到传说和不正确的卫生宣传的影响，以及对医学常识产生误解。部分患者病前具有固执、谨慎、敏感、多疑，对自己健康过分关注等性格特点。急性疑病症病程短，可治愈；慢性疑病症病程常迁延，患者须解除心理冲突。

(6) 抑郁性神经症

抑郁性神经症是指以持续的轻、中度情绪低落为突出表现的神经症。常伴有焦虑、躯体不适感和睡眠障碍，表现为悲伤、悲观、孤独感和自我贬低等。患者病前常具有抑郁人格特征，常在遭受心理刺激、生病、考试不及格或失恋等后发病。症状轻重不一，患者一般内心愁苦、缺乏愉快感、思维迟钝、动作缓慢、情绪焦虑、兴趣索然、失眠早醒、体重下降、肠胃不佳、性欲减低；严重时悲观绝望、自责自罪，可产生自杀意念。

(7) 癔症性神经症

癔症性神经症，又称瘟病或歇斯底里症，女性中多见，常因精神因素或不良暗示而急剧发生，表现为精神及躯体方面的多种症状。躯体方面表现有运动、感觉、反射及自主神经功能等障碍（如瘫痪、过敏、麻木、震颤、肌肉痉挛、失育症等）；精神方面表现有情感爆发（哭笑、狂怒、叫喊、吵骂、打人、打自己、毁物等）；意识障碍（心理活动只限于引起发病的精神因素和经历，对其他事物反应迟钝或遗忘）。

(8) 精神分裂症

精神分裂症在大学生中发病率约为千分之七。此病心理异常的表现主要是精神活动“分裂”，即患者行为与现实分离，思维过程与情感分离，行为、情感、思维具有非现实性，难以理解，不能协调。此病症状常表现为联想散漫、思维破裂、情感淡漠、言行怪异、妄想、出现幻觉幻听等。精神分裂症患者一般智能完好，但对自己的病症的表现缺乏自知力。

2. 人格成长中的挫折与早期经验不良导致心理不健康

某高校A生入学4个月来，每周都跟家长电话联系数次，通电话时，每次不是哭就是争吵；父母来看他时也因一言不合而负气外出；每周都把衣服拿回家让父母洗；不喜人际交往，不愿参加团体性活动；上课时觉得老师讲得太粗，听不懂，学习跟不上；对单独吃饭、去浴室洗澡都有一种莫名的恐惧；时常想休学。

A生对大学生活严重适应不良，生活自理能力差、学习方式转变慢，对父母既依赖又怀有逆反情绪，既渴望独立自主又有强烈的依赖感，已经产生了严重的心理障碍，显示出依赖型人格异常症状：性格幼稚，凡事依赖别人的帮助与支持，如不得已独自完成时，就会感到极大的恐惧。例如，A生独自吃饭怕噎着、单独洗澡怕烫着，将无人相助时发生灾祸的可能性无限放大，提心吊胆地生活于自我恐慌之中。

某高校B生在一个星期五上午向老师请假，说奶奶刚刚去世，要尽早赶回家。后经与其家长联系，才知纯属谎言，其实他是外出旅游。

按照弗洛伊德的精神分析论，在个体的人格结构中，由于本我、自我、超我的功能不同，目的不一，彼此互动的结果会产生一些内在的动力，由此动力形成外显行为。这种行为并非一般正常行为，而是个体为求减少因超我与本我相互冲突而产生焦虑时所形成的一些改变了本质的行为。此等行为即防卫方式，合理化是防卫方式之一，它以社会认可的正当理由取代不被社会认可的真实原因，即编个谎言以自圆其说，借以减轻乃至消除内心的紧张焦虑。例如，B生假称奶奶去世、许多人的酸葡萄心理等，都属于合理化防卫方式。

某高校C生，在某知名中学就读时，一直勤学上进，是个众目瞩望的佼佼者，但高考失利，被一所普通的高校录取，更因第一学期期末大考时，助人作弊而受到学校行政处分，学位授予资格被取消，自感个人名誉受损、发展机会丧失。该生曾一度心灰意冷，失去目标，情绪低迷，意志消沉，在度过苦闷迷茫、抱怨世事的不公、深刻反省和追求真实的自我这一段漫长的心路历程之后，重新找回了信心，确立了方向，以诚恳的态度、满腔的热情和顽强的意志投入学习和为集体服务的活动中，不仅学业优异，团体活动开展得有声有色，还常常参加校内外竞赛活动，学习生活很充实，重新焕发出青春的活力。

自我实现是人性的本质。自我实现是指个体在成长中，身心各方面的潜力获得充分的发展的历程与结果，即个体生而有之但潜藏未露的良好品质，得以在现实生活环境中充分展示出来。自我实现是个体发展的历程和最高境界，也是人生追求的最高境界。C生孜孜不倦地追求，其实就是在寻找、实践自我实现之路。同时，从C生的心路历程，我们不难看出，她将自己的人格升华了，勇敢地抛弃了屈辱、悲观的自我，代之以不断奋进的自我和为同学们服务的实际行动。升华作用在她身上得到了明显的体现。升华个人的屈辱经历和精神痛苦，不仅是心理平衡的有效手段，更是人格成长的需要。人需要在这种不断地升华中完善自我。升华是人性的药剂，吃得越多越不觉得苦口。久而久之，升华便成为自我平衡与自我超越的杠杆。

某高校D生，长期情绪低沉，沉默寡言，对任何事情全无兴趣，落落寡合，而又自视甚高，愤世嫉俗，常有怀才不遇之感，对社会前途和个人前途都看得一片黑暗，自暴自弃。在女友出国留学、弃他而去之后不久，他以自杀的方式结束了生命。

在认知心理学家们看来，D生曾经历过一些失败体验，他不同于常人之处在于过分夸大了失败经验，从而自责自卑，自觉一无是处，而完全忽略了自身生存价值和个人在其他方面的优点；更在于他把这种对己对人对世事的消极心态完全生活态度化。他是个典型的抑郁症患者，他的自我观念是消极悲观的，他在生活寻求上是个失败主义者。

忧郁症是各种心理疾病中患病率最高的一种。西方发达国家研究统计表明，生活中约有10%的男性和25%的女性曾经历过忧郁症的痛苦。自杀的心理倾向，是忧郁症的主要症状之一。

3. 适应困难、交往障碍与自卑

性格内向的小李今年读大二。高中时，她的成绩非常优秀，她给自己设立的目标就是北大，直到最后一次"调考"，她的成绩都非常好，北大离她已经很近了。但是高考中，小李发挥失常，进了武汉一所二类本科。她想复读，但是家长劝她，多读一年还不定是什么结果呢，这所二类本科也不错，最后小李勉强到学校报名了。进入大学，小李不愿意参加老同学的聚会，怕同学笑话她，也不参加班里的集体活动，因为她瞧不起同学。小李一直把自己关在寝室里读书，可是心情压抑之下，学习效率低，成绩并不怎么好，她心里越发难受、抑郁，最后不得不找心理医生寻求帮助。

与小李不同，在武汉一所重点高校读大三的小张进了自己理想的大学。小张是家里的独女，为了腾出时间让她学习，父母把所有的家务都包揽了，小张没洗过一次衣服、没做过一次饭。进入大学后，小张发现自己的自理能力实在很差，被子叠不整齐、衣服洗不干净，寝室检查时自己经常拖室友的后腿。小张比较自我，不会关心同学。时间长了，同学们都不愿跟她交往。孤独的小张很自卑，严重影响了成绩。

我们从以上的案例中可以看出，小李和小张都对高校生活有适应障碍。在高中，很多学生生活上有家长无微不至的照顾，学习上有老师呕心沥血的指导。然而在大学里，远离了老师的叮咛嘱咐与家长的唠唠叨叨，同学们会窃喜获得了自由，但随之而来的现实问题，就让同学们手足无措了：生活不能自理，跟老师、同学相处不好。这都是适应障碍的表现。

（三）大学生心理危机的特征

1. 突发性

危机常常是出人意料、突如其来的，具有不可控制性。

2. 紧急性

危机的出现如同急性疾病的暴发一样具有紧急的特征，它需要人们去紧急应对。

3. 痛苦性

危机在事前事后给人带来的体验都是痛苦的，而且还可能涉及人尊严的丧失。

4. 无助性

危机的降临，常常使人觉得无所适从，而且，危机使得人们未来的计划受到威胁和破坏。由于心理自助能力差、社会心理支持系统不完善，危机常常使个体感到无助。

5. 危险性

危机之中隐含着危险，这种危险可能影响到人们的正常生活与交往，严重的还可能危及自己和他人的生命。

（四）如何识别大学生心理危机

从宏观方面来说，大学生心理障碍、生理疾患、学习和就业压力、情感挫折、自我期望值过高、在学习上遇到挫折后产生很大的失落感和心理落差、经济压力、家庭变故以及周边生活环境等诸多因素，会导致心理危机发生。

抑郁心理、孤僻性格、自卑心理、抑郁症、精神分裂等精神疾病，是引起心理危机、导致自杀等极端行为的主要原因。抑郁心理与孤僻性格往往与人格发展、早期经历不良等因素有关；自卑心理往往与自身缺陷、自我期望过高过低等因素有关；而抑郁症和精神分裂是心理问题已经危机化了，并且随时随地都有可能发生极端行为。

从微观方面来看，识别大学生个体心理危机可以从以下几个方面来判断。

1. 情绪突然改变，出现不良情绪反应

情绪是指个体需要是否得到满足的反应，需要是情绪的基础。当需要满足时就会产生积极的情绪体验；反之，就会产生消极的情绪体验。良好的情绪是心理健康的重要标准之一。不良的情绪体验是心理发生问题的主要因素。异常情绪包括抑郁、焦虑、淡漠、狂躁等。大学生的情绪突然改变，出现不良情绪反应，如情绪低落、悲观失望、焦虑不安、无故哭泣、意识范围变窄、忧郁苦闷、烦恼或喜怒无常、自我评价丧失、自制力减弱等消极情绪时，就有发生心理危机的可能。恶劣的情绪也是判定个体发生抑郁症的重要临床表现。

2. 出现异常行为

正常的行为活动是一个人心理健康的重要表现之一。当个体大学生出现行为异常，如饮食、睡眠出现反常，个人卫生习惯变坏，不讲究修饰，自制力丧失不能调控自我，孤僻独行等非常态行为时，就要注意是否有心理危机问题了。行为异常也是判定个体发生抑郁症的重要条件之一。行为变化也与情绪变化密切相关，不良的情绪必然导致行为的反常变化。

3. 学习兴趣下降

如上课无故缺席，常迟到早退，成绩陡然下降，根本无法进行正常的学习和听课。心理学认为，正常、有效、良好的学习能力是个体心理健康的前提和标准。个体在智力正常的情况下突然丧失了学习这一功能时，就说明是心理状态产生了问题。

4. 丢弃或损坏个人平时十分喜爱的物品

丢弃或损坏个人平时十分喜爱的物品也是十分典型的识别根据。如果个体大学生不能正常有序地学习和生活，把自己平时很喜欢的东西随意丢弃或毁坏等，这意味着不正常的心理行为发生了，而且是心理障碍达到危机的程度时，才会出现的情况。

5. 自杀意图的流露

如谈论自己的死或与死有关的问题，或写下遗嘱之类的东西；有的甚至已经采取过某些手段企图自杀。

四、危机干预

每一个人在其一生中都会遭遇各种各样的危机，对处在危机状态下的人进行专业的帮助便是危机干预。广义的危机干预可以是全方位的帮助，而狭义的危机干预便是作为简短心理疗法的危机干预。

(一) 大学生心理干预重点关注对象

①遭遇突发事件而出现心理或行为异常的学生，如家庭发生重大变故、遭遇性危机、受到自然或社会意外刺激的学生。

②患有严重心理疾病，如患有抑郁症、恐惧症、强迫症、癔症、焦虑症、精神分裂症、情感性精神病等疾病的学生。

③有自杀未遂史或家族中有自杀者的学生。

④身体患有严重疾病、个人很痛苦、治疗周期长的学生。

⑤学习压力过大、学习困难而出现心理异常的学生。

⑥个人感情受挫后出现心理或行为异常的学生。

⑦人际关系失调后出现心理或行为异常的学生。

⑧性格过于内向、孤僻，缺乏社会支持的学生。

⑨严重环境适应不良导致心理或行为异常的学生。

⑩家境贫困、经济负担重、深感自卑的学生。

⑪由于身边的同学出现个体危机状况而受到影响，产生恐慌、担心、焦虑、困扰的学生。

⑫其他有情绪困扰、行为异常的学生。

尤其要关注上述多种特征并存的学生，其危险程度更大，应成为重点干预的对象。

(二) 危机干预六步法

1. 确定问题

从求助者的角度，确定和理解求助者本人所认识的问题。为帮助确定危机问题，我们推荐在干预开始时使用积极倾听技术：同情、理解、真诚、接纳及尊重，既注意求助者的言语信息，也注意其非言语信息。

2. 保证求助者安全

保证求助者对自我和对他人的生理和心理危险性降低到最小可能性，这是危机干预全过程的首要目标。在我们的危机干预实践中，求助者的安全一直是强调的重点，希望学生和危机干预工作者将安全问题自然地融入自己的思维和行为之中。

3. 提供支持

强调与求助者沟通与交流，使求助者相信工作人员是能够给予关心和帮助的人。

工作人员不要去评价求助者的经历或感受是否值得称赞，而是应该提供这样一个机会，让求助者相信“这里有一个人确实很关心你”。

工作人员必须无条件地以积极的方式接纳所有的求助者，不在乎报答。能够在危机中真正给予求助者以支持的工作人员，就能够接纳和肯定那些无人愿意接纳的人，表扬那些无人会表扬的人。

4. 提出可变通的应对方式

工作者要帮助求助者认识到，有许多可供变通的应对方式可供选择。思考变通方式的途径如下：

环境支持，有哪些人现在或过去能关心求助者？

应付机制，求助者有哪些行动、行为或环境资源可以帮助自己战胜危机？

积极的、建设性的思维方式，可以用来改变自己对问题的看法并减轻应激与焦虑水平。

工作者帮助求助者探索他自己可以利用的替代解决方法，促使求助者积极地搜索可以获得的环境支持、可以利用的应付方式，发掘积极的思维方式。

如果能够从这三个方面客观地评价各种可变通的应对方式，危机干预工作者就能够给感到绝望和走投无路的求助者以极大的支持。

虽然可以考虑有许多可变通的方式来应对求助者的危机，但只需要与求助者讨论其中的几种。因为处于危机中的求助者不需要太多的选择，他们需要的是能实现处理其境遇的适当选择。

5. 制订计划

帮助求助者做出现实的短期计划，确定求助者理解的、自有的行动步骤。即将变通的应对方式以可行性的时间表和行动步骤的形式列出来，必须确保计划制订过程中求助者的参与和自主性。

计划的制订应该与求助者合作，让其感觉到这是他自己的计划，这点很重要。制订计划的关键在于让求助者感觉到没有被剥夺权利、独立性和自尊。

6. 获得承诺

帮助求助者向自己承诺采取确定的、积极的行动步骤，这些行动步骤必须是求助者自己的，从现实的角度是可以完成的或可以接受的。

在结束危机干预前，工作者应该从求助者那里得到诚实、直接和适当的承诺。

（三）心理危机干预中常用的技术

1. 开放式提问

开放式提问一般是以“什么”或“如何”来进行，或者是要求深入和详细的表达。开放式提问鼓励求助者完整地叙述经过并深入地表达其内涵。

可用以下方式组织开放式问题。

要求叙述：“请告诉我……”“请跟我谈谈……”“在什么情况下……”

围绕计划:“你打算……”“你将如何使它发生?”“它将如何帮你去……”

避免问“为什么”:问为什么不利于收集到更多的资料,对方往往会出现防御,并把责任推脱。

2. 封闭式提问

用于向求助者了解特别的或具体的资料,以“是”或“否”来回答。封闭式提问常在危机干预的初期阶段使用,用来确定某些特别资料,帮助危机干预者快速判断正在发生什么。另外,封闭式提问特别适用于行动的保证。封闭式提问的常用词有“是否”“能否”“有没有”“会不会”“曾经”等。

可用以下方式组织封闭式问题。

要求回答特殊的问题:“这种情况第一次发生在何时?”“你想伤害她吗?”“你去过那儿吗?”“这是否意味着你要自杀?”

得到担保:“你愿意与人合作去做……”“你会与他面对面讨论这个吗?”“你同意……吗?”“你打算什么时候做这件事?”

否定式提问。否定式提问是一种封闭性问题,常用来作为听者与讲话者趋于认同的一种微妙方式。如“你认为这不是真的吗?”实际上是一种掩饰:“我认为那是真的,并且如果你有感觉的话,你也会同意我的。”

3. 危机干预工作者表达自己的感受

在危机干预中用自己的,或“我”(第一人称)来表达相当重要,这不同于其他的心理治疗,因为危机干预工作者处于指导的地位,需要帮助失去能动性和心理失衡的求助者。在与求助者交谈的过程中,给一个忠告,谈一些自己的感受、想法和行为非常重要,因为许多求助者以你为榜样。因此,如果你讲“我们认为应该这样”,求助者很难反驳你,结果是依赖性地顺从或防御的敌对。

做

【实训一】　撕纸人生

【实训目的】　让大家体会生命的有限,从而珍惜生命。

【活动准备】　准备一张纸条,大概长 16～18 厘米,宽 2～3 厘米。

【实训程序】

在开始游戏之前,请先把这张纸条画成 10 个格子,即分成 10 等分,在格子里依次写上 1～10 的数字。准备好之后,游戏就开始了,必须认真对待这个游戏,因为我们是在面对我们的人生。这张纸条就代表着我们的人生,每一个格子就代表 10 年,假设我们的人生有一百年。

第一步,请把你年龄前的纸条撕掉。如 18 岁,就撕掉前面 1 的格子和 2 的大半格。看看你还剩多少个格子。

第二步，现在你认为自己可以活到多少岁，然后把你活的岁数后面的纸条撕掉。如你觉得自己能活到70岁，那就把7后面的格子都撕掉。

第三步，把剩下的格子折成三等分，撕掉三分之一，因为我们有三分之一的时间在睡觉。看最后纸条的长度。

总结与分享：说说自己的感觉与体会。

【实训二】 飞机上的3分钟

【实训目的】 体会生命的可贵，探索生命的意义。

【实训程序】

请你闭上眼睛，找到一个舒服的坐姿，完全放松……

请想象自己正坐在一架客机上，宽敞平稳，飞机在万米的高空向着你的目的地飞去，你的美好假期就要来了，阳光、沙滩、椰林……

突然，一阵急速的颠簸袭来，飞机上的氧气面罩被放了下来，随即广播里传来机长急促的声音："亲爱的旅客朋友们，飞机发生了严重的机械故障，正在紧急排除。请您系好安全带，但是为了预防最危急的情况，您有什么话要向家里人交代，请立即写在纸上，3分钟之后空乘人员会来收取大家的纸条，然后统一密闭在特制的盒子里，一切要尽快，请务必尽快，谢谢您的配合！"

总结与分享：分享自己写下的内容，说说自己的体会。

资源拓展

【拓展阅读】

不要放大你的痛苦

一位农妇不小心打破了一个鸡蛋。她想：一个鸡蛋经孵化后就可变成一只小鸡，小鸡长大后成了母鸡，母鸡又可以下很多蛋，蛋又可孵化很多母鸡。最后农妇大叫一声："天啊！我失去了一个养鸡场。"可以想象农妇会怎样痛苦下去。

这个农妇看来着实有点可笑，但在现实生活中像农妇这样的人大有人在。我有一个同事，身体很壮实，快六十的人了，什么病也没有。在一次体检时，发现胆囊里有块息肉。这成了他的心病，他又是找大夫，又是查资料，听说息肉在胆囊里有可能癌变，他更是饭吃不香，觉睡不好。后来又找算命先生给他算命，算命先生说他不长寿，他暗自捉摸：算命先生算得可真准，我不长寿，可能就是因为胆囊中那块息肉在作怪，我把胆囊摘除，不就什么事也没有了吗？于是，他在一家小医院做了胆囊摘除手术，不幸在手术事故中亡故。

卢梭说过："除了身体的痛苦和良心的责备以外，一切痛苦都是想象出来的。"俗话说得好：生活像面镜子，你哭它就哭，你笑它就笑。让我们生活中的笑更多些，千万不要放大痛苦。

（资料来源：http://www.360doc.com/content/11/0213/15/5618198_92696535.shtml）

书籍推荐

《变态心理学》(钱铭怡,北京大学出版社,2013 年)以平实、流畅的语言,生动、形象的案例给大家介绍各种心理障碍的临床特点、成因和干预,通俗易懂。

影视推荐

《送你一朵小红花》(*A Little Red Flower*),导演韩延,主演易烊千玺、刘浩存、朱媛媛、高亚麟,上映时间 2020 年 12 月 31 日。影片讲述了两个抗癌家庭,两组生活轨迹,展现了一个温情的现实故事,思考和直面每一个普通人都会面临的终极问题——想象死亡随时可能到来。我们唯一要做的就是爱和珍惜。

珍爱生命的策略

项目十二 认识心理咨询——接受助人自助

名人名言

精神健康的人，总是努力地工作及爱人。只要能做到这两件事，其他的事就没有什么困难。

——西格蒙德·弗洛伊德

故事导读

有位心理学教授问学生：“如果有一对恋人约会，小伙子迟到了，姑娘问他为什么迟到，小伙子回答去找心理医生，所以才来晚了，此时姑娘对这位小伙子会是什么态度？”学生不假思索地回答：“这个姑娘可能会和他分手。”

然而懂得心理咨询的人，可能会有不一样的选择，她也许会因此更加喜欢这位小伙子，她认为一个懂得用心理咨询的方法来调整自我的人，一定不会把自己的消极情绪转嫁到别人头上，也不会把别人当成发泄的对象，与这样的人生活在一起肯定会幸福。

内容简介

通过本项目的理论学习，你将正确认识心理咨询，了解心理正常与异常之间的区分原则，并为配合心理咨询的有效进行做好必要的准备。

教与学

一、心理咨询概述

（一）常见心理问题识别

心理问题是指各种心理及行为异常的情形。心理的“正常”和“异常”之间并没有明确的和绝对的界限，一般认为，人的心理及行为是一个由“正常”逐渐向“异常”、由量变到质变，并且相互依存和转化的连续谱，因此，现实社会中的每一个人在一定程度上都存在心理问题，只是程度不同而已。通常把心理问题根据其严重程度，分为心理困扰、心理障碍和精神病。

1. 心理问题的类型

（1）心理困扰

心理困扰是人们经常遇到的因各种适应问题、应激问题、人际关系问题等引起的轻度心理失调，其强度较弱，持续时间较短，对人的生活效能和情绪状态有一定的负面影响，但不属于疾病范畴，通过自我调整和适当的心理疏导容易得到恢复和矫正。

（2）心理障碍

心理障碍是指心理功能紊乱，并达到影响个体的社会功能或使自我感到痛苦程度的心理问题。主要是指神经症、情感性障碍、人格障碍和性心理障碍等轻度的心理创伤或心理异常现象。

（3）精神病

精神病是指人脑机能活动失调，丧失自知力，不能应付正常生活，不能与现实保持恰当接触的严重的心理疾病。常见精神类疾病主要有精神分裂症、情感性精神病、偏执性精神病和反应性精神病等。

情感性精神病以情感障碍为特征，是一组以显著而持久的情感高涨或低落为主要特征的心理疾病，主要包括躁狂症、抑郁症、双向情感性障碍等。躁狂症的主要症状为心境高涨，自我感觉极好，与所处情境不相称，可能兴高采烈，容易激怒，甚至发生意识障碍，严重者可能出现与心境协调或不协调的妄想、幻觉等精神病症状。抑郁症主要症状为心境低落，与其处境不相称，可以从闷闷不乐到悲痛欲绝，甚至发生木僵，严重者可能会出现幻觉、妄想等精神病症状。双向情感性障碍的主要症状为反复出现心境和活动水平明显紊乱的发作，紊乱有时表现为心境高涨，精力充沛，活动量增加，有时表现为心境低落、精力降低和活动减少。

（二）心理问题区分原则

判断是否有心理问题，特别是判断是否有某种心理障碍或精神病，需要专业人员（如临床心理学家、心理咨询师等）运用心理学和精神病学的理论、技术、方法和手段，根据严格的诊断标准，按照严格的程序去实施的一项专业性很强的工作。心理学界与精神病学界有普遍公认的判断病与非病的三个原则。

1. 心理活动的内在协调一致性原则

人的心理过程主要包括认知、情感和意志过程，这三个方面是协调一致的，保证了人在反映客观世界过程中的高度准确和有效。

比如说，有一个人他的亲人突然去世了，他知道了这件事，这是他的认知过程。他知道这件事情后，非常伤心难过，这是他的情感过程。伤心难过之后，他意识到自己不能再这样下去，自己要坚强，自己要活得更好才是对亲人最大的安慰。这就是一个完整的知、情、意统一的过程，这说明他的心理是正常的。相反，如果他得知自己亲人去世后，拍手哈哈大

精神分裂症

笑，或者是把自己锁在屋里，不吃不喝，他的心理过程就失去了协调一致，转为异常状态。

2. 个性的相对稳定性原则

每个人在自己长期的生活道路上都会形成自己独特的个性心理特征。一旦形成，便有相对的稳定性。如果在没有明显外部原因的情况下，一个人的个性特征变得异乎寻常，却无很好的自制力，这就是异常的表现。例如，一个用钱很仔细的人，突然挥金如土，或者一个待人接物很热情的人，突然变得很冷漠。

3. 主客观世界统一性原则

心理是客观现实的反映，任何正常心理活动或行为，在形式和内容上必须与客观环境保持一致。如果一个人坚信他看到了什么或听到了什么，而在客观世界中并不存在引起他这种感觉的刺激物，这说明他产生了幻觉；如果一个人的思维内容脱离现实，或思维逻辑背离客观事物的规定性，并坚信不疑，这说明他产生了幻想；如果一个人的心理冲突与实际处境不相符合，并且长期持续、无法自拔，这说明他产生了神经症性问题。

（三）心理咨询的概念

1. 什么是心理咨询

咨询(Counseling)一词含有商谈、会谈、征求意见、寻求帮助、辅导等含义。心理咨询一词既表示一门学科，即"咨询心理学"，也可以表示一门工作，即心理咨询服务。

心理咨询至今尚未有统一的定义。人本主义心理学家罗杰斯认为，心理咨询是通过与个体持续的、直接的接触，向其提供心理帮助并力图促使其行为态度发生变化的过程。美国心理学家卡尔纳对咨询的定义是：心理咨询是一种专门向他人提供帮助与寻求这种帮助的人们之间的关系。

总之，心理咨询是心理咨询师协助求助者解决心理问题的过程，包括两层含义：第一，咨询关系是"求"和"帮"的关系，即来访者寻求咨询师的帮助；第二，帮助解决的问题只能是心理问题，或由心理问题引发的行为问题，除此以外，咨询师不帮助求助者解决任何生活中的具体问题。

【拓展学习】 **对心理咨询的认识误区**

无论是从心理健康的认识提高还是现实中心理问题的增多来看，心理咨询是正常缓解心理压力与提高心理承受能力的好办法。几乎每一个人一生中都需要心理咨询，但现实中还有不少人对心理咨询存在一些认识上的误区。

(1) 心理咨询就是聊天

心理咨询不同于一般意义上的聊天，尽管心理咨询的方式主要是谈话，但心理咨询是咨询师利用心理学的专业理论知识，以及社会学、哲学、医学等方面知识，按照严格科学的理论体系和操作规程，达到解决心理问题的目的，帮人解除心理危机，促进求助者健康人格的发展。

(2) 精神病患者才需要心理咨询

目前人们对心理咨询虽有所了解，但仍有人认为是“治精神病”的，或者已经到了精神病的程度再来看心理医生。其实，心理咨询最一般、最主要的对象，是健康人群，或者是存在心理问题的亚健康人群，而不是人们常误会的“病态人群”。病态人群如精神分裂症、躁狂等患者是精神科医生的工作对象。

(3) 去做心理咨询丢人

有一些人认为看心理医生是不光彩、不体面的事，往往是偷偷摸摸地来到心理门诊，唯恐被别人发现。就如身体不适，我们要休息、锻炼和保健，心理不适也同样要休息、锻炼和保健。就心理问题求助于心理咨询并不意味着有什么不正常，相反，却表明了个体具有较高的自我认知和生活目标，希望通过心理咨询更好地自我完善，生活得更幸福，而不是回避和否认问题。寻求心理咨询并非有些人理解的所谓“有病”，而是一个人的心理天空暂时被荫蔽，而要求从这种荫蔽状态里走向晴天。一些发展性的心理咨询如自我规划、职场选择、潜力提升等则更是和“有病，不正常”毫无关系。

(4) 心理咨询师具有透视人心的本事

有些来询者将心理咨询师神化，认为心理咨询师是搞心理学的，应该一眼就能看出来访者的心理问题，否则就是不称职。或者来访者羞于表达内心感受，不愿将自己的心理活动吐露出来，认为咨询师能够猜得出。实际上，心理咨询师也是人，只是利用心理学原理，以来访者提供的问题作为基础才能对其有所帮助。正如有人感冒时医生先用体温表测出其体温后再制订治疗方案一样。

(5) 好的心理治疗，看一次就有效

心理治疗不同于一般的药物治疗，心理治疗很少看一次就有效的。许多问题是“冰冻三尺非一日之寒”，这些有性格方面的原因，也有现实原因，而且还可能涉及方方面面。心理咨询需要一个了解的过程，一个讨论、分析、操作、反馈、修正、再实践的过程，一般不能一次解决问题。

（资料来源：https://xsc.wfu.edu.cn/_t499/2022/0622/c3228a183890/page.psp）

2. 什么是心理治疗

心理治疗是指在良好的治疗关系基础上，由经过专业训练的治疗者运用心理治疗的有关理论和技术，对在精神和情感等方面有障碍或疾患的人进行治疗的过程，以消除或缓解患者的问题或障碍，促进其人格向健康、协调的方向发展。

【拓展学习】　**心理咨询与心理治疗的区别**

(1) 对象不同

心理咨询的对象是有心理困扰的正常人，而心理治疗的对象是心理异常的病人。心理学博士岳晓东提出的灰色区概念认为：人的心理正常与异常不是截然分开的，而是一个连续变化的过程。如果把心理正常比作白色，把精神病比作黑色，那么，白色与黑色之间有一个巨大的“灰色区”。灰色区可谓非器质性精神痛苦的总和。灰色区又可进一步划分为浅灰色区和深灰色区：浅灰色区只有心理冲突而无人格变态，是心理咨询的对象;深灰色区是各种变态人格和神经症,是心理治疗的对象。

(2) 内容不同

心理咨询主要解决正常人所遇到的各种心理问题,如学习问题、工作问题、婚姻问题、家庭问题和人际关系问题等;而心理治疗主要诊治某些病人的异常心理,如神经症、性变态、人格障碍、行为障碍以及心身疾病等。

(3) 目标不同

心理咨询的目标在于促进心理健康发展,即通过心理咨询,使来访者摆脱心理困扰,增强适应能力,充分开发潜能,提高发展水平;而心理治疗的目标在于纠正异常心理,即通过心理治疗,消除或缓解病理症状,恢复正常生活。

二、大学生心理咨询

(一) 大学生心理咨询的功能

1. 体验人际关系

咨询关系是一种彼此诚实的人际关系。在心理咨询过程中,咨询师总是以善意而真诚的态度,与来访者进行沟通。这种人际互动的过程为来访者提供了一种体验良性人际关系的机会。来访者可以把这种人际交往经验逐步地应用于自己的人际关系中,利用在咨询中学到的东西更有效地处理现实中的人际互动问题。

2. 认识内部冲突

促使人们进行心理咨询的问题,大多是由自身内部原因引起的心理问题。但是,人们习惯于从外部找原因,习惯于从别人身上找原因。为了解决这些问题,咨询师应该帮助来访者认识到自身内部的种种心理冲突。看清了自己的内心,才能慢慢地让心灵健康起来。

3. 促进自我反思

要看清自己是不容易的,因为人们很习惯蒙蔽自己的眼睛,即本来是头脑里的一些错误观念导致了心理问题,却总认为自己对事物的观察和理解是正确的。心理咨询是促使人不再蒙蔽自己的过程。通过心理咨询,来访者有机会反思自我,认识到自己的错误观念导致了许多本来可以避免的困境,从而形成正确的观念,做出清醒明智的选择。

4. 获得心理自由

来访者往往在心理上缺乏自由,心理咨询为来访者提供了一个在心理上获得更大自由的机会。心理咨询帮助来访者学会接纳自己及他人、社会的不足,明白人生总是与缺憾相伴的,学会以更大的自由享受生活。

5. 学会面对现实

当人们逃避现实或用不坦率的态度对待现实时,就容易出现心理问题。心理咨询的过程就是引导来访者回到现实中来。一旦目光集中到现在,不再一只眼看着过去,一只眼看着未来,而是关注此时此地的体验,用眼看,用耳听,用脑想,用心去感受,逐渐地就学会同“现在”打交道，学会面对现实。

6. 付诸有效行动

心理咨询最终的目标应该指向于现实生活，也就是帮助来访者更为有效地处理现实生活的问题，付出新的有效的行动。一旦来访者有了新的积极有效的行动，就真正学会了自我救助，就将为自己创造新的生活。

7. 发现人生意义

人们若能找到人生的意义或价值，就不容易感觉到痛苦，也不容易产生心理问题。经常见到有些人因为事业上的失败和挫折、感情上的创伤和困惑而患上抑郁症等心理障碍。表面看来，患者是因为这些挫折而抑郁，而从心理上细加分析，就可以从认识上找到更深一层的原因。这是因为患者本人感到自己在社会上不再被人需要，是“无用的人”，觉得人生没有意义，从而产生了严重的抑郁心境。心理咨询师应当帮助来访者寻找人生的价值和自己存在的意义，获得内心的满足，这种内在的充实其重要性远胜于“外在”的成功。

（二）大学生心理咨询的内容

大学生心理咨询的内容包括三个方面：心理发展咨询、心理适应咨询和心理障碍咨询。

1. 心理发展咨询

这类咨询对象心理比较健康，无明显心理冲突，基本适应环境，咨询内容是针对成长中不同阶段出现的心理困惑和心理问题进行疏导，如学业发展咨询和择业发展咨询。学业发展咨询主要是帮助学生加深对大学教育的认识，开发对专业学习的兴趣，提高管理时间的能力，改进学习方法，提高学习技巧，解决学习过程中遇到的具体困难，以及规划未来学业发展的可能性。择业发展咨询主要是帮助学生客观地评价自我，发现自身特点和优势，开发职业兴趣，学习求职方法，提高择业能力，规划未来职业发展道路等。

2. 心理适应咨询

这类咨询对象心理基本健康，但在生活中有各种烦恼、心理上又矛盾。例如，因学习成绩不如意而忧虑，陷入失恋的痛苦而难以自拔，因人际关系不协调而苦恼，因环境改变而自我认识失调等。心理咨询的目的是帮助来访者排解心理困扰，减轻心理压力，提高适应能力。

3. 心理障碍咨询

这类咨询的对象患有某种心理疾病，影响正常的学习和生活，如焦虑症、抑郁症、强迫症等。咨询的目的是帮助有心理障碍的来访者挖掘病原，找到对策，克服心理障碍，恢复心理健康。需要注意的是，心理问题严重到心理障碍的程度，必须接受系统的心理治疗，配合药物，心理咨询只是辅助手段。

（三）大学生心理咨询原则

1. 保密性原则

保密性原则是心理咨询中最重要的原则，它是鼓励来访者畅所欲言的心理基础，同时也是对来访者人格及隐私权最大的尊重。学生能够走进咨询室，向咨询老师吐露心声、寻求帮助，已经是鼓足了极大的勇气。大学生都有极强的自尊心，不愿意让别人知道自己来进行心理咨询，况且他们所吐露的心理矛盾，大多是不愿意被别人知道的秘密，更怕成为别人茶余饭后的谈资。

【拓展学习】 **心理咨询的保密原则和保密例外**

（1）保密原则

①心理咨询师有责任向求助者说明心理咨询工作者的保密原则，以及应用这一原则的限度。

②严格遵循保密原则，未经来访者许可，不泄露或暴露来访者私密的信息。在团体咨询中，关于团体成员的自我揭露，心理咨询师必须事先设定保密标准。

③心理咨询师只有在来访者同意的情况下才能对咨询过程进行录音、录像。

④心理咨询师对于心理咨询服务的记录、开具的诊断、照会或医嘱，指定适当场所及适当人员进行保管，并负有保密的义务。

⑤在心理咨询工作中，一旦发现来访者的行为可能对自己或他人的生命造成伤害时，必须采取必要的措施，防止意外事件发生（必要时应通知家属或有关部门），并可能与其他专业人员会诊，但应将有关信息的暴露程度限制在最小范围内。紧急情况处理过后，应设法让来访者对自己的行为负起责任。

⑥心理咨询师在受卫生、司法或公安机关询问时，不得做虚伪的陈述或报告。

⑦心理咨询工作中的有关资料，包括个案记录、测验资料、信件、录音、录像和其他资料，均属专业信息，应在严格保密的情况下进行保存，任何无关人员都无权查看心理档案材料。

（2）保密例外

①获得求助者的披露信息授权，咨询师应该严格按照约定范围使用该授权。

②法律要求咨询师披露的。职业规范不能对抗法律规定，求助者有杀人事实、谋杀计划、自杀计划、虐待老人和儿童以及其他重大犯罪行为的，咨询师必须向公安或者检察机关报告，这是每个公民的法定义务，心理咨询师也不能例外。

（资料来源：https://xlzx.situ.edu.cn/info/1126/1115.htm）

2. 自愿性原则

学生有心理咨询的意愿，是心理咨询得以开展的前提条件。心理咨询是本着学生自愿的原则，“来者不拒，去者不追”。只有在学生提出要求时才可进行心理咨询，任何一次心理咨询都以来访者愿意吐露和改变自己的心理问题为前提，来访者可以拒绝咨询师给他的劝导，也可以随时结束咨询。咨询师不得以任何借口或任何形式对来访者施加压力来开始或维持心理咨询的过程。

3. 良好关系原则

咨询师与来访学生应该建立一种相互信任、相互尊重、平等交往的关系，咨询关系是一种特殊的人际关系。良好的咨询关系是咨询成功的重要保证。良好的咨询关系体现在以下几个方面。

(1) 尊重

咨询师在价值、尊严、人格等方面与来访者平等,把来访学生作为有思想感情、内心体验、生活追求和独特性与自主性的人去看待。

(2) 热情

咨询师热情、耐心、周到、细致的态度能使来访学生感受到咨询师的关心、温暖,感到自己得到了友好的接待。

(3) 真诚

咨询师对求助者的态度要真诚,以"真实的我""真诚的我"的角色帮助来访学生,没有防御武装,不把自己隐藏在专业角色下,不戴着"咨询专家"的面具,表里如一、真实可信地置身于与来访学生的关系中。

(4) 共情

共情是咨询师对来访学生内心世界的理解及体验。咨询师应从求助者而不是自己的角度来看待求助者及存在的问题。

(5) 积极关注

咨询师对来访学生言语和行为的积极、光明、正性的方面予以关注,使学生拥有积极的价值观,拥有改变自己的内在动力。

4. 价值中立原则

在咨询过程中,咨询师对待来访学生及其问题必须保持中立的立场,对来访者的心理与行为、观点与立场无条件接纳。在咨询过程中让来访者意识到咨询师接纳的是来访者本人而不是他的行为。给来访者充分的尊重,建立良好的关系。耐心倾听,适当提问,用心理解来访者面临的困扰和感受,真正做到以来访者为中心。

5. 发展性原则

咨询师要以发展变化的观点看待来访者的问题,不仅要在问题的分析和本质的把握中善于用发展的眼光进行动态观察,而且在对问题的解决和咨询结果的预测上也要具有发展的观点。不要轻易地将来访者的问题归为某种心理障碍或某种疾病,因为寻求心理帮助的绝大多数只是在适应、情绪、交往、学习、自我等方面存在暂时性困难,应当相信他们能在咨询师的帮助下发挥自己的心智潜能,并能最终战胜自己。

【拓展学习】 **心理咨询理论流派**

(1) 精神分析理论

"精神分析"理论由弗洛伊德所创立。它内容庞杂,包括潜意识理论、人格理论、性欲理论及精神防御理论等方面,其理论要点综述如下:

①人的心理活动分为意识、前意识和潜意识(又称无意识)三个部分。其中,意识指人能够知觉的心理活动;前意识指人平时感觉不到,却可以经过努力回忆和集中精力而感觉到的心理活动;潜意识指人感觉不到,却没有被清除而是被压抑了的心理活动。弗洛伊德认为,许多心理障碍的形成,是由于那些被压抑在个人潜意识当中的本能欲望或意念没有得到释放的结果。

②人格是由“本我”“自我”和“超我”三个部分组成。其中,“本我”是个人原始、本能的冲动,如食欲、性欲、攻击欲、自我保护等,它依照“快乐原则”行事。“自我”是个人在与环境接触中由“本我”衍生而来的,它依照“现实原则”行事,并调节“本我”的冲动,采取社会所允许的方式行事。“超我”是道德化的自我,它依照“理想原则”行事,是人格的最高层次,也是良知与负疚感形成的基础。弗洛伊德认为,“本我”“自我”“超我”之间的矛盾冲突及协调构成了人格的基础。人欲维持心理健康,就必须协调好三者的关系。

③人在维护自我的心理平衡和健康时,常对生活中的烦恼和精神痛苦采取某种自圆其说或自欺欺人等认识方法,以求心灵的自慰。弗洛伊德将这些认识方法称作“心理防卫机制”,通常包括解脱、补偿、合理化、投射、转移、升华及理想化等方式。弗洛伊德认为,这些心理防卫活动多是无意识的,它们对人体的心理健康可起积极作用,也可起消极作用。

④为使人们领悟其心理障碍的根源,人们需要接受精神分析的治疗,通过移情关系的建立来重塑人格。在这当中,心理分析师通常使用解析、自由联想、催眠、释梦等技巧来疏解思考“本我”与“超我”的冲突,减轻“自我”的压力,更好地面对现实。

(2) **理性情绪疗法**

理性情绪疗法,由美国心理咨询专家艾利斯(Albert Ellis,1913—2007)创立于 20 世纪 50 年代,其要点如下:

①人既是理性的,又是非理性的。人的精神烦恼和情绪困扰大多来自其思维中不合理、不符合逻辑的信念。它使人逃避现实,自怨自艾,不敢面对现实中的挑战。人们长期坚持某些不合理的信念时,便会导致不良的情绪体验,而人们接受更加理性与合理的信念时,其焦虑与其他不良情绪就会得到缓解。

②人的不合理信念主要有 3 个特征:a.“绝对化要求”,即对人或事有绝对化的期望与要求;b.“过分概括”,即对一件小事做出夸张、以偏概全的反应;c.“糟糕透顶”,即对一些挫折与困难做出强烈的反应,并产生严重的不良情绪体验。凡此种种,都易使人对挫折与精神困扰做出自暴自弃、自怨自艾的反应。

③“ABC 理论”。在诱发事件 A(Activating-event)、个人对此所形成的信念 B(Belief)和个人对诱发事件所产生的情绪与行为后果 C(Consequence)这三者关系中,A 对 C 只起间接作用,而 B 对 C 则起直接作用。换言之,一个人情绪困扰的后果 C,并非由事件起因 A 造成,而是由人对事件 A 的信念 B 造成的。所以,B 对于个人的思想行为方法起决定性的作用。

④理性情绪疗法的目的在于帮助来访者认清其思想中的不合理信念,建立合乎逻辑、

理性的信念，以减少个人的自我挫败感，对个人和他人都不再苛求，学会容忍自我与他人。

(3) 格式塔疗法

格式塔疗法，由佩尔斯(Frederick S.Perls，1893—1970)创立于20世纪60年代，其要点如下：

①人都有能力处理好自己的事情，心理咨询的中心任务是帮助来访者充分认识到自我在现实中的存在和感受。由此，心理咨询不求为来访者的困难做解释与指导，而是鼓励来访者主动承担责任，主持自我的治疗与改善。

②人应该将精神集中在现在的生活与感受当中，而不要对过去的事情念念不忘。人的许多焦虑都产生于不能正确对待以往生活向当前生活的过渡，以逃避现实的做法来处理个人生活中的种种挑战和压力，这严重阻碍了一个人的健康成长。

③使人积极面对现实。健康成长的一个重要手段，就是帮助他完成内心中的那些“未完成情结”(Unfinished Business)——这通常指个人因以往生活中的某些心灵创伤和刺激经历所留下的不良情绪体验(如懊恼、悔恨、内疚、愤怒等)，它们犹如一个个心绪，系住了人在现实生活中的自由活动。而要使人全心全意地投入现实生活，就必须排除这些“心结”的干扰。

④在咨询手法上，格式塔疗法强调帮助来访者由“环境支持”转向“自我支持”，以便来访者从一开始就不依赖他人，尽量挖掘个人的潜能。

(4) 行为疗法

行为疗法源于“行为主义”理论，它强调通过对环境的控制来改变人的行为表现。其理论基础包括俄罗斯著名生理学家巴甫洛夫(I.P.Pavlov，1849—1936)的“条件反射”理论及美国著名心理学家桑代克(E.L.Thorndike，1874—1949)和美国著名心理学家斯金纳(B. F.Skinner，1904—1990)等人的“操作性条件反射学习”理论等。主要要点如下：

①人的所有行为都是通过学习而获得的，其中强化对该行为的巩固和消退起决定性作用。强化可采取嘉奖或鼓励(正强化)的方式，也可采取批评或惩罚(负强化)的方式。由此，学习与强化，是改变个人不良行为的关键。

②心理治疗的目的在于，利用强化使来访者模仿或消除某一特定行为，建立新的行为方式。它通过提供特定的学习环境促使来访者改变自我，摒弃不良行为。由此，它很注重心理治疗目标的明确化和具体化，主张对来访者的问题采取就事论事的处理方法，不必追究个人潜意识和本能欲望对偏差行为的作用。

③行为疗法的常用疗法包括“系统脱敏疗法”“松弛疗法”“模仿学习”“厌恶疗法”等，其核心均在于利用控制环境和实施强化使来访者习得良好行为，矫正不良行为，重塑个人形象。

三、大学生如何求助心理咨询

(一) 咨询前准备

1. 有主动咨询的愿望

良好的心理咨询首先建立在来访者自愿的基础上，如果来访者没有沟通的愿望，仅仅是被老师、家长带来，是不会情愿谈及真实的自我的，咨询效果会受到影响。通常，来访者的求助动机越强，与咨询师的配合越好，咨询的效果也会更快、更明显。

2. 减少不必要的担心

心理咨询要遵循保密原则和价值中立原则，这是心理咨询师最基本的职业道德。有些来访者担心谈话的内容外露，咨询时往往隐去某些问题，这样不利于咨询师发现问题，做出诊断和提供帮助。心理咨询不是思想工作，不是与上级领导谈话，咨询师的关注点不是价值判断，而是帮助来访者解决心理上的困惑。

3. 选择合适的咨询师

咨询前，要了解一些关于咨询师的情况，每个咨询师的职业背景、职业经历、咨询擅长领域都有所差异，尽量找受过专业培训、具有从业资格的咨询师。应根据自己的需要选择合适的咨询师，如果与咨询师接触后，感觉不适合自己，可以提出终止咨询或请求转介其他咨询师。

4. 了解咨询的时间规定

咨询是有限的，通常一次咨询的时间约 50 分钟，根据来访者表现出来的心理问题程度和咨询师使用的方法不同，咨询次数不固定，有的 1～2 次，就会达到咨询的目的，有的需要更长的时间，甚至 1～2 年。心理咨询一般需要提前预约，来访者应按照约定的时间准时去咨询，如遇特殊情况，需提前联系，更改咨询时间。

（二）咨询过程中的准备与配合

1. 要有自助意识

心理咨询不是一般的帮助人的行为，而是“助人自助”的过程。咨询师不是救世主，只能起到分析、引导、启发、支持、促进来访者改变和人格成长的作用，不能代替来访者改变或做决定。需要来访者积极主动配合，参与到咨询方案的制订中来，认真完成咨询作业，勇于改变自己，战胜自己，最终才能走出心理困境。

2. 要有耐心

心理问题、心理疾病不是一天两天形成的，它可能是多种原因造成的，解决问题也需要一定的时间。心理咨询也是循序渐进的过程，一般要经过了解来访者的问题、诊断、设立咨询目标、选择咨询方法、制订咨询方案、实施和反馈等过程。有时在咨询的过程中，心理问题还会出现反复，非常考验耐心和细心。

3. 真诚坦率的交流

心理咨询主要以语言沟通为基础，面对咨询师，来访者不要过多地考虑说话的方式方法，要如实地、直截了当地讲述心理咨询的内心感受。即使分不清问题所在，也不用担心，咨询师会在倾听过程中捕捉一些信息点去询问，来访者不用辨别有用与无用，只要实事求是回答即可。

4. 认真完成咨询作业

咨询过程中，一个重要的环节就是来访者和咨询师共同制订咨询目标和计划。来访者要在咨询的不同阶段，认真完成各种实践作业，贯彻咨询计划，做好反馈，这样才会获得理想的咨询效果。

（三）咨询目标的有效特征

1. 属于心理学范畴的

心理咨询的任务是帮助求助者解决心理问题，包括心理发展、心理适应、心理障碍等方面的问题。咨询的目的是促使求助者的认知、情绪、行为、个性等心理素质得到提升，而不是帮助求助者解决其他领域的具体问题，如怎样与男朋友复合，接本还是转本，怎样阻止父母离异等，这些不是心理咨询的工作范畴。

2. 积极的

心理咨询应该能够帮助求助者积极地面对问题、解决问题，促进成长，而不应该回避问题。例如，某位大学生无法控制自己上网玩游戏，学习成绩不理想，但不想通过自己的努力去改变现状，反而认可、接受学习成绩不理想，想换专业或退学等，这都是消极地解决问题，不应该成为心理咨询的目标。

3. 具体或量化的

咨询目标越具体、越量化，就越容易执行，也便于咨询效果的评估。咨询目标的具体和量化可以借助于心理测评来实现，通过对比咨询前后测评的数据来衡量求助者症状减轻的程度，也可以直接用数据表示，如每天强迫洗手的次数由 100 次降为 50 次。

4. 可行的

咨询目标需要双方在咨询中实现，因此应该建立在可行的范围内。要考虑时间、经济条件、求助者自身特点等因素，不要让咨询目标超出了求助者可能的水平。对于难度较大的目标，可以分解成一个个具体可行的小目标，通过循序渐进来实现。

5. 可以评估的

至少有一种评估手段或方法可以对目标的进展情况是否实现进行评估。咨询中双方随时对目标实现情况进行评估，有助于双方都看到变化，尤其是求助者能看到自己的进步，更好地鼓舞双方的信心。通过评估，也可以发现存在的问题和不足，有利于双方及时调整目标或采取措施促进咨询目标的实现。

6. 双方接受的

无论是求助者主动提出的，还是咨询师提出的咨询目标，都应该是双方可以接受的。若双方的目标有差异，则应通过交流来修正，以最终双方都接受为止。

7. 多层次统一的

咨询目标应是近期目标与长期目标、局部目标与整体目标的多层次统一体。多个目标之间应具有内在协调性，以促进求助者整体的变化。从短期来看，心理咨询的目标是解决当前困扰求助者的问题，缓解症状或降低痛苦；从长远来看，心理咨询应以促进求助者的心理健康和发展，充分实现人的潜能，达到人格完善，最终拥有健康、快乐的生活为终极目标。

四、心理咨询的程序

（一）个别咨询的基本工作程序

1. 预约

这是咨询工作的第一步。学生寻求心理咨询需要提前预约，由专门的接待人员负责。接待人员应向来访学生介绍关于心理咨询的基本常识，根据来访学生的意愿为他们安排咨询的具体时间。

2. 初始访谈

咨询员要按照预约的时间与来访学生进行初始访谈，主要任务是充分了解来访学生的信息和资料，澄清事实，同时建立良好的咨询关系。初始访谈结束以后，咨询员应对来访学生进行基本的心理评估，确定其心理困扰是否属于心理咨询的范围，是否需要继续咨询及相应的次数，以及是否需要转介到其他相关部门。

3. 心理干预

这是在初始访谈基础上开始的心理咨询过程。咨询员与来访学生一起制订咨询目标，并有针对性地运用心理咨询的理论、技巧与方法，帮助来访学生改变不适应的认知与行为。咨询过程中，咨询员要做到真诚接纳和共情，要保持平等、信任、尊重的咨询关系。

4. 咨询结束

结束的时间按咨询效果来确定。咨询结束时，咨询员应肯定来访学生在咨询过程中所做的努力以及取得的积极改变，同时应和来访学生对进一步的发展进行讨论，并告知学生以后有需要时，仍然可以寻求心理咨询的帮助。对于有较严重的心理障碍者，如严重的神经症、人格障碍、精神疾病等，应及时予以转介。

（二）团体咨询的基本工作程序

1. 准备阶段

确定咨询目标，制订完整的咨询工作计划和实施方案。依据咨询工作的主题，确定工作对象，并按规范程序招募组员。

2. 工作阶段

咨询员在团体咨询过程中要对组员给予积极的关注，运用团体咨询的技巧和方法，调动团体内的资源，创造有利于组员成长发展的氛围。要及时对咨询过程进行评估。

3. 结束阶段

咨询员要对团体咨询效果进行评估，并鼓励组员将团体中学到的东西运用到实际生活中。

做

【实训一】 简易放松法

【实训目的】 缓解焦虑和紧张感。焦虑和放松不能共存，人完全放松时就不会感到焦虑。放松可以训练，学会放松，焦虑紧张时就可以利用放松来调节。

【放松训练的条件】 首先树立放松的意愿，选择一个安静的场所，再找一把舒服的椅子，最好是半卧式沙发，使自己感觉舒适。饭后两小时才可进行，因为消化过程不利于放松；放松期间，严禁吸烟、喝酒、吃零食、说话等；坐在沙发上，摘下眼镜，脱掉鞋子，松开束身物品，如领带、皮带等。

【实训方法】

方法一：腹式呼吸放松法

操作要领（按次序）：①安静，让心静下来；②用鼻子慢慢地吸气，想象“气从鼻腔顺着气管进入腹部”，腹部随着吸入气体的不断增加，慢慢地鼓起来；③吸足气后，稍微屏息一下，想象“吸入的氧气与血管里的浊气进行交换”；④多用口和鼻同时将气慢慢地自然吐出，腹部慢慢地瘪下去；⑤睁眼，恢复原状。如要连续做，可以保持入静姿态，重复呼吸。在紧张时，只要进行深呼吸 2～3 次，就可以起到放松的作用。

方法二：肌肉放松法

（1）头部放松：用力皱紧眉头，保持 5 秒钟；用力闭紧双眼，保持 5 秒钟，然后放松；皱起鼻子和脸颊部位肌肉，保持 5 秒钟，然后放松；用舌头抵住下颚的门齿，口尽量张开，头向后抬，保持 5 秒钟后放松。

（2）颈部肌肉放松：将头用力下弯，努力使下巴抵达胸部，保持 5 秒钟，然后放松。

（3）肩部肌肉放松：将双臂垂于体侧，尽量提升双肩向上，保持 5 秒钟，然后放松。

（4）臂部肌肉放松：将双手掌心向上平放在座椅扶手上，握紧拳头，使双手及前臂肌肉保持紧张 5 秒钟，然后放松；侧平举张开双臂做扩胸状，体会臂部的紧张感 5 秒钟，然后放松。

（5）胸部肌肉放松：将双肩向前收，使胸部四周的肌肉紧张，保持 5 秒钟，然后放松。

（6）背部肌肉放松：将双肩用力向后扩，体会背部肌肉的紧张感 5 秒钟，然后放松；向后用力弯曲背部，努力使胸部弓起，挤压背部肌肉 5 秒钟，然后放松。

（7）腹部肌肉放松：尽量收紧腹部，好像别人向你的腹部打来一拳，你在收腹躲避，保持收腹 5 秒钟，然后放松。

（8）臀部肌肉放松：夹紧臀部肌肉，收紧肛门，使之保持紧张 5 秒钟，然后放松。

（9）腿部肌肉放松：绷紧双腿，伸直上抬，腿离地面 20 厘米，保持 5 秒钟，然后放松。

（10）脚趾肌肉放松：将脚趾慢慢向下弯曲，仿佛用力抓地，保持 5 秒钟，然后放松；将脚趾慢慢向上翘，保持紧张 5 秒钟，然后放松。

以上从头到脚10个部分的肌肉放松，所有动作应熟练掌握到能连续完成，并在各种情境下都能运用自如，建议在早晨醒来后和夜晚临睡前各做一遍，或者在感到焦虑紧张时做。

（资料来源：https://yqfk.jnxy.edu.cn/info/1004/1540.htm）

【实训二】 资源大发现

【实训目的】 良好的社会支持系统是完成大学适应过程的重要组成支撑，明晰社会资源是发现和利用社会支持的关键。

【实训准备】 纸、笔。

【实训时间】 30分钟。

【实训操作】

1. 叔本华说："与其迷路，不如问路。"到了一个新环境要建立一个更好的支持系统，这样才能更好地适应大学生活。想象一下，在大学里若遇到了困难和压力，哪些人和事物可以成为我们利用的资源？

可以利用的资源

序　号	资源名称	可以利用的方面	如何利用	是否适合自己
1	辅导员			
2	专业课老师			
3	心理咨询中心			
4	图书馆			
5	网络			

现在请你看一看，你填在第一位的是谁？谁离你最近？你为什么选他（她）？在你遇到困难和挑战的时候，你是怎样向他（她）寻求支持的？如果你的支持网络里只有两三个人，请你仔细想想为什么人这么少，是害怕被视为弱者，还是曾经求助却被拒绝甚至伤害等。

2. 把学生分成若干小组，让各小组同学一起讨论校园内外都有哪些能够帮助我们学习和成长的资源，讨论时间为5～10分钟。学生比较容易发现学校的硬件资源，这时教师应及时引导学生，资源既有硬件资源，又有软件资源，如教师的学识、修养，优秀的同学资源，宿舍文化等，这些都是校园可利用的资源。

【实训小结】 通过交流，我们发现学校里有很多可以利用的资源，让我们充分利用这些资源，来促进我们的发展。课后要求每个学生写一篇心得，并思考怎样学会利用大学资源。

（资料来源：https://dxs.moe.gov.cn/zx/a/xl_xlyr_xlyral/231024/1862832.shtml?source=xl_xlyr_xlyral）

资源拓展

【拓展阅读】

完美还是不要过分追求

我们从小就开始学英语，考试那是不在话下，可是十几年后大学毕业还是不能用英语同外国人交流。这是为什么呢？关于我们难以开口说英语，你可能会说一大堆的原因，但是最后还是说不出口。其实这就是我们内心深处的完美心理在作怪。

不能容忍自己的表现有所缺憾，是一种普遍的心态。对许多人来说，完美是我们孜孜不倦追求的目标。但是，越来越多的人被对“完美”的这份追求压得喘不过气来，深受完美主义之累，把所有的心思都投入学习和工作中，为交上一份“好些、再好些”的答卷，对学习和工作锱铢必较。专家警告，过分追求完美可能会造成心理障碍并有损身体健康。

生活中想把每一件事情都做得完美的人，并不是一个强者。恰恰相反，这些追求完美者渴望毫无瑕疵的结果，只是自我保护的需要，以免受到他人的讽刺和攻击。心理咨询师张海音教授说，有完美主义倾向的人，大多成功欲强烈。这本是一个优势，说明他们办事认真。但是过犹不及，越追求完美越能显示出你内心的不自信。心理学研究证明，试图达到完美境界的人与他们可能获得成功的机会，恰恰成反比。追求完美给人带来很大的焦虑、沮丧。事情刚刚开始，他们就担心失败，生怕自己做得不好被别人笑话，这就妨碍了他们全力以赴地取得成功。而一旦遭到失败的打击，他们就会灰心丧气，甚至有可能一蹶不振。

法国语言学家教授昂利埃特·沃特曾经说过：“我们身上的完美主义倾向让我们害怕不能找到合适的词来表达自己的想法，再加上种种老观念，使我们产生一些心理障碍，于是我们就把自己藏在这些其实站不住脚的借口和偏见的后面。”

过分追求完美是一种强迫症，这些人的主要特征是苛求完美，对自己要求过分严格，长期处于紧张和焦虑状态。身心是会互相影响的，当你的心里正被“完美”所迫时，身体便会做出一系列的反应，这是一种警告，也是一种身体自身的保护。这些不良反应包括持续疲劳、疼痛不适增多、局部或浑身绷紧感、记忆力差、注意集中力下降、容易分心、胃口差、睡眠差以及性欲减退。

要想减轻这些心理压力，让自己从完美主义的梦幻中脱离出来，自我减压、宣泄是一种不错的手段。我们可以选择一种能够将压力释放出来的自己喜欢的活动，比如跑步、打球或者和朋友一起去跳舞，也可以有效运用周围的心理支持资源，向朋友、同事、家人倾诉你的压力，把内心的痛苦发泄出来，通过朋友的开解把心里的抑郁排解出来。

（资料来源：http://www.banyuetan.org/chcontent/jk/xl/xlbk/2014220/94189.shtml）

书籍推荐

1.《女心理师》,毕淑敏著。她以特有的睿智风格讲述女心理师贺顿与病者、丈夫、情人、泰斗之间的故事。贺顿这位独立的女性,具有不一样的自我奋斗的女性主义意识。她不依附男性,有着顽强的生存欲望,力求自我解脱和救赎,冲破了心理及身体人性上矛盾障碍,从而引发人格的升华与理想的完美实现,真正实现女性的蜕变。

2.《当下的力量》,[德]埃克哈特·托利著。这不仅仅是一本书,它还蕴含着活生生的能量。这种能力可以奇迹般地改变你的生活,而且事实证明,它已经改变了无数人的生命轨迹。我们一直都处在"思维"的控制下,生活在对时间的永恒焦虑中。实际上,我们所能拥有的一切,只有当下。通过向当下臣服,我们才能找到力量的源泉,发现平和与宁静的入口。在那里,我们便放下焦虑和压力,获得内在的真正的智慧。

影视推荐

1.《美丽心灵》

《美丽心灵》(*A Beautiful Mind*)是一部关于一个真实天才的极富人性的剧情片。影片讲述一位患有精神分裂症但却在博弈论和微分几何学领域潜心研究,最终获得诺贝尔经济学奖的数学家约翰·福布斯·纳什。

2.《国王的演讲》

影片讲述了1936年英王乔治五世逝世,王位留给了患严重口吃的艾伯特王子,后在语言治疗师莱纳尔罗格的治疗下,克服障碍,在第二次世界大战前发表了鼓舞人心的演讲。该影片于第35届多伦多电影节获得了最高荣誉观众选择大奖。

认识心理咨询—
接受助人自助